아시아의 무슬림 공동체

아시아의 무슬림 공동체

엮은이 · 이슬람연구소 전재옥
초판 1쇄 찍은날 · 1998년 12월 21일
초판 1쇄 펴낸날 · 1998년 12월 31일
펴낸이 · 김승태
편집장 · 김순덕
표지디자인 · 한영애
영업 · 김석주
등록번호 · 제2-1349호(1992. 3. 31)
주소 · 110-616 서울 광화문우체국 사서함 1661
        T. (02)830-8566 F.(02)830-8567
        E-mail:jeyoung@chollian.net
ⓒ 이슬람연구소, 1998

ISBN 89-8350- 142-1

값 7,800원

■잘못 만들어진 책은 언제든지 교환해 드립니다.

아시아의 무슬림 공동체

이슬람연구소 전재옥 엮음

예영커뮤니케이션

이슬람연구소가 1992년 창립 이후 네번째 연구서를 발간하게 되었습니다. 매번 책이 나올 때마다 불안한 마음과 아쉬운 점이 많지만 그래도 이 책에 현재 이슬람연구소가 할 수 있는 모든 것을 담아냅니다. 연구소라는 이름을 붙인 이 작은 선교 공동체는 천천히 그리고 가난하게 사는 모임입니다. 무섭게 빨리 움직이고 변하는 사회에서 과연 이러한 연구소가 미래 지향적이며 오늘에 충실한지를 자문합니다. 때때로 하나님이 가난한 이들을 통하여 일을 이루시고 충만케 하시는 모습 속에서 이슬람연구소는 소망의 인내를 가지고 사랑의 수고를 믿음으로 해내고 있습니다.

이화여대 다락방전도협회 건물 2층에서 모이는 이슬람연구소 연구원들의 헌신과 수고하는 모습은 참으로 아름답고 소중합니다. 그들은 이 땅에서 가장 좋은 학벌을 가지고 최첨단의 시설을 갖춘 기관에 갈 수도 있지만, 이곳을 선택하고 하나님의 뜻대로 살기 원하는 사람들입니다. 이들의 작업으로 이번 연구서가 나올 수 있게 되었습니다.

논문을 써 주신 교수들과 연구원들은 각각의 소속 대학과 많은 책임으로 바쁜 가운데 있지만 연구소에 귀한 글을 주셨습니다. 독자들이 이 글을 통하여 많은 도전과 지식을 얻는 기쁨을 누리는 것이 저자들에게 드릴 수 있는 보답이라고 생각합니다.

이슬람연구소 이사 분들은 목회와 선교 현지에서 활동하시는 분들로서 연구소의 모든 사역을 기도와 지혜로 뒷받침해 주셨고 그 결과 오늘에 이르게 된 것을 감사드립니다.

아시아 무슬림 공동체라는 주제를 가지고 더 연구하고, 고르고, 씻고, 익히고, 뜸을 들여서 출판하지 못하고 있는 그대로 내놓는 것은 매해 이 연구서를 기다리는 타문화권 선교사들이 있기 때문입니다. 독자가 없다면 자료가 무슨 의미가 있겠습니까? 이슬람연구소에 자료 요청 문의와 선교사들의 반응이 이슬람연구소의 존재의 의미가 되며 앞으로 계속 작업을 하게 되는 동기가 됩니다.

연구서의 출판을 헌신적으로 맡아주시는 예영커뮤니케이션에게도 감사함을 이 지면을 통하여 전합니다.

1998년 12월
이슬람연구소 이사장
전재옥

[차례 CONTENTS]

발간사 전재옥 · 4

한국의 무슬림 공동체에 대한 선교 신학적 접근 전재옥 · 7

오늘의 팔레스타인 문학을 말한다 송경숙 · 57

일본의 이슬람 김영남 · 94

중국의 이슬람교 발전과정과 현재 상황 한윤숙 · 132

중국의 이슬람 연구 : 카자흐 종족을 중심으로 장경희 · 166

[서평] Gustave E. Von Grunebaum의
Medieval Islam: A Study in Cultural Orientation 문상철 · 204

이슬람연구소 활동상황 · 211

이슬람연구소를 섬기는 분들 · 220

이스마엘우리형제 1~37호 목차 · 223

이슬람연구소 소장도서 목록 · 230

국회도서관 이슬람관련 도서목록 · 249

한국의 무슬림 공동체에 대한 선교 신학적 접근

전재옥*

Ⅰ. 이슬람교의 부흥

새로운 세기를 맞이하면서, 다원주의 사회에서 기독교 선교의 근본적 입장을 이해하려는 것은 선택의 문제가 아니라 기독교인이라면 누구나 반드시 직시하고 질문하고 정리할 필요가 있다. 교회는 어떤 문화를 통하여 증거를 했든지 간에 항상 다원주의 상황 안에서 개척되고 성장해 왔다. 하지만 근래에 와서 달라진 것은 다원주의가 마치 이데올로기의 성격을 띠고 있고, 다원주의의 입장을 취하지 않으면 지성인의 자리를 내 놓는 것으로 평가된다는 데 있다.

한국과 같이 복합 종교현상과 종교 교차문화를 이루어 온 배경과 다원주의적 사고가 팽배한 오늘의 분위기 속에서 한국 교회의 선교과

* 이화여대 기독교학과 교수

제에 대한 선교 신학적 접근을 시도해 보는 것이 요청된다. 특히 한국의 전통적인 종교들보다 뒤늦게 20세기 중반에 도래되고 전개된 무슬림 공동체에 대한 이해와 접근을 검토하는 것은 바람직하다. 이슬람교가 오늘날 세계에 가장 큰 갈등의 원인으로 보도되고, 사무엘 헌팅턴의 문명 충돌을 인용하지 않더라도 세계의 뉴스를 듣는 이들은 앞으로 이슬람교와 기독교의 관계가 마치 중동문제와 북미와의 대결과 갈등처럼 점점 표출될 것으로 예견하고 있다. 1998년 11월 세계 뉴스는 '미국이 이라크에 폭격을 할 것인가?', '또 하나의 걸프전쟁이 일어날 것인가?'의 긴장과 공포가 중동 지역에 사는 사람들에게 검게 드리워져 있다.

한국 교회는 다원주의 사회 안에서 무슬림 공동체를 의식하고 있는지, 그렇다면 어떤 태도와 대책을 가지고 있는가를 묻게 된다.

이 글은 이러한 다원주의 사회 안에서 교회가 교회답게 그리스도 예수의 복음을 의미 있게 증거할 수 있으며 어떻게 접근할 것인지를 검토하고자 한다. 과연 무슬림을 이웃으로 이해하며 공존하고 대화하면서 교회의 선교 역할을 감당할 수 있는지를 자문해야 한다고 본다. 그래서 무엇보다도 먼저 오늘날의 이슬람을 알아야 할 것이다. 오늘날 이슬람의 가장 큰 특징은 부흥운동인 근본주의 활동에서 나타났다는 것이다.

1. 현대 이슬람교 부흥 동향

현대 세계에서 이슬람교의 위치는 정치적, 경제적 요인으로 인하여 중요시되고 있다. 이라크와 북미 간의 갈등과 클린턴의 이라크 공격

명령, 아랍과 이스라엘의 전쟁, 그리고 세계의 오일 시장을 좌우하는 중동의 자원 문제, 소아시아의 종족분쟁 문제 등 이슬람교와 관련된 세계의 정치적 갈등과 경제 영향, 이슬람 문화도 중동과 멀리 떨어진 한국에서도 그 정체를 의식하게 되었다. 이슬람교 부흥은 현대에 이르러 일어나는 새로운 현상은 아니며 그 초기부터 꾸준하게 이어져 특히 18세기에 이르러 나타난 현대 이슬람교 부흥은 서구세력을 대항하는 운동의 특징으로 이루어졌다고 본다. 서구 식민정책으로 18~19세기에는 이슬람 기운이 위축되고 억압당하는 것으로 생각되었고, 사막에 지는 황혼으로 평가되기도 했다. 그러나 이것은 어디까지나 서구의 시각에 의해서 전달된 모습이었다. 동북아시아와 한국은 그 지난 2백년간은 이슬람 세계를 의식할 그 어떤 도전도 받지 않았기 때문에 이해할 필요도 없었다.

그런데 현재 상황은 달라졌다. 이슬람교는 자기 정체를 알리는 왕성한 움직임과 함께 세계 정세를 좌우하게 되었다. 이슬람 세계가 이제까지는 주로 서구와의 관계를 가져왔다면, 이제부터는 세계 어느 지역이든지 간에 이슬람을 이해하지 않고는 세계 뉴스를 읽을 수 없는 현실이 되었다. 이슬람교의 부흥은 쇠퇴해 가는 이슬람의 마지막 불꽃이 아니다. 더욱이 기술의 현대화 과정이 전통적인 이슬람교의 붕괴와 쇠퇴를 가져올 것이 아니냐는 질문은 착각에 불과한 것으로 보인다. 이슬람교는 유대교 이상으로 독특한 공동체 의식을 주장하고 있어서 다른 종교인들과 융합하고, 평화하고, 공존하는 것이 쉬운 과정은 아니다. 그러나 21세기 문턱에서 일어나는 새로운 이슬람교의 부흥은 2천 년대를 향하는 시점에서 세계의 재평가를 받게 되었다.

이슬람 세계는 거창한 변혁의 과정을 거치고 있다. 그 변혁의 과정과 현재 나타나는 결과는 세속화된 현대화와 동일한 것은 아니다.[1] 이슬람 부흥을 집중적으로 연구하는 이들에게 있어서 문제가 되는 것은 '현대 이슬람교 부흥이 옛 사막 종교의 그릇에 현대의 새로운 이념과 세계관을 내용물로 담아 놓은 것이냐' 하는 것이다. 즉, '형태는 이슬람교이나 의미는 현대화의 일면이 아닌가?'에 대한 질문이다. 실제 이슬람 사상가들 중에도 현대 이슬람 활동주의 및 급진적 민족주의는 경제적, 정치적 운동일 뿐이지만, 정치적, 경제적 목적을 위하여 이슬람교의 그릇을 사용한다고 평가하는 이들도 있다.

그러나 이슬람교에 근거한 부흥운동, 꾸란에 근거한 근본주의 부흥운동을 정치적인 것으로만 평가할 수는 없다. 왜냐하면 이슬람교의 역사적 발전 과정에 있어 역사적 상황이 변화를 거치게 될 때 이슬람 신앙은 변절되지 않고, 오히려 역동적인 면이 새로운 형태로 드러났기 때문이다. 이것은 항상 정치적인 것과 분리될 수 없었던 것은 분명하다. 그러나 위에서 지적한 바와 같이 이슬람 부흥은 세속주의와 탈현대화와는 다른 것이다. 이슬람 부흥을 이해하기 위해서는 오늘의 정치 · 경제 차원만을 이해하는 것으로는 부족하고 오히려 이슬람의 본질적 신앙의 근거를 찾아보아야 한다. 그러므로 이슬람교 신앙의 재조명이 현대 이슬람교의 부흥 동향을 이해하는 하나의 좋은 방안이 될 것이다. 현대 이슬람교의 부흥을 이해하기 위하여 다음의 세 가지 부흥운동을 검토해 본다.

---

1) John Overt Voll, Islam, *Continuity and Change in the Modern World*, (West View, 1982), p 2.

1) 와하비 부흥운동

현대 이슬람교의 부흥 배경은 18세기 '와하비운동' 으로 시작된다. 와하비운동은 현대 이슬람교의 근본주의 부흥운동의 효시로 알려져 있다. 이 운동의 중심 인물은 무함마드 빈 압둘 와합(Muhammad bin Abdul Wahab, 1703~1792)으로 메디나에서 수학했고 이라크, 페르시아를 여행하면서 이슬람교 신학과 특히 신비주의를 연구하였다. 그는 이슬람교의 순례자로서 '순니파' 의 중심 인물인 이븐 한발의 가르침에 영향을 많이 받았다고 한다. 압둘 와합은 또한 한발 학파의 이븐 타이미야(Ibn Taimiya)의 신학 사상을 따르게 되었다.[2] 이븐 타이미야는 꾸란을 문자적으로 받아들이고 하디스[3]를 철저하게 따르라는 주장을 하였다. 그는 '수피파' 에서 시작되었던 성현 예배나 성현의 무덤을 찾아다니는 무슬림들을 정죄하였다. 또한 당시 이슬람 문화에 스며들어와 있던 헬라 철학의 영향을 배척하였다. 그러한 철학은 무슬림 공동체의 분열을 가져온다고 이븐 타이미야는 비판하였다. 그에게는 무슬림 신비주의자(수피파)는 용납되지 않았다. 그 이유는 내적 경험에 의존하여 신의 계시적 차원을 알 수 있다고 하는 이슬람 신비주의 주장이 그에게 있어서는 바로 비판과 공격점이었다. 그는 꾸란의 모든 문장을 무오할 뿐 아니라 하디스(전통)도 문자적으로 받아들였다.

압둘 와합은 아라비아로 귀국하여 이븐 타이미야의 원리를 강해하기 시작했다. 그의 강해는 대단한 반응을 일으켰고 그것은 곧 근본주

---

2) Michael Nazir Ali, Islam, *A Christian Perspective*, (Paternoster Press), 1983, p. 95.
3) 하디스는 전통이라는 뜻으로 꾸란 경 다음의 권위 있는 자료로 이슬람 공동체의 지침이 되는 자료이다.

의 원리로 발전되었다. 압둘 와합의 강해 설교는 다른 학파의 반발을 일으켰고 결국 압둘 와합은 다리야라는 작은 마을을 피난처로 삼고 그 마을의 군주 무함마드 빈 사우드(Muhammad bin Saud)의 보호를 받게 되었다. 그의 박해시기는 아랍 역사에 하나의 변혁을 가져오게 되었다. 사우드 군주는 압들 와합의 사상을 이웃 마을에 전하면서 공격적 태도로 강경히 나갔고 주변 마을은 그의 압력으로 와합의 사상을 받아들이게 되었다. 19세기부터는 와하비 사상이 사우디아라비아를 거의 전적으로 지배하게 되었고 아라비아 온 지역이 사우드 가문에 속한 것같이 되었다. 이것이 바로 오늘의 사우디아라비아의 이슬람 정신이 된 것이다.

20세기가 지나면서 사우디아라비아의 근본주의 이슬람 부흥운동은 와하비운동의 연속인 것으로 이해되고 있다. 즉 현대 근본주의 동향은 무슬림 공동체로 하여금 첫 '칼리프시대' [4]의 원시 공동체 모델을 따라가게 하는 것이다. 와하비운동의 중심 사상은 "샤리아" [5]이며 이 샤리아의 엄격한 적용에 그 특징이 있다.

그 외에도 현대 이슬람교의 근본주의 특징을 가진 부흥운동은 '무슬림 형제단(Muslim Brethren)'과 '자마 엇 때 이슬람미(The Jama 'at-i-Islami)'가 있다.

---

4) 칼리프는 계승자라는 의미로 초기 이슬람 공동체 형성시기부터 무함마드 예언자 이후 이슬람 최고 지도력을 발휘해 왔다. 가장 이상적인 칼리프 시기는 제4대 까지로 본다.
5) 샤리아는 이슬람법을 의미한다. 샤리아는 종교법과 민법을 겸한 무슬림 공동체 존재, 보존, 확장을 위한 법이다.

2) 익그완 알 무슬리문(무슬림 형제단)

무슬림 형제단은 1872년 애굽 출신, 하산 알 바나(Hassan Al-Banna)가 주동이 되어 구성되었다. 익그완 알 무슬리문은 와하비운동과 같이 '샤리아'를 국가법으로 회복하고 수피파의 다양한 의식을 타파하는 원시 이슬람교의 부흥운동이었다. 무슬림 형제단은 매우 과격한 조직으로 활동하였는데 이슬람교가 기술과학시대에 과학적 사고와 대립되는 것이 아님을 밝히려고 했다. 이슬람교가 오늘날 세계의 긴박한 문제에 대한 해답이라고 했다.

익그완 알 무슬리문 조직은 서구의 자본주의 문제점과 이미 붕괴된 소련 연방의 공산주의 문제점들을 지적하면서 이슬람이 이 두 세력을 극복하는 답을 제시한다고 했다. 서구의 자본주의는 사유재산의 인정과 경제의 경쟁으로 인하여 빈부의 차이를 가져왔고, 공산주의는 공산 이데올로기로 인하여 자유를 상실케 하는 결과를 가져왔다고 비판하였다. 이 조직은 남녀 평등의 원리를 사회에 적용시키는 과격한 사회혁명을 시도하였고 무슬림 공동체의 통일을 위한 계획과 작전도 수행하였다. 이러한 과격한 정책은 다른 이슬람 국가들과 갈등을 빚게 되었다. 무슬림 형제단의 차별정책에 따라 이슬람 문화권에 있는 소수 기독교인들과 유대교인들은 압력과 박해를 받게 되었다. 무슬림 형제단은 때로는 조직의 목적을 위해 테러리즘을 사용했는데 그 대상은 기독교인, 유대인뿐만 아니라 무슬림 자유주의자들과 이슬람교의 다른 종파나 학파를 포함하기도 했다.

3) 자마 엇 때 이슬람미(이슬람 정당)

자마 엇 때 이슬람미로 알려진 이 근본주의 운동은 1941년에 파키스탄의 압둘 알라 마우두디(Abdul A' La Maududi)[6]에 의해 시작되었다. 마우두디는 '샤리아'에 의한 정부를 세우는 신정정치를 강조하였다. 마우두디는 이슬람교를 떠난 배신자는 샤리아에 따라 죽음의 대가를 치러야 한다고 주장하였다. 그의 이슬람 원리에 있어서는 이슬람교는 일방 통행만을 열어 주는데 무슬림 공동체의 일원으로 '다르 알 이슬람' [7](이슬람 집)으로 들어올 수는 있으나 결코 그 공동체를 떠날 수 있는 자유는 인정되지 않는다.

파키스탄에서는 자마 엇 때 이슬람미가 부흥운동으로서 강경할 뿐 아니라 유력한 정당의 역할을 해 오면서 이슬람 사회주의와 현대 적응주의로 알려진 자유주의를 위협하고 있다. 자마 엇 때 이슬람미는 현재 파키스탄의 주요 세력이다. 이러한 강력한 이슬람 문화권에서 다른 소수 공동체는 위협과 위축의 자리에 있다. 힌두교, 조로아스터교(Zroaster), 유대교, 기독교가 그 대상이다. 특히 소수 공동체인 파키스탄 교회는 사회, 정치, 경제적으로 큰 타격을 받고 있다.

근본주의 이슬람교 부흥운동은 '다와' [8](선교)원리에 의하여 타종

---

6) 이희수, 「마우두디의 사상과 20세기 파키스탄의 이슬람화 운동」, (한국이슬람학회 논총 5집, 1995), 265-302쪽.

7) 다르 알 이슬람은 이슬람 집이라고 하는 의미이다. 무슬림은 세계를 두 집으로 보고 하나는 '다르 알 이슬람'이고 다른 하나는 '다르 알 합'으로 마치 유대교에서 유대인과 이방인으로 구별한 것과 같다. 무슬림은 어떤 방법이든지 다르 알 합을 다르 알 이슬람으로 확대해 나가야 한다고 생각한다.

8) '다와'는 분투하는 선교를 의미한다. 이슬람 선교의 가장 중요한 용어이다. 다와는 자비량 평신도로서 이슬람의 다섯 기둥으로 알려진 종교 의무와 행위를 하도록 힘쓰고 홀로 고립된 신앙생활이란 이슬람권에서는 별로 의미가 없다는 것을 인식했다. 또 함께하는 공동체로서 공동 종교 의례를 지킬 수 있도록 한 사회에서 권면과 가르침과 모범으로 선교적 삶을 살게 하는 것이 다와라고 할 수 있다.

교에 속한 소수 공동체의 위치를 보장하지 않기 때문이다. 이 운동의 목표는 파키스탄의 전적인 이슬람화이며, 소수 공동체의 존립은 가능하나 정치와 경제면에서 주도권을 행사할 수 없도록 약화시키고 비무슬림 지도력을 억제하는 것이다. 그렇게 함으로써 파키스탄의 정권과 경제력은 오직 무슬림들이 행사할 수 있게 하고 비무슬림 공동체는 사회에서 구제의 대상과 소외된 소그룹으로 존속하게 하는 것이다. 그것이 현대 근본주의 부흥운동에서 나타나는 특징의 하나라고 할 수 있다.

4) 이슬람 사회주의와 적응주의

현대 이슬람 부흥운동에는 근본주의와는 전혀 다른 측면의 부흥이 있다. 사회주의와 적응주의의 진보적 입장을 취하는 면이 그것이다. 이 운동의 배경은 역시 18세기에서 찾아볼 수 있다. 철저한 이슬람 전통에도 불구하고 이러한 운동이 일어나게 된 것은 꾸란의 해석 문제뿐 아니라 정치 사회적 변화와 중앙아시아 지역 분위기가 크게 작용했다고 본다. 사회주의와 적응주의 부흥운동을 인도를 중심으로 간략하게 검토해 본다.

이 지역은 18세기에 이르기까지 무굴 왕조로 이슬람의 문화 발전을 이룩한 곳이며 그 배경은 오랜 전통의 힌두교권이다. 거의 3백년 동안 인도대륙은 영국의 식민정치의 영향을 받았고, 소수의 특권층 지성인의 교육은 엄격한 영국식 교육으로 영어를 사용한 것이었다. 영국인들이 운영하는 학교에서 교육을 받은 부유한 이슬람 학자들은 자유롭게 서구를 왕래하면서 사상적 발전을 해 왔다. 이슬람교의 메카(Mecca) 사우디아라비아에서 학자들과 상인들은 서구인들이 개발한

항로와 무역 통로를 이용하여 중앙아시아의 상인들과 왕래하였지만 이들의 왕래는 산발적이었다. 그에 비해서 영국과 유럽의 관계는 조직적이었고 지속적인 체계를 갖게 되었다. 따라서 중앙아시아의 이슬람 학자들은 그들의 사고 훈련을 서구 사상의 영향에서 독립시키지 못한 채 현대 이슬람 부흥을 시도하게 된 것이다. 상황화의 문제가 여기에 있었다. 구라파의 정치와 경제 조직망이 더 우세해서 와하비운동을 일으킨 사우디아라비아와는 관계가 약화되기 시작했다.

　이러한 상황 변화는 이슬람 근본주의와 보수주의 양식을 약화시키게 되었다. 또 다른 모습이 드러나기 시작했는데 그것은 이슬람 근본주의가 아닌 현대 적응주의, 최근에 와서는 사회주의의 모습인 것이다. 이러한 변화는 이슬람교의 세속화라고도 할 수 있다. 이 운동의 특징은 급속히 변해 가는 현대 세계에서 국제적 관계를 열고 다른 가치관과 세계관에 접하면서 문화적 적응을 감수할 수 있게 해 주었다. 또 무슬림 공동체의 현대화에 기여했으며 새 이념을 받아들이는 자율적인 지적활동을 활성화시켰다고 보는데 그 대표적인 인물이 무함마드 익그발(Muhammad Iqbal)이다. 그는 힌두교권인 인도에서 무슬림 공화국을 탄생시킨 현대 무슬림 민족주의의 상징이기도 하다.

　무함마드 익그발은 1938년까지 40여 년 간 이슬람 철학자, 정치가, 시인으로 중앙아시아에서 활동하였다. 익그발은 엄격한 이슬람 전통과 서구 선교사들의 서구 교육방법을 동시에 받은 학자였다. 영국 켐브리지 대학에서 철학을 전공하고 독일에서 1908년 박사 학위를 취득하였다. 익그발은 무슬림들이 힌두교권에서 무슬림으로서의 정체성을 충분히 표현하지 못한다고 보았다. 그래서 위축된 무슬림 공동체는 이슬람교를 약화시킨다고 비판하고 이슬람 부흥을 시도하였다. 그

의 부흥운동은 적응주의 부흥으로 알려졌고 중앙아시아에서 그의 공
헌이 높이 평가되고 있다. 그는 이슬람교를 행동의 종교라고 이해하
였고 따라서 이슬람은 역동적이고, 절대다수 공동체의 자리를 차지하
여야 한다고 주장하였다. 익그발은 이슬람교는 힌두교와 같은 명상의
종교가 아님을 지적하고 인도에 있는 무슬림들에게 자신들의 신분과
'다와'적 위치를 행동으로 표현하게 하는데 공헌하였다. 그러나 오늘
날 파키스탄과 그 주변의 지역에서는 익그발의 개방주의적, 세속주의
적, 적응주의적 개혁운동은 약화되고 사우디아라비아의 근본주의운
동과 맥을 같이하는 급진적 근본주의로 거의 쏠리는 것 같다.

　이와 같이 무슬림이 다수가 아닌 중앙아시아에서 무슬림들이 타종
교인들과의 공존을 인정하면서 무슬림 신앙을 보존하려는 부흥운동
이 있기는 하지만, 현대 이슬람부흥은 전적으로 근본주의 부흥운동으
로 확산되고 있다.

II. 이슬람교의 한국 도래와 그 초기 접촉

1. 초기 접촉배경

　한국 무슬림 공동체가 형성된 것은 그 역사가 짧다. 한국 이슬람교중
앙연합회의 한국 이슬람교역사 자료에서는 1955년으로 기록되어 있다.[9]

---

9) Korea Muslim Federation, *Present Situation of Islam in Korea*, 1986

한국 전쟁 기간에 터키군인들이 주둔하면서, 자기들의 예배를 위하여 모였던 것이 한국 무슬림 공동체의 모체라고 한다. 그러나 이슬람교의 한국인 접촉과 한국에 무슬림 왕래는 오랜 역사적 배경을 가지고 있다고 주장하는 것이 한국 이슬람교 신자들의 입장이다. 이러한 주장이 근거 있는 것인가를 검토해 보기로 한다.

1) 신라시대의 아랍상인들의 통상 가능성

신라시대의 귀족들은 아랍상인들이 가지고 들어온 특산물을 사용했다.[10] 통일신라 시기인 8세기경에 아랍상인들이 중국에 거주하던 신라인을 통해 신라와 통상관계를 가졌을 가능성이다.[11] 이 논문은 이슬람학회 주관으로 영어로 발표되었고 영문논문으로 편집된 것이다. 아랍계 상인들은 신라 상인들에게 특산물을 판매할 수 있었고 중국을 왕래하던 아랍인 상인들은 부유한 신라 귀족들이 중요한 무역대상이 되었을 것이다. 9세기에는 중국에 무슬림들이 정착했고 중국 동남 해안 지역에 십만여 명의 무슬림들이 거주하였다는 설도 있다.[12] 『한국이슬람 40년사』에는 아랍 무슬림이 한반도와 접촉한 최초의 시기를 9세기 중엽으로 기록하고 있다.[13]

통일신라시대의 활발한 중국과의 통상을 고려하여 그 당시 중국 동남 해안 지역에 정착했던 무슬림들이 통상을 위하여 이 땅에 왔다는 것이 무리한 주장은 아닐 것이다. 무슬림들은 이미 중앙아시아의 항

---

10) 이희수, 『무슬림의 대한(大韓)접촉 관계 소고』, (한국외대 석사논문, 1983), 27쪽.
11) 이희수, 『한국의 이슬람』, (한국 이슬람학회 논총 제4집, 1994), 60쪽
12) 이희수, 앞의 책, 60쪽.
13) 『한국 이슬람 40년사』.

로를 이용하고 있었고 무슬림들의 무역 전통은 능히 그러한 접촉을 하고도 남을 만한 것이라고 볼 수 있다.

1973년 경주 황남동에서 유리잔 2점을 발굴되었는데 이 유리잔이 발굴된 무덤이 5세기 말이나 6세기 초의 것으로 본다면, 아라비아와 페르시아 상인들은 이미 이 시기에 경주지역에 왕래하였을 것이다.[14]

신라시대 한국 유학생들이 중국에 왕래한 것을 생각한다면, 새로운 학문에 호기심을 갖는 학생들이 중국의 전통종교가 아닌 이슬람교와 종교의무인 '다섯 기둥'을 접할 기회는 상당히 있었을 것이다. 왜냐 하면 이슬람교는 그 정체를 드러나게 하는 데 있고 이슬람 '움마'[15]는 숨겨질 수 있는 것이 아니기 때문이다.

또한 아랍 문헌에 한국인이 소개된 것이 있다. 이븐 크르다드비(Ibn Khurdadbih)의 저서(885)『諸道路 및 諸王國 案內書』에서는 신라에 관해 다음과 같이 기록하고 있다.

중국 맨끝에 신라라는 산이 많은 나라가 있는데 그곳에는 금이 많고 그곳에 무슬림이 정착하였다는 것이다. "중국의 맨끝에 신라라는 나라가 있는데 금이 풍부하다. 무슬림들이 이 나라에 상륙하면 그곳의 아름다움에 끌려 영구히 정착하고 떠나려 하지 않는다"[16] 그 외에도 9~10세기에 이븐 루시타(Ibn Rusta), 아불 파라즈 이븐 알라딤(Abu"l-Faraj ibn Al-Nadim) 같은 아랍계 학자들이 이븐 크르다드비의

---

14) 이희수, 앞의 책, 63쪽

15) '움마'는 이슬람 신도들의 공동체라는 뜻으로, 전체주의적이고 획일적인 행동 의례를 강조한다. 움마에 속하면 안전하고 평화가 있지만 움마 밖에 있으면 그 사회에서 보장된 삶을 살기 어려운 것이 초기 움마에서 나타난다.

16) 이희수, 앞의 책, 61쪽.

글에서 나타나는 것과 유사한 기록을 남겼는데 당시 아랍인들이 신라에 대한 호기심과 무역에 대한 관심 그리고 통상을 통한 이슬람 신앙 접촉을 알 수 있게 한다. 초기 이슬람 확장 시기부터 이슬람 선교는 항상 전쟁과 무역이라는 통로로 이루어졌던 것을 미루어 아랍인들의 왕래가 무역 자체만의 의미는 아니었을 것이다.

2) 고려시대

한국 학자들은 중국을 통하지 않은 최초 무슬림의 직접적 한국 진출은 고려시대 1024년으로 보고 있다.[17] 1213년 징기스칸이 당시 이슬람 세계를 정복하면서 이슬람 세계를 비아랍제국들, 터키, 시리아, 인도 중심으로 건설하였을 때 많은 무슬림들이 징기스칸의 정책으로 북아시아의 중국을 왕래하고 정착하게 되었다. 이때에 이슬람문화가 중국에 소개되고, 무슬림들이 중국문화에 적응하기도 하였다. 고려시대 한국인이 중국과의 왕래로 미루어 무슬림들과의 접촉이 있었을 것이라는 것은 지나친 추리가 아니다. 고려시대에 무슬림들이 오게 되고 이들 중에는 고려에 귀화하여 한국 땅에서 결혼하여 정착을 하기도 했다는 것이다. 이희수는 그의 영어 논문, 「한국의 이슬람교」에서 덕수 장씨는 그 족보가 무슬림으로 시작된 것이라고 했다. 이 시기에 들어온 무슬림들은 '회회인'으로 기술되어 있는 투르크계의 위그르 무슬림들이었다.[18] 이들은 주로 개성을 중심으로 자기들의 소수 공동체

---

17) 이희수, 앞의 책, 64쪽. 이희수는 이 논문에서 「고려사」에서 아랍인들이 현종왕에게 예물을 가져온 것을 인용했다.

18) 『한국 이슬람 40년사』, 6쪽.

를 이루고 아라비아 숫자도 중국을 통하여 소개된 것 같다.

3) 조선시대

고려시대 14세기까지 무슬림들이 자유롭게 한반도에 왕래하고 정착하여 상당한 안정을 누렸던 것과는 달리 조선시대에는 유교의 확장 시기로써 무슬림들의 왕래는 통제와 박해를 받게 되었다. 1427년 조서에 의하면 무슬림들이 자기들의 종교의식을 공개적으로 실천할 수 없게 되었고, 의상도 자기 고유의 것을 입을 수 없도록 금지되었다. 그리고 현대에 이르기까지 이슬람교의 접촉은 단절되었다. 그 요인은 새로운 종교풍토를 형성한 유교 사상과 이에 따른 정치로 곧 유교주의 때문이었다. 유교의 등장과 당파정책에서 대외정책은 보수적이었고 소극적이었다. 따라서 외국과의 무역과 교류를 통제하였다. 무슬림들이 고려시대 때 몽고를 통해서 누렸던 무역 왕래는 불가능하게 되었다. 무슬림들은 독특한 생활양식을 가지고 있다는 것으로도 배척을 받았고, 인종적으로 유색인들에 대한 소극적 사고로 인하여 한국인과 어울리는 것이 금지되었을 것이다. 조선시대에는 무슬림들 뿐만 아니라 서구에 대하여도 수용적이지 못했다는 것은 자명한 것이다.

그러한 어려운 정치적, 사회적 여건에서도 조선시대 초기에는 중국에서 무슬림들이 이민하여 한반도에 체류하려고 했다는 설도 있다. 이들이 한국인들 가운데 정착할 때에는 그들의 무슬림 의식을 실천하지 못했으므로, 사실 고려 이전 시기에서 조선시대에 이르기까지의 무슬림들의 접촉 및 체류는 어디까지나 접촉으로의 의미는 부여하지만 이슬람 선교의 '다와(Da' wa)'의 의미로는 매우 빈약한 접촉이었다. 이슬람교는 공동체의 형성없이는 무슬림이 된다는 것은 거의 무

의미하고 그들에게는 '움마' 형성이 절대적이며 '오행'으로 알려진 이슬람교의 종교적 의식을 지키지 못할 때, 무슬림은 무슬림으로서의 의미를 상실하는 것과도 같았다. 왜냐하면 무슬림인 경우, 이슬람교의 신조를 내적으로 믿는 것 뿐만 아니라 그 신앙을 전통적으로 제정된 샤리아법에 근거하여 실천하지 않으면 안 되기 때문이다.

19세기 말경 오스만제국의 오스만 술탄, 압둘 하미드는 서구세력에 대항하는 정책으로 '팬 이슬람 정책'을 세우고 무슬림 학자들을 세계 곳곳으로 파견하였다. 술탄은 아프리카, 인도, 발칸지역, 자바, 중국, 일본 그리고 한국에도 보내었다는 것이다. 그 시기에 압둘 라쉬드 이브라임 이펜디(Abdul Rashid Ibrahim Efendi) 라는 러시아계 투르크인이 한국에 왔고 그의 기행문 『알레미 이슬람(이슬람 세계)』에서 한국 체류에 관한 기록을 남기었다고 이희수는 그의 「한국의 이슬람교」란 논문에서 밝히고 있다.

압둘 라쉬드 이브라임은 1933년경에는 주로 일본에 체류하였고 한국에 드나들면서 이슬람 '다와'의 활동을 전개한 것 같다. 일제 식민시대에 투르크 무슬림들은 주로 상업을 통하여 윤택한 생활을 했을 뿐만 아니라, 서구인과 비슷한 외모를 가진 이들이어서 일본인들과 가까이 지내면서 한인들의 제재나 간섭 또는 환영을 받을 상황이 아니었다. 한국인으로 이슬람을 최초로 받아들인 사람은 1932년 박재성이라는 이름을 가진 자로 투르크인이 운영하는 양복점에서 일했던 사람이라고 알려져 있다. 그는 무슬림이 된 이후 샤밀이라는 이름으로 바꾸고 터키 여자와 결혼하였다고 한다. 그가 이 땅에 최초의 무슬림 개종자라고 한다.[19]

그 밖에도 1920년경 소련 공산주의 속에서 이슬람 신앙을 표현할 수 없었던 투르크계 무슬림들이 약 2백 명 정도가 한국에 와서 정착하였다는 것이다. 지금 연변 지역에 정착하였던 중국계 무슬림들은 상인들로서 한반도의 중국경계가 있는 북쪽 국경을 넘나들며 소품들을 사고 팔기도 하였다고 위의 논문에 언급되었다.

조선시대에 무슬림들이 이 땅에 중국을 통하여 그리고 일본에서 자유롭게 상업을 할 수 있었다고 단정할 수 있는 것이다. 한국에 체류했던 투르크계 무슬림들이 자기들은 어떤 모습으로라도 종교의무를 지키기 위한 의례를 가졌고 서울에 자기들의 자녀교육을 위한 학교를 세우고 이슬람 성원을 건립하였다.

"그후 일단의 무슬림들이 다시 한반도에 이주하여 정착한 시기는 1920년대이다. 이들 대부분은 소련 치하의 소수민족으로 살던 투르크계 무슬림들로서 볼셰비키혁명 이후 삶의 터전을 잃고 만주를 거쳐, 당시 일제 치하에 놓여 있던 한반도에 망명해 온 무슬림들이었다. 약 2백 명 정도로 추산되는 이들 투르크계 무슬림들은 주로 상업과 국제무역을 통해 부를 획득하였고, 서울 시내 요지에 그들의 민족학교와 이슬람 성원을 건립하였다. 또한 그들은 꾸란을 출판 배포하고, 서울 근교에 이슬람 묘지를 확보하는 등 근대 한국 이슬람의 태동에 새로운 계기를 마련하였다." [20]

그러나 한국인들로 구성된 무슬림 공동체를 형성하는 데는 미약하였다. 한국에 체류했던 터키 무슬림들은 1945년 해방이 되면서 정치

---

19) 이희수, 앞의 책, 72쪽. 이희수는 그의 자료의 근거를 제시하지 않고 있어서 근거 자료의 미비한 점이 있다.
20) 『한국 이슬람 40년사』, 10쪽.

적 불안으로 거의 미국, 캐나다, 호주 그리고 터키로 떠났기 때문에 한
국에 무슬림 공동체를 양육하지 못하였다.

중국 연변 지역에 일제 탄압을 피하여 나갔던 한인교포들이 그 지
역의 무슬림들을 만났을 것이다. 한국 무슬림 공동체의 가장 원로라
고 할 수 있는 윤두영과 김진규는 1930년대에 연변에 체류했던 이들
로 한국인 무슬림들이 연변에 있었다는 증거를 남겼다. 윤두영과 김
진규는 6 · 25 한국전쟁에 한국에 무슬림 공동체를 시작하는데 큰 역
할을 했다.

2. 한국 무슬림 공동체

한국 전쟁에 유엔군으로 참전하였던 터키군 소속 압둘 가푸르 카라
이스마일오울루(Abdulgafur Karaismaliloglu)와 주베이르 코치
(Zuberyr Koch)라는 두 무슬림은 '이맘'²¹⁾형성에 공헌하였다. 압둘
가프르 카라이스마일오울루는 만주에서 무슬림 신앙에 접하였던 김
진국과 윤두영과의 만남을 계기로 한국 무슬림 '살라뜨'²²⁾ 라는 기도
회를 여는데 공헌하였다. 김진국과 윤두영은 만주에서 무슬림들과 접
촉하였고 무슬림들의 독특한 종교의식과 철저한 금주 생활에 매력을
갖고 이슬람교를 받아들이게 되었다. 이들이 한국에서 이미 무슬림

---

21) '이맘' 은 무슬림 공동체의 예배를 담당하는 군목과 같은 직분을 의미한다.
22) '살라뜨' 는 이슬람의 다섯 기둥으로 알려진 종교의례의 두번째로 공중 기도를 의미하며
하루 다섯번 메카를 향하여 '라까' 라고 하는 7형식을 갖춘 일정한 기도의식과 꾸란 구절을 읊는
과정을 갖는다.

신도로 자처하고 있었고 터키 종군 무슬림들과의 친분을 가지면서 자기들도 무슬림 예배에 참석하기를 요청하였다. 이렇게 한국인의 주동적 역할로 1955년 9월 15일 서울에서 70여 명이 모여 무슬림 예배 결성식을 갖게 되었다. 한국인으로는 처음 무슬림 공동체가 조직된 것이었고, '한국 이슬람협회'를 조직하고 회장으로는 김진국, 부회장에 김유도가 선출되었다.

첫 한국 이슬람협회는 10년 간 무슬림 '다와'의 활성화의 때를 기다리며 존속하였다. 여러 어려움을 통과하면서 1965년에는 '한국 이슬람교중앙연합회'가 조직되고 무슬림의 활동이 점진적으로 알려지게 되었다. '한국 무슬림중앙연합회'가 조직됨으로써 세계 이슬람교 지도자들의 관심과 후원을 받게 되었다. 1967년 3월 '한국 이슬람교 중앙연합회'는 당시 문교부에 '재단법인 한국 이슬람교'란 법인체 등록을 함으로써 공인된 종교단체로 자리를 잡았다.[23] 초기 발전시기에 말레이시아는 정부차원의 관심을 보이고 교육과 홍보에 재정적 후원을 하였다. 이와 때를 같이하여 한국정부는 경제외교의 압력으로 인하여 이슬람 세계와의 접촉을 환영하게 되었고, 이러한 새로운 추세는 1970년 서울 한남동에 1,500평의 건축부지를 허가받게 했다. 1976년 리비아, 쿠웨이트, 말레이시아 등 무슬림 정부의 기금 후원으로 첫 무슬림 사원을 완공하였고 이 완공식에는 51개국의 무슬림 지도자들이 모여 헌당 축사를 하였다. 서울 중심에 유난히 눈에 띄는 전형적인 무슬림사원이 세워짐에 따라 무슬림 신자의 수는 3천여 명에서 6년

---

23) 『한국 이슬람 40년사』, 18쪽.

동안에 3만 명으로 증가하게 되었다.[24]

　국내 지방으로는 부산, 광주, 울산에서 무슬림 포교활동이 시작되었고, 1980년에는 부산 사원이 건축되었다. 이것은 리비아 무슬림들의 기금으로 가능하게 되었다. 1981년에는 광주에 사원이 건축되었고 이를 축하하기 위하여 이슬람 국가 대표들이 파키스탄을 포함하여 40개 국에서 모여들었다. 안양에도 1983년 쿠웨이트 정부의 후원으로 사원이 세워졌고 전주에는 1986년 사원이 건축되었다. 제주도에도 임시 예배실을 마련하여 모이고 있다.

　　　"한국 이슬람이 이땅에 뿌리내린지 40년 만인 1995년 말까지 한국
　　　에는 5개의 이슬람 성원과 6개의 이슬람지회 그리고 약 3만4천 명
　　　의 무슬림들이 알라의 복음에 충실하고 있다."[25]

　1986년 한국 이슬람교중앙연합회의 현황보고에 의하면, 무슬림신자들이 2만여 명이었고, 국외 파견 한국인 무슬림 교포들이 1만1천 명 등 약 3만여 명으로 집계되었다.[26] 12년이 지난 오늘의 무슬림 공동체의 확장은 거의 수적으로는 나타나지 않았다고 할 수 있겠다. 그러나 국내에 들어와 있는 외국인 무슬림들의 수는 상당히 증가한 것으로 보인다. 기록된 문서를 구할 수 없는 상황이지만, 주로 체류자들의 상당수가 불법인 경우가 많아서 기록된 문서를 구할 수는 없는 상황이

---

24) Abu Bakr J. Kim, *Muslim in Korea*, 1982, p2.
25) 『한국 이슬람 40년사』 26쪽.
26) 『한국 이슬람교 현황보고』, 한국 이슬람교 중앙연합회, 1986.

〈도표1〉 한국 이슬람교중앙회 기구표

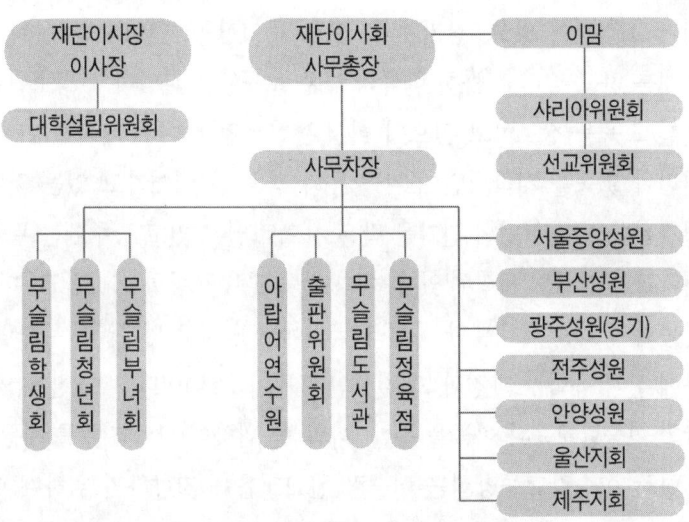

기 때문에 정확한 조사가 불가능하다는 것이다. 대체로 15만 명으로 이야기하고 있다. 그리고 체류자들은 아니지만 여행자들, 상업자들 그리고 외교 요원들을 포함하여 한국의 무슬림 공동체는 활발한 모습을 보이고 있다.

한국 무슬림 공동체는 위에서 언급한 바와 같이 5개의 성원과 6개의 이슬람지회를 중심으로 모이고 있으며 한국 이슬람교중앙회가 유일한 연합기구이며 그 산하에 분야별로 기구들이 있고, 그 특징에 따라 활동하고 있다. 그 기구를 도표로 표시해 보면 다음과 같다(도표1 참조).

위의 도표[27]에서 나타나듯이 무슬림중앙회는 무슬림의 '다와'(선

---

27) 『한국 이슬람교 40년사』, 60쪽.

교)교육을 위한 특수기구로 무슬림학생회, 무슬림청년회, 무슬림부녀
회가 조직되어 있고, 장기계획으로는 문서활동, 언어교육, 문화예술
소개를 하고 있다.[28] 특히 한국의 높은 교육열을 파악하고 청소년들을
위한 교육을 강조하고 있으며 이것은 한국전쟁 이후 폐허된 이 땅에
어린이 교육을 시작했던 초기 활동의 맥을 잘 이어가고 있는 것이라
평가된다. 대학설립의 인가를 받은 것으로 알고 있고 광주에는 무슬림
대학교가 건립될 계획에 있다. 이와 같이 교육을 통한 이슬람교 '다와'
활동의 강화는 국내뿐만 아니라 국외에도 뻗치고 있다. 즉 무슬림 국
가에 한국 유학생 파견과 그 전적인 후원이 그 예이다. 이러한 해외 한
국인 이슬람교육과 이들을 통한 '다와'를 위하여 해외 지부를 세웠다.

한국 이슬람교중앙회는 이슬람 선교교육을 지향하기 위하여 이슬
람대학에 대한 꾸준한 계획을 세웠다. 이미 1976년 이슬람대학 위원
회를 발족하였고 1980년에는 최규하 대통령과 칼리드(Khalid) 사우디
왕과의 협의로 대학부지를 기증 받았고 현재 건축 및 교육과정 준비
를 진행 중에 있다. 이 교육프로그램의 주요 목적은 이슬람교를 신학
적, 역사적, 문화적으로 연구하는 것이다. 현재 한국 무슬림들의 학력
은 상당수에 해당되는 이들이 대학졸업자들이기는 하나 많은 젊은이
들이 대학과 대학 이상의 교육을 받기 위하여 해외유학을 지망하고
있다. 이들 대부분은 이슬람국가들을 택하고 있는데, 그 이유는 유학
생 대부분이 이슬람기구의 장학금을 받을 수 있기 때문이다.

---

28) 《알 - 이슬람》, 1998. 9월호(창간호). 이 정기 간행물은 앞으로 이슬람을 바르게 소개하기
위한 글을 소개하고 체계적으로 꾸란과 하디스의 가르침을 수록하고 이슬람을 빛낸 인물 소개를
통하여 다양한 이슬람 교육을 할 것이다.

〈도표 2〉 이슬람대학 건설과 분야 및 학생수

이슬람법과 언어학과	이슬람법과	150명	
	아랍어과	100명	
	말레이시아, 인도네시아	120명	370명
인문학과	한국어, 한국문학과	80명	
	영어, 영문학과	120명	200명
경제학과, 경영학과	경제과	80명	
	국제무역과	100명	
	경영과	100명	280명
합계	8개학과		850명

앞으로 전국 고등학교 외국어 과목으로 아랍어가 선택과목이 된다는 소리도 들리고 있다. 아랍어 강사가 필요하게 될 것이고 이것은 이슬람 '다와' 의 활성화를 가져올 수 있을 것이다. 아랍어권에 유학의 문을 넓히는 계기가 될 것이고, 이것은 국외 한국인 무슬림들의 수를 증가시킬 수 있는 정책이 될 것이다. 70년대 이후로 침체되었던 아랍어에 대한 관심이 이미 높아지고 있다.

위 도표는 1986년에 이미 기획되었던 자료인데 그 동안 중단되었다가 최근에 이슬람대학 설립을 재추진하고 있다. 정부의 교육개혁과 대학설립의 자율화로 인하여 그 가능성이 더 분명해 졌고 위에서 기획되었던 것보다 작은 규모의 설립을 기획하고 있다. 그러나 장기적으로 동북아시아의 이슬람 요람으로 발전시키고자 하는 비전을 가지고 추진중이라고 할 수 있다. 그 취지는 다음과 같다.

① 이슬람 교육 기관의 설립을 통해 한국 무슬림들에게 이슬람의 정신을 고취시키며 그들에게 적절한 이슬람 교육의 기회를 제공함으로써, 이슬람의 진정한 가르침과 우수성을 숙지시키는 데 있다.

② 어떤 종교를 믿든지 가능한 한 많은 학생들에게 이슬람 교육의 장을 마련해 주어 그들에게 타종교와의 비교연구를 통해 이슬람의 우수성을 알린다.

③ 대학 설립은 각종 종교활동의 중심지가 되리라 예상된다. 즉, 대학의 무슬림 학생들이 중심이 되어, 이슬람 서적을 출판하거나 이슬람 문화 전시회 등의 개최를 통해 이슬람의 올바른 뜻과 가르침을 대중에게 전달 수 있다.

④ 미래의 무슬림 교육자들을 양성하여 이슬람에 대한 왜곡과 편견 없는 교육을 실시토록 한다.

⑤ 극동지역에서는 이슬람 교육 기관이 전무한 실정이다. 따라서 향후 한국에서 건립될 이슬람 대학을 단지 국내 무슬림 학생들 뿐만 아니라, 중국, 일본, 대만 등 주변 국가의 무슬림 학생들에게도 문호를 개방해 명실공히 극동의 대표적인 이슬람 교육기관으로의 역할을 다하도록 한다.

⑥ 한국의 이슬람 대학과 이슬람 국가들의 대학 간에 교환 교육을 통해 실질적인 이슬람 지역의 전문가를 양성토록 한다.[29]

---

29) 『한국 이슬람교 40년사』, 86쪽.

III. 한국 이슬람교의 '다와(선교)' 이해

1. 한국 이슬람교와 현대 이슬람교 부흥운동과의 관계

한국에 도래한 이슬람교는 그 후원 국가들과 기관 및 후원자들의 배경에 따라 근본주의 학파에 속한다고 할 수 있다. 후원 국가들은 주로 리비아, 말레이시아, 인도네시아, 파키스탄 그리고 사우디아라비아로 알려져 있다. 그것은 한국 유학생들이 주로 이러한 나라에 가서 연구하고 있는 것으로 보아도 파악할 수 있는 점이다.

초기부터 한국인 유학생들이 말레이시아, 인도네시아, 파키스탄, 사우디아라비아, 쿠웨이트, 리비아, 수단, 모로코, 요르단 등 이슬람이 부흥하는 나라에 나갔다. 또한 한국 무슬림 공동체 25주년 기념으로 50여 개 무슬림 국가대표들이 모였던 것만 보아도 분명한 것이다. 후원 국가들은 여러 나라들이지만, 단 한국 무슬림 공동체를 위한 무게 있는 후원을 한 나라들은 바로 근본주의의 요새지인 사우디아라비아, 쿠웨이트, 파키스탄, 말레이시아 등이다.

1964년에 이미 파키스탄에서 '자마 엇 때 이슬람미'의 한 지도자가 한국에 방문하였다. 필자는 이화 캠퍼스에서 그와 1964년에 면담한 기억이 있다. '자마 엇 때 이슬람미'는 현대 근본주의 이슬람교 부흥의 3대 운동조직의 하나로써 주로 파키스탄에서 크게 영향력을 끼치고 있다. 1962년에는 말레이시아의 국회의장 하지노아가 한국을 방문하여 한국의 최초 이슬람교 사원 건축기금을 보내는데 크게 역할을 하였다. 1966년에는 파키스탄의 꾸란 협회장 무함마드 사이드 자밀(Muhammad Syed Jamil)이 한국에 와 체류하면서 이슬람교 선교요원들을 교육시켰다. 1974년에는 리비아의 이슬람교 선교회가 모히블락 알리프와 화둘 까둘 사이끼 두 명을 무슬림 선교사로 서울에 파견시켜 장기 선교활동에 임하게 하였다.[30]

이와 같이 한국의 초기 이슬람교 포교 확장운동을 가능케 한 그 배경에는 과격한 근본주의 부흥운동이 있었다. 위의 여러 지역에서 선교요원들이 한국으로 파송되었고 이들은 각각 정치·경제차원의 정부의 지지와 지원을 받았다.

2. 선교정책

이슬람교 선교정책은 단순히 종교적 차원의 것이 아니다. 초기 이슬람교 발전 과정에서 포교는 정치적 문제였고 경제적 세력 확장이었다. 이와 마찬가지로 한국에 들어온 이슬람교의 선교활동은 짧은 역사이지만 이미 초기 칼리프시기의 무슬림 공동체가 보였던 전통적인 선교 패턴을 보여 준다.

첫째는 경제외교를 통한 포교활동이다. 한국과 중동과의 건설관계 확립은 1960년에 시작되어 1966년부터는 견고하게 되었다. 1973년에는 사우디아라비아에서 도로공사를 한국업자들에게 맡김으로써 중동을 대상으로 한 건설은 '붐'을 일으켰다. 페르시아 연안 제국이 핵심 지역이 되는 중동은 한국에 원유를 공급하고 건설시장을 제공하고 교역상대가 되면서 한국경제의 고도 성장에 직접, 간접적으로 기여하였

---

30) 한국 이슬람중앙연합회, 『온 세계에 이슬람의 빛을』, 1980, 20쪽.

고 또 한국은 그들의 개발사업에 다각적으로 참여하고 협조하는 경제
협력으로 비약적인 발전을 거듭하였다.

이슬람교의 선교활동은 이러한 기술제휴 과정에서 직접적으로는
잘 나타나지 않았다. 한국의 기업인들은 중동과 한국의 경제관계의
성립 및 활성화를 기대하였을 뿐이었다. 실제로 한국경제는 중동진출
로 활기를 띠게 되었다.[31] 그러나 주목할 것은 이슬람교의 선교는 전
통적으로 통상관계를 통하여 이루어졌다는 점이다. 그러므로 이와 같
은 경제적 관계는 곧 '다와' 사상에 근거하고 있는 무슬림들에게는 이
슬람교 선교정책으로 연결되는 것으로 보아야 한다.

둘째는 정치적인 관계이다. 건축 청부, 오일 수입, 기타 다른 무역
품목을 가지고 무역 관계를 이루어 나간다고 하더라도 경제적 관계는
곧 정치적인 관계인 것이다. 한국 이슬람교의 무슬림의 왕래는 초기
부터 외교관계를 통해서였다. 무역의 길이 열리면서 한국은 경제적
이유로 중동 여러 나라와 외교 관계를 수립하였고, 중동은 한국의 위
치와 한국이라는 나라를 의식하게 되었다. 한국에 들어온 이슬람교의
선교요원들은 당당히 외교관의 환대와 한국 정부의 손님으로 드나들
었고, 최초의 이슬람교 사원부지를 확보하는데 있어서도 박정희 정권
안에서 대통령의 지지로 가능하게 되었던 것이다.

셋째는 교육활동을 통한 선교이다. 1970년대 후반에 접어들어 무슬
림 지도자들은 한국인의 높은 교육열을 파악하고 한국의 이슬람교 포
교를 위해서 교육선교를 강조하는 정책을 세웠다. 60년대, 70년대 중

---

31) 심의섭, 「페르시아 지역과 한국과의 경제관계」, (한국외대 중동문제연구소 논총 제5호,
1986), 137쪽.

반까지는 주로 경제적 통로를 통한 선교라면 70년대 후반부터는 치밀한 교육정책을 사용하고 있다. 이를 뒷받침하는 몇 기관을 검토해 보면 다음과 같다. 대학수준의 교육과정으로는 한국외국어대학의 아랍어과, 이란어과 및 터키어과를 들 수 있다. 명지대학과 부산 외국어대학에도 아랍어 과목이 개설되어 있다. 주로 아랍어 중심의 언어교육에 치중하고 있으나 관련과목으로 이슬람 문화사, 꾸란경 연구, 중동정치 과목들이 개설되어 있다.

석사과정으로는 외국어대학의 중동학과를 들 수 있는데 중동 여러 나라의 정치학과 경제학 분야를 설정해 놓았다. 그리고 중동문화도 하나의 과목으로 되어 있다. 물론 위의 과정에서 이슬람교를 순수하게 종교학적으로 다루는 과목은 빈약하지만, 이슬람교에 있어서는 종교와 정치가 분리되는 것이 아니기에 이러한 교육과정의 목표를 헤아릴 수 있다. 그 밖에도 중동문제연구소가 설립되어 충분한 지원정책 하에서 한국에서의 무슬림 선교정책 수립을 위한 제반 영역의 연구와 연구논집을 발표하고 있다. 또한 중동학회가 이미 1979년에 발족되어 교수를 중심으로 발전해 오고 있는데, 여기서 중동학회지, 논총을 정기논문집으로 발표해 온지 21년에 이르고 있다. 대표적인 무슬림 교수로는 김용선, 김용원, 손주영, 최영길 등을 들 수 있다.

그 밖에 무슬림 교육 선교가 사원중심으로 전개되고 있다. 언어연구반이 있고 본격적인 출판기획을 통한 홍보 책자를 발간하여 국내 무슬림과 비무슬림들에게 비매품으로 배부하고 있다. 교육선교 활동으로 언급할 만한 것은 계획 추진 중에 있는 이슬람대학 설립이다. 1986년 보도에서는 8백 명의 학생수를 첫해 목표로 하였으며 대학을 졸업할 때까지 장학금을 지급하고, 전원 기숙사에 기거하는 생활계획을 하고 있다고 보도된 바 있다. 그 밖에도 정기적으로 대학들을 대상으로 학회지 발간 및 세미나를 개최하고 있고, 연중 행사로 성지 메카 순례를 위한 연수생들을 확보하여 교육시키고 있다.

이러한 무슬림 선교정책은 상당히 효과적인 결과를 가져올 수 있는 정책이며, 현재 한국 실정에 매우 매력있는 도전이다. 그럼에도 불구하고 이슬람교의 선교정책이 안고 있는 문제는 무엇인가를 묻게 된다. 다시 말해서 과연 한국에서 이슬람교의 발전을 전망해 볼 때 어떠한 문제를 보게 되는가? 이미 정치 · 경제 · 교육적 측면에서 매우 유리한 상황에서 선교하고 있는 이슬람교의 선교요원들이 증가함에도 불구하고 필자는 이슬람교가 한국에 끼친 영향력을 소극적이고 미약한 것으로 평가하는데 그 이유는 다음과 같다.

3. 한국 무슬림 공동체와 '다와' 접근

1) 근본주의 이슬람교 부흥과 한국의 복합적 종교사회

이슬람교의 근본주의 부흥으로 시작된 한국 이슬람교 공동체가 복합적 종교사회인 한국에서 타종교들과 공존해야 하는 문제는 심각하다. 무슬림은 철저하게 무슬림의 생활양식을 지킴으로써 무슬림 공동체의 소속을 스스로 인정하는 것이다. 근본주의 이슬람교는 철저하게 꾸란과 하디스(전통)로 되돌아가 초기 이슬람교 공동체의 양식대로 살아야 함을 강조하고 있다. 그러나 한국의 복합적 종교사회에서 무슬림은 그 정체감을 가질 수 없다. 왜냐하면 한국 무슬림 공동체는 소수 공동체이기 때문이다. 무슬림은 내적 신앙발달과 성장에 의존하여 무슬림이 되기 보다는 삶의 양식 그리고 종교적 의무를 이행함으로써 무슬림됨의 의미를 갖게 되는데 한국의 상황은 그것을 불가능하게 만든다. 무함마드 익그발[32]에 의하면 무슬림은 소극적이거나 수동적일 수 없고 역동적이며 전진이 있어야 하는데, 현재 한국의 무슬림 공동체는 종교의 자유는 누리고 있으나 한국문화를 이끌어가는 역동적 역할을 하기는 어렵다고 평가된다.

2) 전체주의 사고와 탈현대사회를 맞이하는 한국 청년세대

무슬림들은 그들의 신앙고백과 종교적 의무 및 '다르 알 이슬람' 원리에 의하여 살고 있다. 엄격하고 철저한 무슬림 공동체는 개인의 의견이 중요한 것이 아니라 무슬림 공동체의 절대 다수의 의견에 따르는 것이다. '민중'의 소리가 절대적 힘을 행사하듯이 무슬림 공동체는 전통의 가르침에 순응해야 하는데 여기에 또 하나의 전체주의 모습을 보게 한다. 거의 획일적인 가치관에 의한 삶에 대한 태도가 그들을 하나로 묶어 준다.

이슬람은 흑백으로 옳고 잘못된 것이 구별되어 있어서 상황적 태도 변화와 선택은 어려운 것이다. 그러나 현재 한국 대학생 및 지성인 대상의 무슬림 '다와' 접근에서는 바로 이것이 문제가 된다. 공산주의가 아닌 또 다른 형태의 전체주의가 안착할 자리를 얻을 수 없기 때문이다. 무슬림 공동체의 종교 의무를 행하는 것은 개인의 시간과 방법에 따르는 것이 아니라 시간과 공간을 함께 나누면서 같은 언어와 같

---

32) 무함마드 익그발은 중앙아시아의 이슬람교를 부흥시킨 현대 무슬림 사상가로 파키스탄의 분리 독립을 주장하였고, 그의 시를 통하여 이러한 사상을 대중화시킴으로 1947년 인도에서부터 파키스탄을 탄생케 한 것이다.

은 행동으로 의례를 지켜야 한다. 공산주의의 전체주의와 근본적으로 다른 것이 없는 것이다. 그러나 한국의 분단 상황에서 전체주의는 경계심을 갖게 하고, 공산주의의 전체주의 상처를 치유받지 못한 배경에서 새로운 전체주의를 수용하는 것은 어려운 것이다.

3) 문화적 거리감

문화는 종교의 현상이다. 종교는 문화의 실재라고 하였다. 무슬림들은 그들의 신앙이 독특하게 문화적으로 표현되어야 한다고 믿는다. 그들은 일정한 기도와 금식과 성지순례를 해야 한다. 무슬림 문화는 하나로 표현될 수는 없으나, 이슬람교의 아랍어 존중 때문에 무슬림 문화를 생각할 때, 주로 아랍 중동문화를 생각하게 한다. 물론 무슬림들이 어느 지역에 분포되었는가에 따라 생활언어는 지역언어를 사용하고 아랍어를 배우지 않을 수 있고 무슬림 신도들 가운데 비아랍계가 많은 것도 사실이다. 동남아시아의 말레이시아와 인도네시아의 무슬림들을 생각할 수 있다.

최영길 교수에 의하면 세계 무슬림 인구는 16억인데[33] 기독교 자료에서는 12억으로 보도하고 있다. 기독교 인구 다음으로 가장 큰 이슬람은 세계의 서로 다른 문화권에 분포되어 있다. 그러나 무슬림들을 하나로 표현하는 것은 아랍어의 꾸란을 아랍어로 낭독하는 데 있다. 한국에서는 기독교가 한글을 통하여 전파된 것을 생각하면, 아랍어를 꾸란 언어로 강조하는 무슬림 공동체가 과연 아랍어로 한국인들을 이

---

33) 이원규, 「미래사회의 변화와 선교적 전망」, 《교회와 세계》, 통권 172, (기독교교회협의회, 1998, 7/8호), 38쪽. 이 글에서 인용된 도표는 이슬람 교세를 11억 8천이라고 했다.

끌 수 있을까? 이미 전통문화로 가득 찬 한국에 하나의 새로운 아랍문화가 수용되는 것은 그리 간단한 것이 아니다. 이슬람교에 있어서는 이슬람 문화의 옷을 벗고 한국 전통문화 속에 적응하며 들어올 수 있는 메시지와 근거는 빈약하다.

예일대학의 선교 신학자 라민 사네에 의하면, 기독교는 초기 원시 공동체 형성과 선교과정에서 언어의 번역을 통하여 이루어졌다고 지적했다. 그리고 성서는 히브리어와 헬라어에서 오늘에 이르기까지 1천5백여 지역어로 번역되면서 기독교를 전파했다는 특징이 있다면, 이슬람교는 그 초기부터 꾸란의 번역을 금지하고, 공식예배를 아랍어 꾸란을 고수하게 한 점을 들면서 이슬람교의 '다와'는 아랍어를 통한 것이라는 것을 피력하였다.[34] 사네가 이슬람 '다와'의 원리를 바로 이해한 것이라면 한국에서 아랍어 사용을 통한 무슬림 공동체 발전은 가능할 수 있다고 할 것이다. 이 점은 시간과 함께 파악될 문제이다.

4) 무슬림 여성과 사회참여

무슬림들에게 있어서 여성의 위치는 남자보다 낮다는 꾸란의 근거가 있다(꾸란 4:3,4:34).[35] 꾸란은 여성의 위치를 그 당시 아랍문화의 여성의 신분보다는 높인 것으로 기록하였다. 꾸란에서 나타나는 여성관은 한국여성에게 어필할 수 없다고 본다.[36] 여성학과 여성신학에서

---

34) Sanneh, Lamin, *Translating the Message*, Orbis, 1992, chapter 7.
35) 이슬람연구소 편, 『무슬림 여성』, 예영커뮤니케이션, 1997.
36) 이슬람연구소 편, 『무슬림 여성 : 꾸란에서 나타난 여성관(전재옥)』, 예영커뮤니케이션, 1997. 이 책에서 여성과 관련된 꾸란 구절을 찾아 해설하였고 무슬림 여성 이해를 소개하였다.

여성의 동등한 사회참여와 인권존중의 의미가 날로 커지는 한국 여성 문화에서 무슬림 여성상은 한국 여성들에게 호기심과 비판의 대상은 되어도 한국사회에서는 잘 용납되지 않는 것이다. 일부다처제도와 오늘의 이슬람 근본주의의 운동은 여성의 사회진출에 제동과 억제로 이해되고 있기 때문이다. 무슬림 여성에 대하여 잘못된 인식과 편견이 있는 것도 지적할 만하다. 매스컴에서 알려주는 중동의 무슬림 여성들, 특히 사우디아라비아 여성들의 사회진출과 참여의 금지는 경제와 교육 등 다양한 진로를 가고 있는 젊은 한국 여성층에게 이해되기 어려운 점이다.

21세기는 여성의 시대라고 한다. 정보시대로 다양화되는 사회에서 여성들이 참여할 수 있는 폭은 완전히 열려 있는데, 가정과 자녀 양육으로만 여성의 삶이 전개될 수는 없는 것이다. 더욱더 여성시대의 자유로운 참여와 동등한 역할을 주장할 것 즉, 이슬람교의 근본주의에서 가르치는 여성상은 변화에 대한 적응없이는 설 자리가 없는 것이다. 사우디아라비아 같은 나라에서 여성은 운전을 할 수 없고 의학도라도 남자 교수의 강의를 같은 공간에서 남학생들과 배울 수 없고, 커튼을 가려 놓고 따로 수업을 한다고 한다. 한국 여성은 교회와 일반 사회 영역에서도 여성의 역할을 강조하여 왔고 그 공헌도 무시할 수 없는 실정이다. 앞으로 더 활발하게 여성인권문제, 평등문제를 전개할 것이다.

이슬람 세계에서 여성의 위치에 대한 신뢰할 만한 자료가 한국 여성들에게 알려지지 않았다. 앞으로 무슬림 여성들에 관한 연구가 전개되어 편견이 아닌 실상을 이해할 수 있어야 할 것이다. 현재로는 이론적으로 그리고 실제적으로 한국 여성은 꾸란의 여성상을 바람직한 모델로 보지 않는다. 이슬람교가 한국 여성들의 긍정적 반응을 얻기는 무리한 점으로 지적된다.

IV. 무슬림 공동체와 한국 교회의 선교적 전망

1. 무슬림은 우리의 이웃

한국 교회는 무슬림 공동체가 이웃이라는 것을 의식할 필요가 있다. 이슬람연구소에서는 《이스마엘우리형제》라는 제목의 정기 소식지를 격월간으로 발간하고 있다. 이것은 한국 교회에 무슬림이 이웃이라는 것을 보도하는 매체이다. 무슬림들은 자기들이 서구의 긴 갈등 구조 속에서 왜곡된 프로필을 갖게 되었다고 생각한다. 무슬림을 어떤 조직체라고 보기보다는 평범한 사람들이라는 것을 생각할 필요가 있다. 만날 수 있는 이웃 그리고 대화할 수 있는 좋은 사람들이라는 것을 받아들이는 것이다. 한국에 있는 무슬림들은 같은 민족, 같은 언어 그리고 생활 습관이 같은 사람들이다. 한국 교회는 그들이 어디에서 무엇을 하는지 교인들을 보살피듯 관심과 열려진 태도를 가질 수 있어야 한다. 이웃이라고 하면서 그들의 정보를 알지 못하면 이웃이라고 말할 수 없다.

한국에 있는 무슬림 공동체는 오해받고 있다고 생각한다. 이것은 그들이 무엇을 잘못해서가 아니라 오랫동안 서구를 통하여 전달된 이슬람교의 이미지 때문이라고 볼 수 있다. 그들은 소수 공동체로서 이해와 인정받고 조국을 위하여 함께 일하고 싶어한다. 한국인 무슬림이라면 누구나 한국사회의 문제점과 분단문제를 놓고 같이 고통을 분담하고 있는 것이다. 무엇보다도 먼저 적대감이나 의심의 태도를 지양하고 솔직하고 겸허하게 무슬림 공동체에 대한 개방적 태도가 필요하다. 그렇게 하기 위하여 교회의 선교부나 선교협의회는 매년 이슬람교 의식화를 위한 이슬람교에 대한 세미나를 가짐으로써 도움을 받을 수 있다.

한국 교회는 한국종교들과 관련없이 고립적으로 교회 내의 문제와 사역에만 집중하는 편협성을 극복해야 한다. 한국 교회는 최근의 한국 이슬람교의 선교정책을 진단하여야 한다. 한국에서 이슬람교가 무교, 불교, 유교와 같은 긴 역사를 가지고 있지 않다고 해서 무관심해도 되는 종교로 생각한다는 것은 소극적 자세이다. 이슬람교의 정체를 아는 것이 중요하다. 세계화시대에 무슬림이 누구인지, 한국 무슬림 공동체는 어떠한지 아는 것이 필요하다. 특히 12억이 되는 무슬림들을 외면하면서 정치, 경제, 문화 등 다양한 차원의 접촉이 불가피하고, 만남과 대화의 시대에 이슬람의 가치관과 세계관을 어느 정도 이해하는 작업은 새로운 세기를 여는 시점에서 도전이 되는 것이다. 이슬람교와 기독교와의 역사적 만남과 갈등을 이해하지 않고는 오늘의 세계 뉴스를 해석할 수 없는 것이다. 세계의 변화에 대하여 대처해 나가는 한국 교회는 무슬림 공동체를 그 선교적 과제에 포함시킬 수밖에 없다고 본다. 그러기에 세미나를 열고 청년들에게 이슬람교의 역사, 정치, 경제, 문화 및 신학 등 검토의 영역을 주는 것이 이웃을 이해하는 출발점이라 하겠다.

2. 무슬림 공동체의 '다와' 정책

첫째, 한국 무슬림 공동체는 자체적으로 홍보를 통하여 이슬람을 알리는 활동을 하고 있고 이것은 이슬람교에 관한 왜곡된 점들을 시정하려는 것이다. 왜곡은 한국 무슬림 공동체의 문제가 아니라, 문서와 매스컴을 통하여 이슬람교의 공격성과 정치 보복으로 나타나는 테러리즘이라고 생각된다. 이슬람교를 오늘의 정치 갈등으로 인한 공격과 대항의 단면으로만 보는 것에 대해 한국 무슬림 공동체는 다른 차원을 알리고 싶어한다.

둘째, 한국 무슬림 지도자들은 이슬람교가 한국 전통문화에 적응할 수 있는 점을 찾으려 한다. 문화를 통하지 않고 문화 안에서 수용되지 못하는 종교가 있을 수 없다는 것을 그들은 알고 있고, 이 과제가 가장 심각한 것을 인식하고 있는 것이다. 사막의 종교, 이슬람교가 동양의 전통문화와 만날 수 있는 것은 어떤 것인가? 이슬람교의 상황화 작업은 어떻게 전개될 수 있는 것인가? 이것이 문제인 것이다. 이희수의 논문에서 이 고민이 드러나고 있다.

셋째는 한국 무슬림 공동체는 무슬림의 엄격한 생활규범, 특히 금주가 한국 사회의 금주 문제에 좋은 영향으로 인정될 것을 기대한다. 한국에 들어와 있는 15여만 명의 철저한 종교적 삶을 기대하고 강조하면서, 이들의 삶이 한국인에게 잘 비추어져 이슬람교의 긍정적 차원을 열어 보이고 싶어한다. 한국 교회가 급속도로 성장하는 과정에서 신앙과 행위의 조화를 이루지 못하는 것을 비판하는 젊은이들은 이슬람교의 질서있고, 군사적인 패턴에 이끌릴 수 있다고 보는 것이다. 때문에 무슬림 지도층은 '다와' 의 대상을 학생들과 대학생들로 보고 있다. 무슬림에게 있어서 신앙은 행동규범과 일치하는 것이기에 내적 그리고 수직적 차원의 신앙은 기독교에서처럼 중요한 것이 아니다.

결론적으로 한국 무슬림 공동체의 '다와' 접근은 무엇보다도 먼저 한국 사회에서 적대적 관계를 지양하고 무슬림들이 소수 공동체로서 자유롭게 그리고 소외되지 않고 차별을 받지않고 이 사회에서 공헌점을 찾으며 나가는 것이라 하겠다.

3. 한국 교회의 선교적 과제와 전망

첫째, 한국 교회는 우월주의에 빠지지 않고 낮은 자리에서 소수 공동체를 대할 수 있어야 한다. 한국 종교인구에서 기독교는 25퍼센트를 넘고 1990년대에 교회 성장이 둔화되어 간다고 보았지만 IMF 체제 이후 다시 교회 성장이 상승하고 있다. 아시아에서 가장 짧은 기간에 가장 큰 선교 사례를 가지고 있는 한국 교회는 선교우월주의 징조를 극복하고 사회에서 신뢰를 키워 나가는 역할을 해야 할 것이다. 신뢰의 대상은 포괄적이며 총체적이어야 한다.

한국 교회는 이슬람교를 한국의 5천 만 인구에서 한국인으로는 3만여 명의 신도를 가진 아주 작은 교세로 생각하고 이슬람교에 대해 무관심하기 쉽다. 사랑의 계명은 모든 사람들을 포함한다. 교회의 신앙 공동체로서의 타락과 기독교 복음의 걸림돌이 되는 십자가와 대속을 이루는 고난의 신비를 받아들일 수 없는 이들이 무슬림들이라는 것을 이해하고 매우 합리적이고, 윤리적이고, 획일적인 삶의 양식을 가진 공동체에 매력을 갖게 된다는 것을 인정해야 한다. 한국 무슬림들 가운데는 어렸을 때 교회에 나갔던 이들이 있다. 이들은 교회에서 충족되지 않은 경험과 실망으로 인하여 이슬람교를 환영했을 것이다. 즉 교회가 교회답지 못하고 분열과 빈부의 차이, 인권 문제, 기복 신앙에 흔들리고 있으므로, 이들은 질서있고 형제애를 주장하는 무슬림 공동체를 선택했을 것이다. 때문에 한국 교회의 참회적 자세가 바로 선교적 과제를 이행하는 출발점인 것이다.

둘째, 한국 교회는 방황하는 청년들을 찾아 나아가야 한다. 한국 교회는 한국의 어떤 젊은이들이 이슬람교를 받아들이는지 그 이유를 알아야만 한다. 첫번째는 경제적 이유가 그 동기이다. 외국 파견 직업인으로 이 혼란스런 좁은 땅에서 잠시 떠날 수 있기 때문이며, 경제적인 보장이 됨으로 무슬림 지역으로 나가기를 자원한다. 이들은 이슬람 정치, 경제, 문화에 접하면서 자기의 진로를 찾을 수 있고 후원을 받을 수 있기 때문이다. 두번째는 정치적 이유이다. 정치적 이유로 이슬람교를 받아들이는 것이 극히 드문 일이지만, 어떤 경우에는 한국 현실에 대한 실망과 좌절로 인한 고독감에 시달리는 이들이 삶의 극복을 위한 하나의 대안으로서 형제애를 매우 강한 교리로 내세우고 있는 무슬림 공동체에 소속되기를 원하기도 한다. 세번째는 교육적 이유이다. 이것이 가장 강한 요인으로 작용한다. 특히 1960년대 초기에 이슬람교로 개종한 이들은 한국에서 유학의 길이 매우 좁았는데 그들은 중동, 파키스탄, 사우디아라비아, 이집트에서 정통 이슬람교를 연구할 수 있는 기회를 얻었다. 이슬람교는 학문으로 다룰 만한 역사와 신학이 있고 학문의 모든 면을 이슬람교 안에서 접근할 수 있는 것이다. 이슬람 예술, 문학, 경제, 언어 등 이슬람교와 관련된 학문의 깊이와 높이는 젊은이들에게 커다란 도전인 것이다. 현재도 아랍언어반, 학생반, 문화활동반 등 거의 다 회비나 등록금 없이 모여서 관심분야를 연구 한다. 이슬람교는 동양종교들, 힌두교, 불교, 유교 못지 않게 무궁무진하게 연구할 만한 종교인 것이다. 이슬람교는 여러 측면에서 연구될 수 있다. 즉, 정치적인 면에서, 인류학적 면에서, 경제적인 면에서, 언어 면에서 그리고 종교면에서 풍부한 자료를 가지고 있다. 이제는 기독교인의 입장에서 한국 교회의 선교적 측면에서 이슬람교를 선교 신학적으로 연구하는 것이 요청되고 있다.

4. 다원주의 사회에서 한국 교회의 복음사역

한국 교회는 이슬람교도들을 포함한 다른 종교인들을 우선적으로 교회의 예배만 참석하게 하는 목표에 집착하지 말고 무슬림들과 만나고 의미있는 대화를 할 수 있도록 자리를 마련해야 한다.

이러한 만남은 서로에 대한 존중과 이해를 바탕으로 해야 할 것이다. 신뢰할 수 있는 자리가 있는 곳이 넓혀져야 할 것이다. 영국의 선교 신학자 레슬리 뉴비긴(Leslie Newbigin)은 기독교와 타종교와의 관계에 대하여 논하면서 네 가지를 요약하였다.

첫째는, 예수 그리스도를 구주로 믿지 않는 다른 종교인들의 삶에서도 하나님의 일반 은총의 징조들을 기대할 수 있다는 것이다.

둘째는, 기독교인들은 하나님의 인류를 위한 역사 전개에서 필요하고 좋은 모든 일들을 비기독교인들과 함께 협력할 수 있는 것이다. 정의 문제, 인권 문제, 환경 문제, 기아 문제 등 함께 관심을 갖고 힘을 합할 수 있는 영역이 있고 또 그것을 실천에 옮겨야 할 것이다. 이것은 그리스도 복음의 이야기를 떠나는 것이 아니다. 기독교인은 복음을 증거하면서 무슬림들과 같이 올바른 역사 전개를 위한 사역에 힘쓸 수 있는 것이다.

셋째는, 이러한 협력의 시간을 갖고 공간을 같이 하게 되면 만남의 의미가 있고 서로 대화가 열릴 수 있는 것이다. 진지한 일로 만나지 않으면 대화는 불가능하다. 자기의 입장이 없고 방황하는 자는 서로를 인정하는 대화를 하기 어렵다. 함께 일하기 위하여 모이고, 대화를 하는 과정에서 기독교인들은 분명하게 고집할 수밖에 없는 복음을 새롭게 확인할 수 있는 것이다. 복음을 이야기하지 않고는 복음을 안다고 할 수 없고, 복음대로 살지 않고는 복음을 증거할 수 없다는 것을 깨닫게 되는 것이다.

넷째는, 타 종교인과의 대화를 통하여 기독교인은 분명하게 예수의 삶과 사역을 이야기할 수 있는 것이다. 이 이야기는 예수만의 이야기인 것이다. 이 이야기를 하는 것에 하나님의 힘이 역사한다는 것을 배우게 된다고 하였다.[37] 대화를 통하여 기독교의 본질이 무엇이며 그리스도의 복음이 무엇인지 증거되어야 한다. 만남과 대화의 활성화를 위하여 한국 이슬람교 선교활동의 장점과 문제점을 파악하여 한국 교회는 개방적이며 솔직한 자세를 가지고 겸허하게 앞으로의 선교과제에 임해야 하는 요청을 받고 있다.

---

37) Newbigin, Leslie, *The Gospel in a Pluralist Society*, (Eerdmans; WCC, 1989), pp. 181-182.

V. 이슬람 문화권에서의 한국인의 존재

1. 이슬람 문화권에서의 한국인의 분류

이슬람 문화권으로 나가는 한국인은 크게 세 종류이다.

첫째는, 외교관계로 파견되어 있는 이들이 상당수 있다. 90년 6월 16일자 외무부 제공 자료에 의하면 한국은 중동의 18개국, 아프리카의 34개국, 아시아의 28개국과 수교를 맺고 있다. 아시아의 28개국 중 최소한 6개국을 이슬람권으로 본다면(파키스탄, 인도, 네팔, 방글라데시, 인도네시아, 말레이시아) 한국은 약 58개국의 이슬람교 국가와 수교를 맺고 있으며 이에 따라 외무원들이 단기 또는 장기로 파견 나가 있다.

둘째는, 무역관계로 기업체들이 지부를 설치하여 진출하고 있다. 이집트 기업체(18), 바레인(8), 쿠웨이트(12), 오만(2), 이라크(11), 카타르(3), 수단(1), 모로코(2), 요르단(4), 북 예멘(10), 스리랑카(4), 네팔(3), 파키스탄(9), 리비아(4), 아랍에미리트(1), 연합국(15), 카메룬(16), 방글라데시(20), 인도(22), 이란(17), 사우디아라비아(46) 등 1990년 통계에 따른 인력교환이 있다.

셋째는, 한국 교회의 타문화권 선교를 위하여 파송된 선교사들과 기타가 있다. 《미션월드》 조사에 의하면 1990년 상반기 선교사를 파송하고 있는 29개의 선교기관 (교단 선교부 또는 선교국 포함)중 16개 기관이 이슬람권에 선교사를 파송하고 있으며, 선교지로 이슬람권에 가장 많은 선교부의 참여를 보이고 있다. 현재 214명이 22개 무슬림 국가에서 선교활동을 하고 있다.

선교사가 가장 많이 나가 있는 나라 순위는 인도네시아(46명), 케냐 (39명), 방글라데시(22명), 파키스탄(19명), 나이지리아(12명), 사우디 아라비아(9명), 가나(8명), 우간다(6명), 알제리아(6명), 라이베리아(5 명), 이집트(5명), 터키(4명), 잠비아(3명), 소말리아(3명), 이란(3명), 가봉(3명), 세네갈(2명), 바레인(2명), 시에라리온(2명), 말라위(2명), 쿠웨이트(1명)로 나타나 있다. 이것은 1990년 3월에 조사한 설문지 응답 수이므로 여기에 포함되지 않은 선교사들이 상당수 있을 것이다. 그들은 선교 정책상 이름과 사역을 밝히지 않는다. 그 외에 이슬람 문화권에 나가 있는 교포들이 있다. 동남 아시아의 인도네시아와 말레이시아에 상당수가 있고, 국제화시대의 추세에 따라서 아프리카의 여러 나라, 중동의 나라들, 인도, 파키스탄 등에 점차로 교포들이 확산되고 있다. 아직까지 소수 이외에는 유학을 목표로 하여 나가는 학생들이 적고 다른 목적으로 입국이나 체류하기 위하여 유학의 길을 잠정적으로 걷는다.

이제부터 이 장의 목표와 주제에 따라 이슬람 문화권에서 한국 선교사들이 어떻게 복음 선교를 할 수 있는가에 대해 검토하기로 한다.

2. 이슬람 문화권에서의 한국 교회의 선교

첫째는, 무슬림들의 정체성을 파악해야 한다. 이슬람교가 분포되어 있는 인구는 12~16억까지도 해당된다. 중동이 이슬람교의 성지가 있는 곳이므로 종교적으로는 중심이다. 그 밖에 무슬림들이 다수를 이루고 있는 나라들이 아시아와 아프리카에 있다. 또한 신도수로는 소수를 이루고 있으나 이슬람교의 특징을 문화적으로 지켜 나가는 이들이 구라파, 북미, 아시아 그리고 동북아시아에 분포되어 있다. 이들은 어느 인종에 속해 있으며 어느 종족이냐에 따라 상당히 다르게 이슬람교의 전통을 이어온다. 비록 아랍어가 이슬람교의 언어이지만 지방어와 방언들이 많다. 예를 들면 우르두어를 쓰는 무슬림들은 2억에 해당된다.

둘째는, 현대 이슬람교의 부흥 동향들을 이해할 수 있어야 한다. 같은 지역에 있는 무슬림이라 하더라도 그들의 신앙생활과 가치관이 어느 이슬람 동향을 따르는가를 분별할 필요가 있다. 이슬람교 부흥운동에서 근본주의가 가장 강하게 나타나고 있지만 다른 운동도 병행되고 있음을 알아야 한다. 그리고 무슬림들이 어떤 동향을 따르고 있고 어디에 있으며 어떤 언어를 사용하는가 하는 것을 파악하는 것은 중요하지만, 그들에게 두 가지 다른 측면이 있다는 것도 알아야 한다. 그것은 민속 이슬람교와 신비주의인 수피파이다. 이 둘은 현대 부흥운동의 동향에서 분류되듯이 구분하기는 어렵고 무슬림들 모두에게 어떤 면으로든 작용하고 있다고 볼 수 있다. 이슬람교의 어떤 흐름이 선교지에 흐르고 있는지를 아는 것은 중요한 것이다. 위에서 지적한 세속주의, 근본주의, 개혁주의, 민속 이슬람교, 수피주의 중에서 선교사가 만나려 하고 대화하려고 하는 무슬림들이 어디에 가장 가까운지를 파악하는 것이다. 또한 그들이 현대의 기계화 정보화시대에 살면서 이슬람교의 이상과 실제를 어떻게 받아들이고 있는지도 배워야 한다. 예를 들면, 이슬람교의 법에는 하루 중 일정한 시간에 기도하도록 되어 있지만, 멈출 수 없는 공장 기능직을 맡고 있는 이가 그러한 기도의 형식을 어떻게 지킬 수 있는가의 문제이다. 이슬람교는 기본 신조와 종교적 의무를 분명히 제시하고 그것에 복종하는 것이 알라에 대한 복종이라는 높은 이상을 제시한다. 그러나 실제로 현대인에게는 어떻게 그런 복종을 외면적으로 표현할 수 있는가의 문제가 있다. 이슬람교 공동체 움마의 이상은 역사적으로 완전하게 실현되지 못했다. 이런 점에 대하여 가까이 있는 무슬림은 어떻게 반응하고 있는지를 알아야 한다.

이슬람권에서 선교하고자 하는 한국 선교사는 선교지의 무슬림들에 대해 깊이 이해하기 위하여 노력해야 한다. 이슬람교에 관한 일반 서적을 통해 객관적으로 배우는 것이 기본이지만, 자기가 있는 선교지에 속한 이슬람교의 이해는 반드시 필요하다. 이슬람 지역마다 대부분 역사적으로 서구 기독교 제국과 크게 투쟁하였고 피를 흘렸으며 적대감을 가졌고 화해의 요청을 하고 있다. 일반적으로 무슬림의 심성 속에 반서구 정신이 있으며 이것은 반기독교적 자세로 나타난다는 것을 알 수 있다. 이것은 중동, 아프리카의 북서 지역, 인도, 파키스탄, 인도네시아, 말레이지아 등지에서 드러나며 한국 선교사는 이 점을 이해해야 한다.

셋째는, 아랍어를 배우는 것이다. 바울이 유대인이면서 당시 로마 세계에서 통하는 헬라어를 사용하였듯이 이슬람권에서 아랍어를 할 수 있다는 것은 좋은 반응을 얻게 한다. 언어는 문화 이해에 교량적인 역할을 한다. 특정 언어를 잘 한다는 것은 그 문화를 잘 적응한다는 것을 보여 주는 것이다. 언어는 그 말을 쓰는 이들을 좋아하지 않으면 그들이 쓰는 것처럼 잘 배울 수 없다. 언어를 배우는 것은 그 문화를 배우는 것을 의미한다.

넷째는, 한국 교회는 화해의 사역에 초점을 맞추어야 한다고 생각한다. 21세기 선교는 무엇보다도 화해의 선교이어야 한다. 왜냐하면,

다양한 폭력과 고통은 치유의 선교, 화해의 사역을 요청하고 있기 때문이다. 화해는 치유와 같이 기다림이 있어야 한다. 화해의 선교에서 드러나는 것은 선교사가 화해를 이루는 것이 아니라, 화해를 발견한 다는 점이다.

위의 네 가지 측면을 검토해 볼 때 한국 교회는 첫째로, 무슬림을 이웃으로 의식하고 무엇보다도 먼저 평화롭고 치유적인 공존을 배우고 경험하는 것이 중요하다 하겠다. 한국 교회는 중세와 근대 서구 기독교 선교의 이미지와 같은 기독교화나 정복이라는 개념을 넘어서서 역사적으로 있었던 피흘림과 상처를 치유하는 자로 이슬람권에 현존하는 것이 우선 필요하다. 왜냐하면 이슬람교의 분파, 학파, 지역 부흥운동에 따라 차이는 있지만 무슬림들이 기독교는 정복자 또는 가해자라는 오해를 갖고 있기 때문이다. 그들에게는 평화의 사도, 치유자, 화해자로서의 존재가 필요한 것이다

둘째로, 한국 교회는 이슬람권 선교지에서 무슬림을 한 형제 자매로 만나고 영접하고 대접할 수 있어야 한다. 무슬림들은 아브라함을 믿음의 조상으로 생각하며 이스마엘이 그들의 조상이다. 그러므로 아브라함, 이삭, 야곱의 하나님을 믿는 기독교인에게 무슬림은 한 형제 자매인 것을 기억시킬 필요가 있다. 랄프 윈터는 이슬람교를 복음을 이해하게 하는 데 교사 역할을 하는 것으로 강의하기도 하였다.

1978년 윌로우뱅크에서 열린 복음과 문화협의회에서의 내용 중 다음과 같은 문항이 있다.

"이슬람교의 어떤 특징들은 기독교인의 증거를 위하여 다시 없는 기회를 마련해 준다는 것을 인식할 필요가 있다." 비록 이슬람교에 복음과 상치되는 요소들이 있지만 또한 어느 정도 '바뀌어질 수 있는

것'으로 일컬을 만한 것이 있다. 예를 들면 루터의 '의인'에 관련된 위대한 가르침인 '하나님으로 하나님 되게 하라'에 근거한 기독교인 의 하나님 이해는 이슬람교의 포괄적 정의에 가깝다. 하나님의 통일 성, 하나님에게 마땅히 드려야 할 인간의 책임으로서의 예배, 그리고 우상타파에 대한 이슬람교 신앙은 인간의 삶을 위하여 예수 그리스도 안에 계시된 바 곧 하나님의 목적이다. 현대 기독교 증인들은 이러한 점들과 다른 가치점들을 겸손히 그리고 기대를 가지고 찾아내고 조명 하고 감사히 받아야 한다. 기독교 증인들은 또한 변혁을 위하여 힘써 야 한다. 그리고 가능한 한 이슬람 예배, 기도, 금식, 예술, 건축 그리 고 서예에 적합한 모든 것을 다 수용하도록 해야 한다.

셋째로, 한국 교회는 적극적인 사랑의 사도적 자리를 보여야 한다. 이슬람교는 행동의 종교이다. 명상과 내면적 각성과 영적 성숙의 종 교가 아니다. 오히려 의미 있는 형식을 존중한다. 또한 전체주의적 공 동체 중심의 종교이다. 이 점을 생각할 때 한국 교회는 그리스도를 실 천적으로 삶 속에서 보여 주어야 한다. 행위가 없는 신앙은 무슬림에 게는 이해되지 않는다. 한국 교회는 예수 그리스도의 삶과 선교의 모 델이 높이 보이도록 살아야 한다. 무슬림들에게 신앙적 삶은 의례와 의무의 삶이다. 무슬림에게 좌절, 고통, 절망은 불신앙이며 알라에 대 한 불순종이다. 그들에게 예수의 생애와 교훈의 이야기는 오직 증인 의 사랑의 승리적 삶을 통하여서만 이해될 수 있다. 많은 무슬림들은 예수 그리스도를 제대로 배우고 거부하는 것이 아니라, 잘못 배우고 거부한다. 무슬림은 예수의 화해를 위한 십자가의 죽음을 이해하지 못한다. 한국 교회는 십자가의 화해를 가르칠 수 있어야 할 것이다.

VI. 맺 는 말

현대 기독교 선교의 중요한 과제의 하나가 기독교와 타 종교와의
종교적 만남과 대화라는 점을 고려할 때 한국 교회는 오는 세기를 향
하여 바람직한 선교활동을 이루어 나가기 위하여는 한국의 전통종교
들 이외에 이슬람교를 이해하여야 하며 왜 그러한 적극적 관심을 가
져야 하는가를 검토하였다. 다원주의 사회에서 한국 교회가 복음을
증거한다는 것은 교회 존재 의미와 관련된 것이고 만남과 대화를 통
해서 예수그리스도의 복음을 증거하는 것은 선교적 과제이며 도전인
것이다.

참고문헌

「2000년대의 새로운 중동 : 석유, 사막, 건설」, AFMA & KAMES 논문요약집, 1997
「교회와세계」, 1998년 7 · 8호.
김은령, 「이슬람 세계에서의 기독교 선교를 위한 교육의 과제」, 이화여자대학교 교
　　육대학원 석사학위논문, 1980
김용선, 「꾸란 연구」, 한국중동학회논총.
김용선, 『한역 꾸란(이슬람경전)』, 서울 : 어학사, 1981.
무함마드 깐수, 한국이슬람학회, 「이슬람의 여성관」, 한국이슬람학회논총 제4집,
　　1994.
박강식, 「한국해외건설의 전망과 과제」, 한국중동학회논총
서울대학교 종교학과 종교문화연구실 편, 『전환기의 한국 종교』, 서울 : 집문당,
　　1986.
『세계 사상대전집 14』, 서울 : 대양서책, 1971.
심의섭, 「페르시아만 지역과 한국과의 경제 관계」, 한국외국어대학교 부설 중동문
　　제연구소 연구논총 제5호, 1986.
한국이슬람중앙성원 편, 「한국이슬람 40년사」, 1997.
Korea Muslim Federation, 《알-이슬람》, 1998년 9월호.
이회수, 「무슬림의 대한 접촉관계 소고」, 한국외국어대학교대학원 석사학위논문,
　　1983.
전재옥, 「이슬람과 여성」, 한국 이슬람학회, 한국 이슬람학회 논총 제5집, 1995.
전재옥, 「한국 이슬람교 이해」, 이화여대한국문화연구원, 논총 제52호, 1987.
정순찬, 「기독교와 이슬람교의 신조 비교 연구」, 한국외국어대학교대학원 석사학
　　위논문, 1986.
조수종, 「대중동건설진출환경과 경쟁력요인」, 한국중동학회논총 제2호, 1981
조수종, 「중동의 석유 및 석유 경제와 한국의 대응」, 한국외국어대학교부설 중동문

제연구소 연구논총 제3호, 1982~1983.

존 스토트, 김명혁 역, 『현대 기독교 선교』, 서울 : 성광문화사, 1981

최성득, 『한국 기독교도 입장에서 Muslim의 신앙 고찰』, 서울 : 고려신학대학교, 1983

최일식, 「다원사회에서의 새로운 사회의 모색」, 신학사상, 1998년 가을호.

한국이슬람교중앙연합회 선교부 편, 「온세계에 이슬람의 빛을」, 한국이슬람교중앙 연합회, 1980.

한국중동학회, 「한국중동학회논총 18호」, 1997

한국중동학회, 「한국중동학회 회칙」, 「한국중동학회논총 창간호」, 1980

한국중동학회, 「한국중동학회 정관」, 「한국중동학회논총 제3호」, 1983

한국중동학회, 「제5차 국제학술대회 겸 1996년도 해외지역연구학술대회」, 1996.

Abdiyah Akbar Abdul-Haqq, *Sharing Your Faith with a Muslim*, Minnesota, 1980

Abu Bakr J. Kim, *Muslim in Korea-Problems and Strategy in the Future-*, Korea Muslim Federation, 1982.

Aihwa Ong, *Malaysian Women Against Modernity and Revival of Islam Tradition*, 이화여자대학교 아시아여성학센터, 1996.

Anderson, G. H. & Stransky, T. F., *Christ's Lordship & Religious Pluralism*, Orbis, 1983.

Ameer Ali, *The Spirit of Islam*, Pakistan, 1969.

Dawe, D. G. & Carman, J. B., *Christian Faith in Religiously Plural World*, Orbis, 1980.

Don M. McCurry, *The Gospel and Islam : A 1978 Compendium*, MARC, America, 1979.

Fazlur Rahman, *Islam*, Chicago Univ. of Chicago Press, 1979

Fouad Abd El-salam Elkhazindar, 「이슬람의 한국 전파와 한국의 무슬림 실태 조사-서울 · 부산 · 광주(경기도) 지역을 중심으로」, 경희대학교대학원 석사학 위논문, 1985.

Gerhard Nehls, *A Practical and Tactical Approach to Muslim Evangelism*, Nairobi : Life Challenge, 1992.

John H. Donohue and John L. Esposito, *Islam in Transition-Muslim Perspectives*,

Oxford Univ. Press, 1982.

John L. Esposito, *Voices of Resurgent Islam*, New York: Oxford Univ. Press, 1983.

John Obert Voll, *Islam-Continuity and Change in the Modern Word*, Westview Press, 1982.

Joung Yole Rew, *Muslim in Korea : An Economic Analysis, Journal of Istittitude of Muslim Minority Affair*, Vol. 3, Winter, 1981, No. 2.

Kenneth Cragg, The Call of the Minaret, New York: Oxford Univ. Press, 1983.

Korea Muslim Student' s Association, *Al-Masjid*, Vol. 57, 1985. 12., Vol. 58, 1986. 8.

Lesslie Newbigin, *The Gospel in a Pluralist Society*, Geneva : World Council of Churches, 1989.

Lyle. L. Vander Werff, *Christian Mission to Muslims*, America: The Record, 1977.

Martin Goldsmith, *Islam & Christian Witness*, Illinois: Inter Varsity Press, 1981.

Michael Nazir-Ali, *Islam : A Christian Perspective*, Patermoster Press, 1983.

Papers and Presentations from the Congress of Asian Theologians, Hong Kong : Christian Conference of Asia, 1998.

Sung-Bae Chang, *Local Church Models for Mission in Korea : Past ; Present, and Future*, Ohio: United Theology Seminary Dayton, 1997.

WCC, *Assembly Workbook*, Geneva : World Council of Churches, 1998.

오늘의 팔레스타인 문학을 말한다[1]

송경숙*

1. 들어가는 말

혼히 중동을 가리켜 '세계의 화약고'라고 한다. 금세기에 중동 지역만큼 끝없는 전화에 시달린 지역도 없을 것이다. 팔레스타인 문제는 중동지역 분쟁의 핵심이라고 할 수 있다. 유럽 열강의 중동에 대한 제국주의적 지배, 유럽에서의 유대인 박해와 시오니즘운동, 제2차 세계 대전 후의 냉전 구조, 무능한 아랍의 지도부와 부적절한 대응 등 팔레스타인 문제의 배경은 참으로 복잡하다. 그러나 본질적으로 팔레스타인 문제는 향토를 빼앗긴 국민의 생존권의 문제이다. 현재 팔레스타인 사람들은 약 70만 명 정도로 추산된다. 이들의 2/3 정도가 전쟁

* 한국외국어대학교 동양어대학 아랍어과 교수
1) 본고의 내용은 「아랍어와 아랍문학」 제1권(한국아랍어 · 아랍문학회, 1997)과 「지역연구」, 제4권 제2호(서울대학교 지역종합연구소, 1995년 여름)의 내용과 상당 부분 동일함을 밝힙니다.

으로 생활 기반을 잃은 난민들인데, 이들은 요르단강 서안과 가자지구 등의 이스라엘 점령지 및 요르단, 레바논 등의 인근 아랍 국가에 흩어져 질곡의 삶을 이어가고 있다.

본고에서는 이러한 팔레스타인 사람들의 문학이 어떠한 양태로 나타나고 있는가를 시와 소설로 나누어 고찰하고자 한다.

먼저 팔레스타인의 대표적인 민족 시인인 마흐무드 다르위쉬(Mahmud Darwish, 1942~)의 시 세계를 조망하고자 한다. 마흐무드 다르위쉬는 예술성과 대중성을 두루 갖춘 아랍권의 정상급 시인이다. 1977년 한 해 동안 아랍 전역에서 팔린 그의 시집이 백만 권에 이른다는 사실이 이를 잘 말해 준다고 할 수 있다.

원래 아랍인들은 광적이라고 할 만큼 시를 사랑한다. 이미 이슬람이 출현하기 이전부터 낙타 시장 등 사람이 많이 모이는 곳에서는 언제나 시회(詩會)가 열렸다고 한다. 예로부터 아랍 사회에는 세 가지 꼭 경축해야 할 일이 있었다고 하는데 우물이 발견되었을 때, 혈통 좋은 암말이 새끼를 낳았을 때, 그리고 어떤 부족에서 훌륭한 시인이 나타났을 때가 바로 그것이었다고 한다.

1980년대 이후 아랍 문학의 대표적 장르가 시에서 소설로 현저히 바뀌어 가고 있기는 하지만 아직도 시에 대한 아랍인들의 열정은 세계 어느 곳에서도 찾아보기 어려운 것이다. 실제로 아라비아 사막이나 광야에서 보면, 이러한 환경에서는 신(神)과 시(詩) 이외에 무엇을 생각할 수 있었을까 하는 느낌이 들기도 한다. 그리고 오늘날에도 팔레스타인에서는 시인들이 결혼식이나 장례식들을 주관하는 것을 흔히 볼 수 있다. 시인들은 이러한 행사를 주관하는 가운데 팔레스타인 민족혼을 불러일으키는 짧은 노래시들을 참석자들에게 들려주기도 한다. 그리고 이러한 시들은 곧바로 팔레스타인 전 민중에게 퍼져 나가 이스라엘에 대한 저항의 무기가 된다.

이제 팔레스타인 소설에 대하여 간략히 살펴보기로 하자. 팔레스타인 소설은 1967년 6일 전쟁 이후 작품의 양이나 질적인 면에서 큰 성장을 이룩하였다. 6일 전쟁의 패배는 전 아랍 세계의 지식인들과 문인들의 의식을 강타하였다. 더욱이 그것이 해방 전쟁이 될 것으로 고대해 오던 팔레스타인 사람들에게는 크나큰 충격과 좌절이 아닐 수 없었다. 이러한 상황은 결과적으로 팔레스타인 해방 투쟁이 독자화·무력화되는 도화선이 되었으며, 문학에 있어서는 소설이 본격적으로 등장하는 계기가 되었다. 왜냐하면 6일 전쟁의 패전은 팔레스타인 사람들의 의식 속에 더욱 확고한 저항과 혁명의 의지를 일깨웠고, 이러한 변화를 문학적으로 형상화하기 위해서는 지금까지 아랍, 팔레스타인 사람들이 선호해 왔던 시문학의 한정된 틀보다는 보다 정교한 미학적 수단이 요구되기에 이르렀으며, 현실과 예술, 인간과 사회의 올바른 관계맺음을 위해서는 시보다는 소설이 보다 효과적인 장르임을 인식하게 되었기 때문이다.

D. H. 로렌스의 말대로 "소설은 인생이다"라고 한다면 팔레스타인 소설은 바로 팔레스타인 사람들의 찢기운 삶의 궤적일 수밖에 없다. 사회주의 리얼리즘에 입각한 팔레스타인의 소설들은 단순한 문학의 한 장르를 넘어서 역사의 기록, 역사적 문서가 되고 있으며, 소설가는 개인의 경험은 물론 민중의 투쟁을 민족의 역사화하는 의무를 외면할 수 없는 것이다.

사하르 칼리파(Saḥar Khali:fah, 1941~)는 팔레스타인의 대표적인 여성 작가이다. 조국의 해방뿐만 아니라 여성의 해방이 그녀의 관심

사이다. 알제리의 경우 반프랑스 민족투쟁 과정에서 알제리 여성들이 보인 활동은 눈부신 것이었다. 그러나 독립을 쟁취하고 나자 알제리 남성들은 여성들에게 베일을 씌워 집안에 가두고 말았다. 자유와 해방은 남성들만의 것이 되었고 여성들은 투쟁의 소득을 함께 누릴 수 없었다. 사하르 칼리파는 이러한 일이 팔레스타인에서는 일어나지 않기를 소망한다. 본고에서는 그녀의 출세작인 연작 소설 『가시 선인장(al-Subba:r, 1976)』과 『해바라기('Abba:d al-Shams, 1980)』를 통하여 팔레스타인 여성 작가의 면모를 소개하고자 한다.

2. 민족시인 마흐무드 다르위쉬

마흐무드 다르위쉬는 1960년대부터 시적 이미지와 상징이 뛰어난 저항시들을 발표하여 주목받기 시작하였다. 그의 시는 반항적이며 정열과 휴머니티가 넘치는 민족시로 평가되었고, 1969년에는 로터스(Lotus)상을 수상하였다. 또한 여러 차례 노벨 문학상 후보에 지명되기도 하였다.

그는 아랍시의 전통적인 운율 체계를 현대적으로 개성 있게 활용하면서도 신화, 전설, 암시, 내적 독백, 리듬, 음조, 이미지 등 현대 시작법을 재능있게 구사하여 호소력과 흡인력이 뛰어난 시를 써왔다. 평론가들은 다르위쉬의 시가 아랍 세계의 여러 정상급 시인들의 장점을 두루 갖추고 있다고 말한다(M.Al-Shanti: 1987년, p. 141). 1977년 한 해 동안 전 아랍권에서 다르위쉬의 시집이 백만 권이나 팔렸다는 사실은 그의 시가 예술성과 아울러 대중성 또한 지니고 있음을 말해준다.

다르위쉬는 1942년 팔레스타인의 갈릴리 지방에 있는 바르와

(Barwah)라는 작은 마을에서 출생하였다. 그러나 1948년 이 땅에 이스라엘이 세워짐으로써 그는 자신의 향토에서 난민의 삶을 살 수밖에 없었다. 그는 일찍이 이스라엘 공산당인 라하(Rahah)에 입당하여 정치활동을 하였고 라하의 아랍어 기관지인 알 잇디하드(al-Ittiha:d)를 편집하였다. 다르위쉬가 라하에 입당한 것은 그가 공산주의자라서가 아니라 라하가 팔레스타인 사람들에게는 유일한 정치 무대였기 때문이다. 팔레스타인 사람들은 정치에 대한 관심이 지대하다. 그것은 바로 팔레스타인의 대표적 산문작가인 갓산 카나파니(Ghassa:n Kanafa:ni:, 1936~1972년)가 지적한 것처럼 정치, 특히 국제정치가 바로 그들의 삶과 조국의 운명을 규정하기 때문일 것이다(송경숙 1991년, pp. 412-428).

시인은 이스라엘 당국에 의해 수차례 투옥, 가택 연금, 여행 제한, 작품의 판금 등 끊임없는 압력을 받아오다 1971년 이스라엘을 떠나 카이로를 거쳐 베이루트에 정착하였다. 베이루트에 정착한 후 폭넓은 세계와 예술에 접할 수 있게 됨으로써 시에 대한 새로운 미적 인식을 갖게 되면서 그의 시 세계는 급속히 변모하기 시작하였다. 또한 그는 창작뿐만 아니라 팔레스타인의 민족적 투쟁에 지대한 관심을 가지고 P.L.O. 내에서 활동해 왔다. 그는 1978년에 P.L.O.에 가담한 뒤, 1993년 이스라엘과의 평화 협상 원칙 선언에 반대하여 P.L.O.를 떠날 때까지 집행위원, 대변인, 문교상 등을 역임하였다. 그러나 시인 자신의 고백대로 그의 정치적 위치는 항상 상징적인 것이었고, 그는 언제나 시인으로 남을 수밖에 없었다.

1982년 P.L.O.의 본부가 레바논의 수도 베이루트로부터 쫓겨나 튀니지로 옮겨감에 따라 다르위쉬도 베이루트를 떠나 튀니스, 카이로,

니코시아, 파리 등지를 전전하면서 창작 활동과 정치 활동을 병행하는 한편, 팔레스타인 계간 문예지《알 카르밀(al-Karmil)》의 편집장을 맡아 왔다.

그는 1996년 5월, 26년 간의 방랑을 끝내고 팔레스타인 땅으로 돌아왔다. 그러나 이스라엘 당국은 그가 고향집으로 돌아가는 것을 허락지 않고 있다. 그의 고향인 바르와는 현재 이스라엘의 영토에 속해 있기 때문이다. 따라서 그는 요르단강 서안의 팔레스타인 자치 지구와 요르단의 수도 암만을 오가며 활동하고 있다. 시인은 돌아왔으나 아직도 그는 귀향을 꿈꾸는 난민일 뿐이다.

다르위쉬는 1960년에 『날개 없는 새』를 펴낸 이후 지금까지 『올리브 잎새들』, 『팔레스타인에서 온 연인』, 『밤의 끝』, 『새들 갈릴리에 지다』, 『저것은 그녀의 사진 그리고 이것은 연인의 자살』, 『결혼식들』, 『봉쇄 당한 바다의 찬가』, 『열한 개의 혹성』, 『나는 내가 원하는 것을 본다』, 『왜 당신은 말을 혼자 버려 두었나요』 등 18 권의 시집을 내었고, 『조국에 관한 무엇』, 『전쟁이여 안녕』, 『평화여 안녕』, 『슬픔의 일상』, 『망각을 위한 추억』, 『우리의 상황은 이러하다』, 『지나가는 말 속에 지나가는 사람들』, 『편지』 등 여덟 권의 산문집을 출간하였다.

그의 시를 편의상 3단계로 나누어 고찰하고자 한다. 작품활동을 시작한 1960년부터 팔레스타인을 떠나는 1971년까지를 팔레스타인 시대로, 70년대를 베이루트 시대로, 다르위쉬가 다시 베이루트를 떠나는 1982년 이후를 베이루트 이후 시대로 보고, 시의 형식과 주제를 중심으로 하여 각 시대별 특징과 변모 양상을 추적하고자 한다. 그의 작품 전체를 검토한다는 것은 거의 불가능한 일이므로 각 시기별로 대표적 시집들을 거론할 수밖에 없다. 평론가들은 『밤의 끝』(1967), 『결혼식들』(1977)『열한 개의 혹성』(1992)을 그의 대표 시집들로 꼽는데 주저하지 않는다(L.' Awḍ 1997:1). 따라서 본고에서도 이 세 작품집이 중점적으로 논의 될 것이다.

1. 팔레스타인 시대(1960~1971년)

인간과 자연 사이의 내밀한 대화와 팔레스타인을 소재로 한 감상적이고 낭만적인 서정시들이 이 시기의 주류를 이룬다.『올리브 잎새들(1964)』,『밤의 끝(1967)』,『새들 갈릴리에 지다(1970)』 등이 이 시기의 대표적인 시집들로 꼽힌다.

이 시기의 다르위쉬의 시들은 조국 상실에 대한 회한과 비탄, 이스라엘에 대한 팔레스타인 사람들의 분노와 저항, 아랍 조국의 일원으로서의 팔레스타인의 정체성, 암울한 현실에서의 희망과 낙관 등이 단순하고 질박한 일상의 언어를 통하여 서정적으로 표현되고 있다. 음악성이 뛰어난 이 시기의 서정시들은 아랍의 많은 가수들에 의해 불려졌을 뿐만 아니라 팔레스타인 사람들의 입에서 입으로 전해져 저항의 무기가 되었다.

먼저 그의 출세작인 시집『올리브 잎새들('Aura:q Al-Zaytu:n, 1964)』에 수록된「신분증(Biṭa:qah Huwwi:yah)」을 보기로 하자.

신분증

기록하시오!
나는 아랍인이오

신분증 번호는 5만 번이오
아이들은 여덟
여름이 가면 아홉째가 나오오
그래서 당신 화난단 말이오?

기록하시오!
나는 아랍인이오
채석장에서 땀흘리는 동무들과 함께 일하오
그리고 내 아이들은 여덟이요
나는 그들을 위하여 빵 조각을 얻어내오,
그리고 옷가지와 공책도
바위로부터…
그리고 나는 당신의 대문으로부터 자선을 구걸하지 않소
또한 비굴하지도 않소
당신의 현관 앞에서
그래서 당신 화난단 말이요?

기록하시오!
나는 아랍인이요
나는 성도 없이 이름뿐인 놈이오
나라 안의 모든 것이
들끓는 분노 속에서 살고 있는 그런 나라에서
참고 참는 사람이오
나의 뿌리는… 내려졌소

세월이 태어나기도 전에
그리고 영겁이 열리기도 전에
그리고 측백 나무와 올리브 나무보다 먼저
…그리고 풀들이 무성하기도 전에
내 아비는… 쟁기의 가족이오
행세하는 양반이 아니오
그리고 내 할아버지는 농부였소
가문도… 혈통도 없는!
그는 내게 책읽기보다 먼저 태양의 긍지를 가르쳤소
그리고 나의 집, 과원(果園)지기의 초막은
나무막대와 갈대로 만들어졌오

그래 내 처지가 마음에 드오?

기록하시오
나는 아랍인이요
내 머리 색깔은… 검은 색이고
내 눈 빛깔은… 커피 색이요
그리고 내 특징은
나의 머리에 이깔을 두른 쿠피야²⁾가 있소
그리고 내 손바닥은 바위처럼 딱딱하오

---

2) 쿠피야는 아랍 남자가 쓰는 머릿수건이고, 이깔은 수건이 흘러내리지 않도록 하는 낙타 털로 만든 일종의 머리띠이다.

누구든지 닿기만 하면 할퀴오
내가 제일 좋아하는 음식은
올리브 기름과 자아타르[3]요
그리고 나의 주소는
나는 잊혀진 외딴 마을 사람이오
마을의 거리들은 이름도 없소
그리고… 사내들은 모두… 들판과 채석장에 있소.
그래서 화난단 말이오?

기록하시오
나는 아랍인이요
당신은 내 조상의 과원을 빼앗았소
그리고 나와 내 아들들 모두가
경작하던 땅도
그리고 우리에게는… 그리고 나의 자손 모두에게는
이 돌들 밖에 남긴 게 없소…
그런데 그마저
듣기로는…
당신들의 정부가 가져간다고!

---

3) 야생 백리향의 일종. 팔레스타인 전역에 자생하며 잎을 말려 빻아서 빵에 묻혀서 먹는다.
팔레스타인 사람들에게는 중요한 식품인데, 약초라는 이유로 이스라엘 당국은 이의 채취를 금하
고 있다.

그렇다면!

기록하시오… 맨 첫머리에
나는 사람을 미워 안 하오
누구도 약탈하지 않소
그러나 나는… 내가 배고팠다하면
나는 나의 것을 빼앗은 자의 살을 먹을 것이오
조심하시오… 조심하시오… 나의 배고픔을
그리고 나의 분노를!

시인의 개인적 · 일상적 경험이 소재가 된 이 시는, 1948년 이스라엘 건국 직후에 주변의 아랍 국가들로부터 정치적으로나 문화적으로 완전히 격리되어 버린 채, 이스라엘 내의 소수 민족으로 전락한 팔레스타인 사람들의 아랍적 정체성을 확인하고 있다. 또한 이스라엘에 대한 팔레스타인 사람들의 피빛 분노가 자연스럽게 드러나 있다. 소위 '거리의 서정적 결여(lyric lade of distance)' 라는 서정시의 한 전형을 보여주는 자연스럽게 쓰여진 즉흥시임이 감지된다. 이 시는 다르위쉬가 성인이 되어 신분증을 발급받기 위하여 이스라엘 당국에 갔을 때, 시인과 담당 장교 사이에 있었던 대화를 모티프로 하고 있다. 이스라엘 장교가 국적을 물었을 때, 시인은 '나는 아랍인이오' 라고 대답하였다고 한다. '나는 이스라엘인이오' 라는 대답을 요구하는 이스라엘 장교가 시인의 말을 무시하고 재차 물어오자 시인은 '기록하시오. 나는 아랍인이오' 라고 단호히 선언하였다고 한다. 그 자리를 떠난 후 이 구절은 계속 시인의 마음을 떠나지 않았고 결국 이 시가 완성

되었다. 이와 관련하여 시인은 한 대담에서 다음과 같이 밝히고 있다.

"…당시 우리는 그것이 시라는 사실을 의식하지도 못한 채 시를 쓰려고 노력하였다. 그것은 절규, 고통의 몸부림, 항의였다. 왜냐하면 우리는 다른 아무런 표현 수단을 갖지 못했고, 수치를 동반하는 우리의 패배에 대하여 최소한의 실질적인 대응 요건을 전혀 갖추고 있지 못했기 때문이다.…" (Majallah Al-Dawḥ, Qatar, No. 120 1985. 12. Majallah Fūsul, vol VII, 1987년 p. 140에서 재인용)

또한 「감옥 Al-Sijn」—『팔레스타인에서 온 연인(`A:shiq min Filas i:n, 1966)』에 수록—에서도 역시 이스라엘 감옥에서 겪은 시인의 개인적 경험이 너무나도 소박한 일상적 언어로 시화되고 있음을 볼 수 있다.

이상에서 본 바와 같이 다르위쉬의 초기 시들은 격앙된 감정이 자연스레 표출되는 짧은 서정시이다. 팔레스타인 문제가 거의 모든 시에서 주제로 드러나고 있으며, 향토를 잃고 이스라엘 치하에서 질곡의 삶을 살아가는 시인의 일상적 경험이 시의 소재가 되고 있다. 시어는 누구에게나 친화력을 가지는 평이하고도 일상적인 언어이다. 그리고 대화체, 상징, 의인화, 육화 등이 주된 기법으로 들어난다. 그러나 때로는 이데올로기에 크게 영향을 받기도 하고 메시지의 전달이라는 시인의 절박한 욕구가 예술성을 해치는 경우도 없지 않다. 그러나 다르위쉬는 아랍의 전통적인 율격을 현대적이고도 창조적으로 활용하고, 동일한 음보와 단일한 각운을 반복함으로써 다르위쉬 자신만의 독특한 음악성을 창출해 내고 있다. 이와 같이 리듬과 의미의 탁월한 결합을 통하여 빛나는 서정성을 빚어냄으로써 이미 초기 단계에서 다르위쉬는 팔레스타인 저항 시인의 한계를 뛰어넘어 전 아랍권의 명망 있는 시인으로 발돋움할 수가 있었다.

2. 베이루트 시대(1971~1982년)

1971년 다르위쉬가 팔레스타인을 떠나 베이루트에 정착한 시기로부터 1982년에 다시 베이루트를 떠나기까지를 편의상 베이루트 시대로 보고자 한다. 이 시기는 팔레스타인 시대의 서정시 단계와 80년대 이후 베이루트 이후 시대의 서사시, 극시 단계를 이어주는 전환기적인 성격을 띤다. 이 시기에 나온 대표적인 시집으로는 「저것은 그녀의 사진, 그리고 이것은 연인의 자살(Tilka Ṣuːratuha: Wa Haːdha: 'Intiḥaːr Al-`Aːshiq」(1975)과 『결혼식들('Aʾraːs)』(1977)을 들 수 있다.

이 시기에 다르위쉬는 문화적 봉쇄 상태에 있던 팔레스타인을 벗어나, 아랍과 서방 세계의 예술을 접촉하면서 시의 미의식에 더욱 천착하게 된다. 따라서 그의 서정시들은 더욱 완숙되고 밀도를 더해 갔으며, 서사시 · 극시로의 전환도 나타나기 시작한다. 특히 시집 『저것은 그녀의 사진, 그리고 이것은 연인의 자살』은 극시로의 전환을 뚜렷이 보여준다. 시집 전체에 표제시 한 편만을 담고 있는 점만 보아도 초기의 짧은 서정시들과는 큰 대조를 이룬다. 또한 이 시기의 대표 시집인 『결혼식들』도 160쪽에 달하는 시집 속에 9편의 장시를 수록하고 있다.

팔레스타인 시대의 시들이 음악성과 암시성이 뛰어나고 감성과 감정이 분출되는 짧은 서정시인 반면, 베이루트 시대의 시들은 서사시 , 극시로 변모해 감에 따라 자연히 시의 길이가 길어지고 감상적인 측면이 줄어들고 있다. 그럼에도 불구하고 아직 낭만주의 경향에서 완전히 이탈한 것은 아니다. 표피적이고 열정적인 감상으로부터 어느

정도 자유로워지고 이데올로기로부터 적정한 거리를 유지한다는 점
에서도 초기의 시보다는 발전된 면모를 보여주고 있다.

　주제면에서는 팔레스타인 시대의 시가 시인 자신의 경험을 많이 다
루고 있는데 반하여, 베이루트 시대의 시에서는 팔레스타인 민족의
공통적 경험과 역사적 사건들이 주로 시화되고 있다. 이 시기의 대표
작이라고 일컬어지는 『결혼식들』에 수록된, 「자아타르의 아흐마드
('Aḥmad Al-Za`tar)」, 「빵의 노래(Qaṣi:ḍah Al- Khubz)」, 「향토의 노
래 (Qaṣi:ḍah Al-' Ar)」 등이 모두 팔레스타인의 역사적 사건을 다룬
작품들이다.

　「자아타르의 아흐마드」는 탈 자아타르(자아타르 언덕)의 팔레스타
인 난민 수용소에서 일어났던 대학살에 의해 희생된 난민 중의 한 사
람인 아흐마드에 대한 조시(弔詩)이다. 동시에 이 시는 대학살을 목격
해야 했던 시인 자신의 찢겨진 영혼에 대한 조시이기도 하다.

　자아타르의 아흐마드

　- 중략 -
　나는 아랍인 아흐마드요—그가 말했다
　나는 총알이요 오렌지요 추억이요
　내가 내 영혼 곁에 있는 것을 나는 보오
　이슬과 바닷가 순교지에서 나는 멀리 있소
　자아타르 언덕—난민촌
　그리고 나
　조국이 내게 와서

나를 다시 태어나게 만들었고
나는 끊임없이 조국으로 돌아가오
나는 영혼의 충만을 보오…

- 중략 -

나는 아랍인 아흐마드요─그러니 봉쇄해 보시오
나의 몸은 울타리요─그러니 봉쇄해 보시오
나는 지옥의 경계선이요─그러니 봉쇄해 보시오
내가 당신들을 봉쇄할 것이요
내가 봉쇄할 것이요
내 가슴은 모든 사람들의 문이요─그러니 봉쇄해 보시오

- 하략 -

이 시는 시인이 팔레스타인을 떠나 있던 지난 반세기 동안 초기의
대표작인 「신분증」과 더불어 팔레스타인의 젊은이들에게 가장 많은
사랑을 받아 수없이 읽혀졌고, 그들의 대 이스라엘 투쟁에 빼놓을 수
없는 무기가 되었다.

메이어홉(H. Meyerhoff)은 '문학이란 다양한 양상을 띠고 있는 체
험적 시간, 즉 의식내용을 의미 관련으로 조직하여 예술화한 것' 이라
고 말하고 있는데[4] 이는 문학 작품에 나타나는 시간, 즉 시제를 분석

---

4) Hans Meyerhoff, *Time in Literature*(University California Press, 1955), p. 5.
김준오, 『시론』, pp. 118-119. 에서 재인용.

함으로써 작가의 체험 곧 의식 내용을 규명할 수 있음을 시사하는 것이다. 따라서 다르위쉬의 시에 나타나는 시간 구성을 살펴봄으로써 우리는 이 시인의 의식 세계의 단면을 엿볼 수 있을 것이다.

팔레스타인 시대의 시에 나타나는 시간 구성은 현재 시제→현재 시제, 현재 시제→과거 시제인 경우가 대부분이고 현재 시제→미래 시제로 이동하는 경우는 아주 드물다. 이는 시인의 의식이 현재의 상황에 매몰되어 있거나 과거의 기억 속에 갇혀 있으며 미래를 향해 열려 있지 않음을 의미한다 하겠다.

이에 반하여 베이루트 시대의 시에 나타나는 시간 구성은 과거 시제→현재 시제로 이동하는 경우가 많다. 특히 「자아타르의 아흐마드」나 「빵의 노래」의 시간 구성은 과거의 역사적 시간으로부터 현재 시점으로 이동하고 있다. 과거의 투쟁의 역사나 비극적 수난의 역사를 현재 시점으로 재구성함으로써 역사적 사건의 지속성, 영구성, 현재성을 도출함과 동시에 역사적 시간과 현실적 시간과의 융합을 꾀하고 있는 듯하다. (L.' Awḍ 1997년 pp. 125-140)

3. 베이루트 이후(1982~)

80년대 이후 다르위쉬의 시에서는 정치 이데올로기의 생경한 진술은 거의 찾아보기 어렵다. 이러한 까닭에 평자들은 이 시기를 다르위쉬 시의 성숙기로 규정한다. 시는 서사시, 극시로 완전히 전환되며 대화, 독백, 갈등 등 연극성이 강조된다. 따라서 한 권의 시집에 불과하고 몇 편의 시만이 실릴 정도로 시의 길이는 길어진다. 또한 통일된 음보의 반복적 사용이 가져오던 초기의 음악성과 리듬감은 상당히 퇴조하게 된다.

그러나 이전의 다르위쉬의 시적 특성이 모두 사라진 것은 아니다. 빛나는 은유, 반복, 대화 및 질문의 구조, 따뜻한 호소력, 향토에 대한 끝없는 열정, 조국과 향토가 육신의 어머니 또는 포기할 수 없는 연인의 모습으로 상징되는 등 성숙기 이전의 그의 특성이 아직도 상당 부분 남아 있다. 그 좋은 예로서 시집 『봉쇄 당한 바다의 찬가(Hiṣaːr Limadaː' iḥ Al-Baḥr)』(1986)에 수록된 '비둘기들은 날아가 버립니다 Yatiːr Al-Ḥamaːm' ―우리말 번역:송경숙 1997A pp. 236-245―를 들 수가 있다.

팔레스타인 문학은 장르를 불문하고 국토와 귀향을 주요 주제로 한다. 그러므로 팔레스타인의 도시와 마을들은 그곳에 서식하는 동식물들과 더불어 팔레스타인 사람들의 정체성을 확인하는 가장 확실한 단서가 된다. 다르위쉬의 경우에도 물론 예외는 아니다. 베이루트를 떠나 완전히 방랑자가 되는 1982년 이후에 쓰여진 다르위쉬의 시에서 베이루트, 예루살렘, 사해, 하이파 등 특정 장소들이 주요 주제로 등장하는 것을 볼 수가 있는데, 이제는 베이루트에서마저 쫓겨나 세계를 방랑하는 다르위쉬의 영혼이 더욱더 팔레스타인 땅에 집착하고 있음을 암시한다고 볼 수 있다.

베이루트 이후 시대 즉 성숙기의 가장 두드러진 특성은 신화의 차용이다. 신화의 차용이 처음 나타난 것은 베이루트 시대의 시 「자아타르의 아흐마드」에서 였다.

그러나 성숙기에 들어와서 신화의 차용이 본격적으로 나타나기 시작하며 특히 시집 『열한 개의 혹성』에서는 아랍 세계뿐만 아니라 전 세계의 다양한 신화를 사용하고 있다. 이 시집에 수록된 「그날 나는

포장도로 위에 앉으리(Dha:ta Yawm, Sa' ajlis fawq Al-Ra i:f)」는 유명
한 나르시스(Narcisus) 신화가 차용된다. 원래 나르시스의 신화는 죽
음에까지 이르게 하는 끊임없는 자기 동경이 그 모티프이지만, 이 시
에서는 자신의 존재와 정체성에 대한 집착으로 변형되어 나타난다.
「나그네를 위한 암말(Faras Lilghari:b)」은 길가메시(Gilgamesy)의 신
화를 차용하고 있다. 세계에서 가장 오래된 신화인 바빌론의 길가메
시 서사시는 그리스의 오디세이에 비견될 만한데 반신반인의 영웅인
길가메시가 친구를 위하여 영생의 풀을 찾아 나서는 이야기이다. 이
시에서는 현재 이라크 국민들이 겪고 있는 경제 봉쇄와 고통으로부터
해방되고자 하는 열망이 길가메시 신화를 통하여 구체화되고 있다.

　또한 「사해의 가나안石」에서는 가나안의 풍요의 여신 아나트
('ana:t)가 벌이는 삶과 죽음의 투쟁이 현재 팔레스타인 사람들이 벌
이고 있는 생존을 위한 몸부림과 직결되어 나타난다.

　이 시인에게 있어서 현재는 고통 · 억압 · 무능 · 전쟁의 시간으로,
그리고 과거는 아름다운 향토에서의 행복한 추억의 시간으로 나타난
다. 미래는 현재의 민족적 수난을 떨치고 일어나 팔레스타인을 되찾
을 희망의 내일일 것이다. 이 시기의 다르위쉬의 시에 나타나는 시간
구성이 현재 시제→과거 시제→미래 시제를 축으로 이루어진다는 사
실은 시인의 의식이 오늘의 고통과 억압에 묶여 있지 않고 과거의 역
사—팔레스타인의 역사뿐만 아니라 전 인류의 역사—속을 자유로이
넘나들며 해방과 미래의 비전을 향해 확장, 비상하고 있음을 의미한
다고 하겠다.

　한마디로 말한다면 다르위쉬의 시 세계는 형식면에서는 서정시에
서 극시, 서사시로 변모하였고 주제면에서는 개인적 경험에서 출발하

여 민족의 경험으로 나아가 전 인류의 경험으로 넓혀져 갔다고 볼 수 있다.

다르위쉬만큼 정치의 영향을 받은 시인도 드물 것이다. 그의 생애는 정치적이었고 때로는 정치에 압도되는 현실을 살기도 했다. 그가 팔레스타인의 시인인 이상, 정치 현실로부터의 억압은 불가피한 것일지도 모른다. 그러나 다르위쉬만큼 정치적 요구와 창작적 요구 사이의 엄격한 구분과 한계를 인식하고 시에 전념해 온 시인도 흔치는 않을 것이다. '가이사의 것은 가이사에게, 하나님의 것은 하나님께(마 22:21)' 라는 말이 있다. 다르위쉬에게 이 말을 적용한다면 '정치의 것은 정치에게, 시의 것은 시에게' 라는 말이 가능할 것이다.

필자는 지난 1997년 2월, 요르단에서 다르위쉬를 면담할 기회를 가졌다. 이 자리에서 시인은 자신의 작품이 팔레스타인 저항시의 테두리 안에서 축소 해석되어 읽히지 않기를 거듭 소망하였다. 시인의 이러한 주문은 우리가 지금까지 살펴본 바와 같이 그의 시가 팔레스타인 저항시로 출발했지만 점차 국적을 초월해 고통으로부터의 해방을 꿈꾸는 모든 인간의 노래로 확장되었음을 시인 스스로 확인하는 것이었다.

3. 점령지의 여성 작가 사하르 칼리파

사하르 칼리파[5]는 이스라엘에 점령당한 요르단강 서안에서 여성운

---

5) 사하르 칼리파는 요르단강 서안의 나블루스市에서 출생. 어린 나이에 아랍의 전통적인 형식에 따라 결혼, 13년간의 고통스러운 결혼 생활을 청산하고 저술 활동 및 여성운동에 전념.

동과 문필 활동을 겸하고 있는 작가이다. 사하르 칼리파는 여성작가의 활동이 많지 않은 점령지내에서 독보적인 여성작가일 뿐만 아니라 이밀 하비비(Imi:l Habi:bi:,1921~1996년―송경숙, 1984년 pp. 162-183, 송경숙, 1988년, 송경숙, 1992년, pp. 46-49)의 뒤를 잇는, 점령지 팔레스타인 소설의 대표적인 작가로 평가되고 있으며(Mikhail Ashrawi Hanan Daud, 1982년, p. 262) 그의 작품은 이미 히브리어, 이태리어, 불어, 독어, 화란어, 영어 등으로 번역되었다.

그는 『우리는 더 이상 너희들의 노예가 아니다(Lam Na`ud Jawari Lakum)(1974)』, 『가시 선인장』, 『해바라기』, 『실재하지 않는 여인의 고백( T`tirafat 'Imra' ah Ghayr Waqi`iyyah' , 1986)』 등의 문제작을 발표하였다.

그의 첫 소설 『우리는 더 이상 너희들의 노예가 아니다』는 '남자들이란 모두 임신하고, 출산하고, 요리하는 여성만을 꿈꿀 뿐인'(Sahar Khali:fah, 1974;38)아랍 팔레스타인 사회에서 여성이 처한 상황과 사회적 가정적 속박을 벗고 자유를 추구하려는 여성이 맞게 되는 비극을 그리고 있다. 『우리는 더 이상 너희들의 노예가 아니다』가 보여준 여성해방은 상당한 충격과 반응을 일으켰지만, 사하르 칼리파가 문학적으로 크게 주목을 받기 시작한 것은 『가시 선인장』의 성공 이후이다.

그의 소설 『우리는 더 이상 너희들의 노예들이 아니다』, 『실재하지 않는 여인의 고백』처럼 철저한 페미니즘의 시각에서 여성문제를 중점

미국 아이오와 대학교에서 여성학 및 미국문학에 관한 연구로 박사학위 취득(1988). 현재 나불루스市와 가자 지구의 여성문제 연구소 간사.

적으로 다룬 작품 『가시 선인장』, 『해바라기』와 같이 민족 해방투쟁
이라는 조국의 문제를 주제로 하면서 그 테두리 속에서 여성문제를
함께 조명하는 작품들로 대별할 수가 있다.

본고에서는 후자에 속하는 두 작품만을 고찰하고자 한다. 그 까닭
은 이 두 작품이 그의 출세작일 뿐만 아니라, 팔레스타인 민족문학의
거장으로서, 민중의 삶을 형상화한 갓산 카나파니(Ghassa:n
Kanafa:ni:, 1936~ 1972년)[6]나 이밀 하비비 등, 팔레스타인 남성작가
들과 여성작가인 사하르 칼리파가 어떤 변별적 차이를 갖는가를 규명
하기 위해서는, 전적으로 여성문제만을 다룬 작품보다는 팔레스타인
문제라는 공통의 주제를 가져야 하기 때문이다.

탈식민주의, 탈식민주의 페미니즘 시각에서 두 소설을 읽어보기로
하자.

1).『가시 선인장』과 『해바라기』에 나타난 탈 식민주의 인식

연작 형식[7]인 『가시 선인장』과 『해바라기』는 1967년 6월 전쟁의 패
전으로 인하여 이스라엘의 점령 하에 놓이게 된 1970년대의 요르단강
서안의 나불루스(Nabulus)시(市)를 배경으로 하여, 이스라엘의 점령
이 팔레스타인 사회에 가져다 준 구조적 변화와 그 변화에 대응하는
인물들의 다양한 사회의식, 태도, 행동 유형을 보여준다.

---

6) 갓산 카나파니에 관해서는 송경숙, 『갓산 카나파니 연구—팔레스타인 民族解放運動의 文
學的 反映』(韓國 外國語大學校 大學院, 박사학위논문, 1992), 참조.
7) 이 두 소설은 각각 독립된 장편소설로 읽힐 수가 있는데도, 작가는 『가시 선인장』을 제1부
로, 『해바라기』를 제2부로 하여 소설이 완결되었음을 작품의 말미에 명시해 놓았다.

1부 『가시 선인장』은 이스라엘에 가서 일하는 팔레스타인 노동자의 문제, 사회계층 및 세대 간의 갈등, 점령지 내에서의 무력투쟁과 앞으로 일어날 인티파다('Intifa:dah)⁸⁾에 대한 예고 등 이스라엘 점령하의 팔레스타인의 위기적 사회 상황이 중점적으로 다루어진다. 반면에 제2부 『해바라기』에서는 이스라엘의 정치적 사회적 억압과 여성을 극도로 비하하는 전통적인 이슬람 사회의 인습과 제도, 내면화된 여성 억압의 가치관과 남성들로부터 받는 억압이라는 다중의 굴레 속에 놓인 팔레스타인 여성의 상황이 집중적으로 탐구되면서, 여성이 개인적 탈출의 차원을 넘어 민족 공동체의 투쟁에 합류하게 되는 과정을 보여준다.

민족해방과 이를 위한 저항이라는 정치의식과 여성해방의식은 이 연작 소설의 척추를 이루지만 제1부에서는 정치의식에 제2부에서는 여성의식에 각각 작품의 초점이 모아진다. 따라서 탈식민주의 페미니즘 인식은 이 연작소설을 관류하는 기본적 시각인데 제1부는 탈식민주의 시각이 강한데 비하여, 제2부에서는 탈식민주의 페미니즘의 시각이 더욱 크게 부각되고 있다.

『가시 선인장』은 몰락한 지주 계층인 알 카르미가(家)의 사람들을 중심으로 세대 간의 갈등을 강조하면서 전개되는데 이스라엘 점령과 전통 팔레스타인 사회의 급격한 붕괴 속에서 등장인물들은 대개 세

---

8) 인티파다는 떨림, 동요라는 뜻이며 1987년 12월 이후 요르단강 서안과 가자 지구를 중심으로 전개되온 팔레스타인 저항투쟁을 통칭하는 말로 쓰인다. 인티파다를 가리켜 흔히 '돌의 전쟁' 이라고 하는데 무기를 가진 이스라엘 군인들에게 돌을 던지며 저항했기 때문이다. 돌뿐만 아니라 팔레스타인의 저항적 노래 시들이 투쟁의 강력한 무기가 되고 있다.

부류로 나누어진다. 첫째는 우사마(´Usa:mah)와 같이 현실을 무시한 저돌적 혁명가의 유형이며, 둘째는 투철한 민족의식이나 이데올로기 없이 생계에만 매달리는 유형인데, 대부분의 노동자들이 이에 속한다. 셋째는 아딜(´A:dil)과 같이 민족투쟁과 현실을 조화시키며 점진적인 투쟁을 해나가는 합리적 이성주의자의 유형이다(Faysal Darr:j, 1981년, p. 318).

몰락한 봉건 지주 알 카르미가의 장남인 아딜은 자신의 농장에서 일할 노동자들을 구하지 못하자 자신의 농장을 버려둔 채 이스라엘 공장에서 일을 한다. 그는 무지한 팔레스타인 노동자들의 권익을 위해 노력하며 생계문제와 민족투쟁을 조화시켜 보려 하지만 때때로 회의에 빠지기도 한다.

궁극적으로 적을 이기기 위해서는 적에게 노동력을 제공하고 그 대가로 얻은 빵으로라도 살아 남아야 한다는 아이러니를 아딜의 사촌인 우사마는 이해하지 못한다. 그렇기 때문에 아딜과 우사마 사이의 갈등은 완화될 수가 없다. 결국 우사마는 팔레스타인 외부에 있는, 그가 속한 저항 조직의 명령에 따라 자신의 동포인 팔레스타인 노동자들이 타고 이스라엘 공장으로 출근하는 버스에 폭탄을 투척한다. 이 전투에서 노동자인 주흐디(Zuhdi)도 이스라엘 군인의 총을 맞아 죽고, 우사마 자신도 이스라엘 군에 의해 사살되고 만다.

『해바라기』에서는 알 카르미가의 계보를 이어가면서도 등장인물과 사건 배경이 더욱 확대되는데, 주흐디가 죽고 나서 여섯 명의 자녀를 거느린 가장의 역할을 떠맡게 된 그의 아내 사아디야(Sa`diyyah)와 알 발라드(al-Balad) 잡지사에 근무하게 된, 아딜의 동료이자 여성친구인 급진적 페미니스트 라피프(Rafi:f)의 두 축으로 나누어 전개된다. 『가시 선인장』이 우사마와 아딜 등 남성 주인공을 중심으로 전개된 반면 『해바라기』에서는 팔레스타인 소설에서는 드물게 여성들이 주인공이 된다.

라피프는 처음에는 남성을 여성의 적으로 보는 편협한 여성의식을 보이지만 작품 말미에 가서는 여성의식과 민족 공동체 의식을 하나로 연합하는 성숙한 면모를 보이게 된다. 사아디야는 별로 교육을 받지 못한 현실적이고 평범한 여인이었지만 현실에 부딪혀 변모하면서 여성의식과 정치의식을 갖게되는 팔레스타인 민중의 전형적 여성상이다. 두 인물의 변화에 촉매 역할을 한 것은 이스라엘 당국의 토지수용과 이에 반발하는 민중의 저항이었다. 한편 이스라엘 감옥에서 출옥한 바실은 현실이라는 '더 큰 감옥'에서 보다 성숙한 자세로 저항에 앞장선다. 소설의 중심 무대가 되는 『가시 선인장』의 알 카르미가나 『해바라기』의 알 발라드 잡지사는 가부장적 권위, 무능, 비능률 등에 있어 팔레스타인 문화의 하나의 축소판이라고 할 수가 있다.

탈식민주의가 '서유럽 식민주의의 종속적 힘이 부분적으로라도 그 주권을 구성해 온 사회의 문화적 현실에 기반을 둔 글쓰기와 글읽기의 실천을 기술하는데 사용되고 있으며'(이경순, 1992년, p. 69), 탈식민주의 이론과 실천이 '되받아 쓰기(write back)' 같은 고도의 지적 전략을 통하여, 에드워드 사이드(Edward Said)가 말하는 '희생자의 기준'에서 제국주의에 패배 당해 온 과정과 제국주의 문화를 다시 쓰고, 식민적 텍스트를 재배치하는 일에 관여하지만, 탈식민주의는 궁극적으로 가시적·불가시적 식민주의로부터 벗어나려는 반제국주의적·민족주의적 제3세계적 문예사조라고 이해될 수 있다.

그렇다면 우리가 사하르 칼리파의 소설에 탈식민주의라는 용어를 사용하는 것은 아무런 문제가 되지 않는다. 더욱이 "포스트콜로니얼 리즘은 식민지적 상황으로부터 벗어나려는(결코 '극복하면서 동시에 계승하려는 것이 아닌) 철저한 '탈식민주의'를 의미한다"(김성곤,1992년, p. 13)고 할 때 더욱 그러하다.

이제 이 소설에 드러나 있는 탈식민주의 인식을 구체적으로 고찰해 보자.

팔레스타인 노동자들은 같은 이스라엘 노동자 계층에게는 이해와 연민을 가지면서도 지금까지 자신들을 경제적으로 수탈해 온 지주계층에 대해서는 노골적인 적의를 드러내기도 한다. 팔레스타인 노동자들은 이스라엘 노동자의 절반에도 못 미치는 임금을 받으며, 이스라엘측의 노동 허가가 없다는 이유로 산재에 따른 아무런 보상도 받지 못한다. 이들을 따라다니는 Aravim(`Araːfiːm)이라는 말은 히브리어로 아랍인들이라는 뜻이지만, 실제로는 아랍인에 대한 이스라엘 사람의 비하적 태도와 그들의 우월감을 나타내는 '원주민', '야만인'이라는 말과 같은 뜻으로 식민주의 수사학의 한 단면을 보여준다.

과거 농장주의 아들 아딜과 농장 머슴의 아들인 샤하다(Shahaːdah)는 모두가 이스라엘에 가서 노동을 하게 되는 데, 샤하다는 재빨리 변신하여 현실에 적응해 갑자기 졸부가 되기도 한다. 탈식민주의 관점에서 보면 이러한 샤하다의 변신은 에드와드 사이드가 말하는 소위 '제휴'[9]의 한 변형으로 이해될 수도 있다.

---

9) 사이드가 말하는 '파생(filiation)'이란 태어나면서 주위와 갖게 되는 관계이고, '제휴(affiliation)'란 후천적으로 주위 상황과 맺게 되는 관계를 의미한다. 사이드는 많은 엘리트 지식인들이 지배문화에 편입되기 위해 자신의 '파생'을 부정하고 지배 권력과의 '제휴'를 선택했다고 말한다. 김성곤, 위의 논문, 19면.

아딜이 이스라엘의 반(反)시오니스트 유대인들과 접촉하여 그들과
어떤 연계를 가지고 민족적인 저항활동을 보이려는 시도는, 우사마가
점령 현실에 대한 책임의 큰 부분을 팔레스타인 스스로에게 돌리는
시각과 더불어서 지금까지 배타적 국수주의적 팔레스타인 민족문학
에서는 찾아보기 어려운 복합적인 시각을 보여준다. 또한 다음 장에
서 구체적으로 거론하게 될 사하르 칼리파의 토속적인 언어구사는 팔
레스타인의 경우 단순한 언어의 토속성을 넘어 민족적, 문화적 정체
성을 확인시키는 데 기여한다.

본 소설이 기본적으로 탈식민을 가능케 할 해방과 저항의 언술이라
는 점, 점령상황에 대한 자기 반성 및 이스라엘에 대한 노동력 제공과
무력 투쟁에 대한 복합적인 시각, 이스라엘 좌파와의 접촉과 공존 가
능성에 대한 모색, 토속적 언어를 통한 팔레스타인이라는 장소성의
강조, 민족적 문화적 정체성의 탐색 등 탈식민주의 인식을 보여주고
있으며 따라서 이 작품은 국수주의적이며 배타적일 수 있고 반외세만
을 고집하며 단선적인 편협성을 드러낼 수 있는 팔레스타인 민족문학
의 차원을 넘어서 탈식민주의 문학의 실천적 양태를 보여준다고 하겠
다.

2) 『가시 선인장』과 『해바라기』에 나타난 탈식민주의 페미니즘 인식
쥬디스 벌터(Judith Bulter)의 말대로 "여성은 인식론적인 면에서
제국주의자적 식민과 별 차이가 없다(Judith Butler, 1991년, pp. 86-
88, 이경순, 1992년, p. 83 재인용)"는 인식에서 출발하여 '제도적 차
이에 근거한 남녀 관계를 제국과 식민지의 관계로 파악하는 것' (Bill
Ashcroft, 1989년, p. 163, 김성곤, 1994년, p. 13 재인용)이 탈식민주

의 페미니즘의 요체라고 한다면 사하르 칼리파의 『가시 선인장』과 『해바라기』는 제3세계 유색 여성 작가의 탈식민주의 페미니즘 글쓰기의 하나의 모범적 실천 양상을 보여준다.

우선 가장 중요한 여성 인물인 라피프와 사아디야의 성격을 보기로 하자. 라피프는 아딜이 근무하는 잡지사의 동료이며 그의 여자 친구로 시인이며 알 발라드 잡지의 유일한 여성 편집자이다. 그녀는 '여성문제는 조국의 문제와 분리될 수 없고 여성문제는 조국의 문제의 본질적인 한 부분' (Sahar Khali:fah, 1980년, p. 17)이라고 믿는 급진적인 페미니스트다.

라피프는 작가 자신에게 가장 근접해 있는 인물로서, 버려야할 유산인 기존의 가치관과 새로운 여성 의식을 가지고 창조해 가야할 미래 사이에서 갈등하는 교육받은 팔레스타인 여성의 전형적인 모습을 보여준다.

그러나 팔레스타인 사람들의 땅[10]이 이스라엘 당국에 의해 대규모로 수용 당하고 이에 반발하는 민중적 저항을 경험한다. 또한 교육받지 못한 평범하고 현실적인 여인인 사아디야가 민족의 대의에 동참하는 변화를 목격하면서 그녀의 의식은 성숙한다. 이제 그녀의 시선은 더 이상 아딜이라는 한 남성에게 고정되어 있지 않고, 팔레스타인 민중을 향하여 열려 있다. 이제 그녀에게 있어서 남성은 더 이상 여성의 적대적 존재가 아니요, 민족의 해방을 통하여 여성과 더불어 해방되어야 할 존재일 뿐인 것이다.

---

10) 팔레스타인 문학에서 토지(국토)의 문제는 가장 중요한 주제 중의 하나가 되고 있다. 왜냐하면 팔레스타인 문제는 본질적으로 '국토 없는 국민' 의 문제이기 때문이다.

이 소설이 구태여 이러한 연작 형태를 고집한 것은 남성이 먼저 해
방되고 나서 여성이 해방되는 것이 아니라 남성과 여성은 동시에 해
방되어야 한다는 것을 보여주기 위해서이다. 대부분의 남성 작가들의
시각처럼 여성문제는 부수적인 문제가 아니며 정치의식과 여성의식
은 불가분의 관계에 있을 수밖에 없다는 탈식민주의 페미니즘에 근거
한 작가의 현실인식의 반영에 다름 아니다.

사아디야는 남편만을 의지해 살아오던 평범하고 전형적인 아랍 여
인이었으나 남편의 죽음으로 인해 '보호자 없는 땅' 처럼 남겨진다.
그녀는 여섯이나 되는 아이들을 먹여 살리기 위하여 이스라엘 의류
회사의 일을 가져다가 집에서 재봉일을 한다. 그러나 이웃 여자들은
그녀가 이스라엘과 협력하며 부끄러움도 모르고 가사가 아닌 바깥 세
상의 남자들의 일을 한다는 이유로 그녀를 비난하고 질시한다. 돈을
벌어 가족을 위한 식품을 사 가지고 귀가할 때면 그녀는 자신이 마치
남자가 된 듯한 또는 반은 남자가 된 듯한 느낌을 갖는다.[11]

사하르 칼리파와 같이 팔레스타인의 나블루스 출신으로 아랍세계
에서 가장 인정받는 여성 시인인 파드와 뚜깐(Fadwa: Tuqa:n, 1917
~)은 여성을 싫어하는 문화(misogynist culture) 속에서 여성이 어떻
게 여성으로 만들어지는가를 다음과 같이 말한다.

가부장적 분위기 속에서 여성은 '아니오' 라는 말의 존재를 망각하

---

11) 아랍 여성이 가사 이외의 무엇인가를 할 수 있을 때, 자신들을 남성처럼 느끼는 현상은
Layla: `Usayra:n 등 다른 아랍 여성 작가의 작품에서도 흔히 볼 수 있는 일이다. (Zeidan, Joseph
Tufeek, *Women Novelists in Modern Arabic Literature*, Berkeley : University of California,
Ph.D, 1982, p. 422) 이러한 사실은 아랍 여성 자신이 여성은 무능하고 하등한 존재라는 남성 우
월적 가치 체계를 내면화하고 있음을 말해 주는 것이다.

도록 강요받는다…그러나 '예'라는 말은 젖먹이 어릴 때부터 평생토록 입술에 껍같이 달라붙어서 앵무새처럼 되뇌이는 말이 된다 (Fadwa: Tuqa:n, 1985년, p. 40, Fedwa Malti-Douglas, 1991년, p. 178 재인용).

그러므로 이스라엘의 점령으로 야기되는 정치적 사회적 억압, 봉건적 가부장적 이슬람 사회의 제도 및 가치관으로부터 받는 억압, 남성으로 부터 받는 제약과 억압 등 다중의 억압 속에 던져져 있는 점령하의 팔레스타인 여성이야 말로 스피박(Spivark)이 말한 바 '타자적 존재', '피식민지적 존재', '소외된 하위 존재'가 아닐 수 없다.

사하르 칼리파는 주로 3인칭 객관적 화자의 전지적 시점에 의해 이야기를 전개해 나가지만 또 다른 기법으로 인물들의 내면세계를 선명히 드러내는 내적 독백이나 의식의 흐름, 풍부하지만 절제된 암시를 담고 있는 대화 등에 의존하기도 한다. 사하르 칼리파의 아랍어를 구사하는 기술은 상당히 개성적이며 특히 『해바라기』에 와서 더욱 완벽해지고 있다. 그는 객관적 화자의 진술에는 지금까지 아랍 소설의 보편적 언술이 되어 온 문어체 표준 아랍어를 사용하고 의식의 흐름이나 대화에서는 팔레스타인 방언을 사용한다. 이러한 언어구사는 천편일률적으로 문어체 표준 아랍어만을 소설의 언어로 고집해 왔던 대부분의 아랍 작가들이나 팔레스타인 남성 작가들에게서는 찾아 볼 수 없었던 것이다. 뿐만 아니라 의식의 흐름, 독백, 대화에서 어느 수준의 구어체 방언을 사용하느냐는 인물의 문화적 교육적 배경에 따라 그 층위를 달리한다. 이러한 독특한 언어 구사는 인물에게 리얼리티를 부여해 인물이 화석화되는 것을 막아줄 뿐만 아니라 팔레스타인이라는 장소성의 강조에도 크게 기여한다. 또한 장소성의 부각은 민족적 정체성의 확립으로 이어진다.

　논자의 견해로는 사하르 칼리파 소설의 가장 큰 전략은 바로 일상의 언술을 소설적 언술화한다는 것이다. 그는 소외된 여성들의 일상적 삶의 단면을 일상적 언어, 속어적 표현을 통해서 역사적 진술로 만들고 있으며 억압받는 여성의 개인적 삶의 탐구를 통하여 민족의 집단적 삶을 규명한다. 또한 사하르 칼리파는 상당히 많은 부분에서 민간전승의 노래와 구어체 시, 토속적인 관용구 등을 사용하는 경향은 일상어가 가지는 단조로움과 문학 언어로서의 구어체 언어의 한계를 보충해 주는 역할을 할 뿐 아니라 팔레스타인이라는 장소적 배경을 강조하고 민족적 문화적 정체성을 확립하는 데도 효과적이다.

　사하르 칼리파의 이러한 속어의 사용은 본질적으로 '여성의 언어는 속어' 라는 길버트(Sandra Gilbert)와 구바(Susan Gubar)의 주장(이경순,1992;79)을 뒷받침한다. 문어체 표준 아랍어는 여성의 언어라기보다 남성의 언어이다(Farida Abu-Haydar, 1989;471-472). 사하르 칼리파는 여성의 억압자인 남성적 언어, 형식화되고 가부장적인 언어, '메트로폴리탄이 된' 언어인 문어체 표준 아랍어에 대한 대응으로 일상의 구어체 언어나 속어를 소설적 언어화하는 데 성공하고 있다.

　이러한 점이 바로 파이살 다르라즈(Faisal Darra:j)가 사하르 칼리파의 가장 큰 장점으로 지적하고 있는 '통합적이고 조화로운 소설적 문체' (Faysal Darra:j, 1981년, p. 125)의 실체인 것이다.

3) 『가시 선인장』과 『해바라기』의 변별적 요소

　먼저 이 연작소설을 갓산 카나파니, 이밀 하비비 등 팔레스타인의 대표적 남성작가의 작품세계와 비교해 볼 때, 작가의 현실인식, 주제, 소재, 예술성 등에서 어떤 변별적 요소를 갖고 있는지를 규명하는 데 주력하고, 가능한 범위에서 여타 여성작가와의 차이도 확인하도록 하겠다.

갓산 카나파니는 쿠웨이트, 베이루트 등 피난지를 전전하며 팔레스타인 난민들을 소재로 글을 썼다. 베이루트에서 암살당하기까지 그의 관심은 팔레스타인 민중에게 있었다. 이밀 하비비는 이스라엘에 남아 이스라엘에 살고 있는 억압당하는 팔레스타인 사람들의 삶을 소재로 작품을 썼다. 또한 사하르 칼리파는 1967년 6월 전쟁에서 이스라엘에 점령당한 요르단강 서안의 팔레스타인 사람들, 특히 여성들을 작품의 대상으로 한다. 그러나 팔레스타인 민중의 삶을 작품의 소재로 하여 민족 민중 문학을 창출했다는 점에서 근본적으로 공통점을 갖는다.

갓산 카나파니나 이밀 하비비의 문학에서 여성은 아주 미미한 주변적 존재에 지나지 않는다. 이들의 작품에서(갓산 카나파니의 '사아드 엄마'를 제외하고는) 여성이 주요 등장인물이 되는 경우란 거의 없다.

그러나 사하르 칼리파는 "여성은 자기 자신을 글로 쓰지 않으면 안 된다. 여성은 여성에 관해서 써야 하며 여성을 글의 대상으로 삼아야 한다. 여성은 지금까지 자신의 신체와 마찬가지로 글쓰기로부터도 심히 냉대받아 왔다.…여성은 스스로의 힘에 의해 자신을—세계와 역사를 만드는 것과 마찬가지로—텍스트로 만들어야 한다."(Hélène Cixous, 1980년, p. 245, 이경순, 1992년, p. 78 재인용)는 헬렌 식수(Hélène Cixous)의 말대로 남성 작가가 다루어 주지 않는 여성을 그의 글쓰기의 대상으로 하고 있는 것이다. 다시 말해서 여성이 소외된 타자일 수밖에 없는 팔레스타인 문화와 문학 풍토에서 사하르 칼리파는 극히 자전적 글쓰기를 통하여 여성의 목소리를 들려준다. 이러한 사실이 무엇보다도 중요한 이 연작소설의 변별적 가치라고 여겨진다.

또한 갓산 카나파니나 이밀 하비비의 문학을 민족 문학의 테두리 안에서 파악할 수밖에 없는데 반하여 사하르 칼리파는 여기서 한 걸음 전진한 탈식민주의, 탈식민주의 페미니즘 글쓰기를 실천하고 있다는 점이 두 작가와의 차이일 것이다.

'여성 해방론의 전개 과정을 보면 여성의 교육과 해방이 지식층과 민족주의자들에 의해 현대화의 일환으로 시작되었다' (서정자, 1987년, pp. 9-27)는 점에서 한국과 아랍세계는 전적으로 동일하다. 아랍 여성 문학이 본격화 된 것은 제2차 대전 이후부터이다. 1960년대 후반까지의 아랍 여성문학은 계급 차별의식이나 여성운동의 정치적 사회적 중요성보다는 가정 안에서 여성의 개인적 자유와 권리를 주장하였다. 자유를 동경하고 현실도피를 꿈꾸다 이슬람 사회의 인습의 벽에 좌절당하는 중 상류층의 젊은 여성이 주인공의 전형이기도 하였다. 이 시기의 여성문학은 남성을 여성의 '적' 으로 규정하면서 여성 개인의 정체성을 주장하였고 작품성, '내향성' 보다는 '외향성' 에 관심을 두는 여권론적 수준이었다고 할 수 있다.

그러나 1970년대 와서 아랍 여성문학은 여성들의 적극적인 사회참여, 정치참여의 필요성을 인식하게 되었고 여성 작가들은 여성만이 억압받고 있는 것이 아니라 남성 역시 억압받고 있으며 남성과 여성이 함께 해방되어야 하고 민족의 해방 없이는 여성해방은 있을 수 없다는 의식을 가지게 되었다. 또한 '외향성' 보다는 '내향성' 즉 여성 작품의 고유한 텍스트 성(性)(김열규, 1990년, p. 74)에 보다 관심을 갖게 되었다.

그러므로 사하르 칼리파의 이 연작 소설은 주제면에서나 작품에 내재하는 여성적 글쓰기의 미학성의 추구면에서도 현대 아랍 여성 문학의 일반적 흐름과 동일선상에 있음을 알 수가 있다.

사하르 칼리파의 연작소설『가시 선인장』과『해바라기』는 1967년 6월 전쟁의 패전으로 인하여 이스라엘 점령하에 놓이게 된 요르단강 서안의 팔레스타인 사람들의 삶 특히 이중, 삼중의 억압을 받고 있는 여성들의 삶을 우리 앞에 선명히 펼쳐 보여준다.

보여주기보다는 많은 것을 빨리 단번에 이야기 해주려는 작가의 조급함이 때때로 작가와 텍스트와의 적정한 거리를 유지하는 것을 방해하기도 하고, 적절한 동기부여 없이 3인칭 서술자로부터 등장인물의 내면세계로 무리하게 시점이 전환됨으로써 미학적 성과가 희생되는 경우가 없지 않지만, 사하르 칼리파는 섬세하고 서정적이며 투명한 스타일과 무엇보다도 독창적 소설 언어를 가지고 여성의식이 정치의식과 불가분의 관계에 있으며 여성해방과 민족해방이 유리될 수 없는 명제임을 보여준다.

4. 맺는 말

이상의 논의를 통하여 우리는 팔레스타인 문학이 정치적 긴급성, 집단적 가치, 민족적 정체성 등이 주요 관심사가 되는 이른바 피지배문학, 저항문학의 특성을 갖고 있음을 발견할 수 있었다.

저항문학은 문학성이 떨어지는 저급한 문학인 것으로 생각하는 이들이 많다. 그러나 그들의 작품이 '구호'와 '주장'이 아닌 '문학'이 되게 하기 위하여 팔레스타인 작가들이 지불한 땀과 그 성과에 주목하면서, 팔레스타인 문학을 정치적 선입관에서 벗어나 문학적 안목에서 정당히 평가해 줄 것을 제안한다.

또한 유대인들의 생존과 번영이 팔레스타인 사람들의 희생과 고통을 담보로 하는 현실에 대하여 우리 모두의 반성적 자각을 촉구한다.

참고문헌

김성곤, 「탈 식민주의 Post-Colonialism시대의 문학」, 외국문학, (여름, 제31호),
    1992.
    「탈 식민주의적 책읽기와 영문학 연구」, 외국문학, (여름, 제38호), 1994.
김열규, 『페미니즘과 문학』, 서울: 문예출판사, 1990.
김진오, 『시론』, 서울: 삼지원, 1997.
두진숙, 『Toni Morrison 연구-자아의 탐색과 커뮤니티의 역할』, (숙명여자대학교대
    학원, 영어영문학과, 박사학위논문, 1992.
서정자, 「일제강점기 한국여류소설 연구」, (숙명여자대학교대학원, 영어영문학과,
    박사학위논문), 1987.
송경숙, 「팔레스타인 민족문학의 실체」, 외국문학, (가을, 제2호), 1984, 가을.
    「팔레스타인 민족해방 문학」, 고대신문, 제1287호, 1988.
    「사회변혁과 현대 아랍소설 - 혁명을 위한 새로운 지평」, 동서문학, 1991.
    「갓산카나파니 연구 - 팔레스타인 민족해방운동의 문학적 반영」, 한국외국
    어대학교 대학원, (박사학위논문), 1992.
    「참여와 풍자, 낙관과 희망의 문학」, 문학정신, 제68호, 1992.
    「사회 변혁과 현대 아랍소설 - 혁명을 위한 새로운 지평」, 〈동서문학〉총권
    제 201호, 서울, 1991.
    「팔레스타인 여성작가 사하르 칼리파 연구」, 지역연구 제4권 제2호, 서울대
    학교지역종합연구소, 1995.
    「팔레스타인 민족시인 마흐무드 다르위쉬」, 〈내일의 시〉 6, 서울: 삼문사,
    1997 A.
    「아랍시 문학-팔레스타인 민족시인 마흐무드 다르위쉬」, 〈문학과 창작〉 총
    권 25호, 서울:문학 아카데미, 1997 B.

「팔레스타인 민족시인 마흐무드 다르위시 연구」, 아랍어와 아랍문학 제1집, 한국아랍어·아랍문학회, 1997.

송명희, 1993, 「윤정모의 소설에 나타난 제3세계 민족주의와 페미니즘」, 한국여성 문학연구회 발표문, 1993. 12. 3).

이경순, 1992, 「탈 식민주의 페미니즘」, 외국문학, 여름 제 31호.

유시립, 『시의 원리와 비평』, 서울 : 새문사, 1991.

`Awd Kha:lid Badyawi:, 1995, 〈Al-' I:qa:` Al-Da:khili: fi: Al-Qa i:dah Al-`Arabiyah Al- adi:thah〉, 석사학위논문, Yarmuk University, Jordan. Farida Abu Haidar

1989, "Are Iraqi women more prestige conscious than men? Sex differentiation in Baghdadi Arabic", Cambridge University Press.

Fa:ru:q Wa:di: 1981, *Thala:th `Ala:ma:t fi: al-Riwa:yah al-Filastiniyyah (Ghassa:n Kanafa:ni:, 'Imi:l Habi:bi, Jabra: 'Ibra:him Jabra:)* al-Mu' assasah al-`Arabiyyah Liddira:sa:t waal-Nashr Da:' iratal-' I`la:m waal-Thaqa:fah Munazzamat Tahri:r al-Filastiniyyah.

Faysal Darra:j 1981, "Dira:sah fi: Riwa:yyh Sahar Khali:fah : Qawl al-Riwa:yyah waal-Wa:qi'" *Shu' u:n Filastiniyyah*, No.3.

Fedwa Malti-Douglas 1991, *Woman's Body, Woman's Word-Gender and Discourse in Arabo-Islamic Writing*, Princeton : Princeton University Press.

Ghassa:n Kanafa:ni: 1968, `A:da:b al-Muqa:wamah fi: Filastini: al-Muhtallah 1948-1966, Beirut: Manshura:t Da:r al-' A:da:b.

Hisa:m al-Khati:b 1990, *Dila:l Filastiniyyah fi: al-Tajribah al-' Adabiyya* Da' irat al-Thaqafah Munazamat al-Tahri:r al-Filastiniyyah.

J. Burgman 1984, *An Introduction to the History of Modern Arabic Literature in Egypt*, E.J. Brill, Leid0en, 1984

Khalid A.Sulaiman, 1984, 〈Palestine and Modern Arab Poetry〉, Zed Books Ltd. : London.

Li:nah 'A mad 'Isma:`i:l `Awd ,1997, 〈Lughah `inda Mahmu:d Darwi:sh〉석사학위논문, Jordan University, Jordan

Mikhail Ashrawi Hanan Daud 1982, *The Contemporary Literature of Palestine*

Poetry and Fiction, University of Virginia, Ph.D.

Mahmu:d Darwi:sh, 1969. 6, " 'Anqadhu:na: min Ha:dha: Al-Qa:si:" ⟨Majallah Al-Jadi:d⟩, Israel.

1969. 8. " 'Anqadhu:na: min Ha:dha: Al-Qa:si:" ⟨Majallah Al-' A:da:b⟩ Beirut.

1980, ⟨Di:wa:n Mahmu:d Darwi:sh Al-Mujallad Al-' Awwal⟩, Da:r Al-`Awdah, Beirut.

1980, ⟨Di:wa:n Mahmu:d Darwi:sh Al-Mujallad Al-Tha:ni:⟩, Da:r Al-`Awdah, Beirut.

1986, ⟨Hisa:r Limada:' i Al-Bahr⟩ Al-Da:r Al-`Arabiyah Lilnashr wa Al-Tawzi:`, Amman.

1992, ⟨' Ahada `Ashara Kawkaba:n⟩ Da:r Al-Jadi:d, Beirut.

Muhammad 'Ibra:hi:m Al- a:jj a:li , 1996, " 'Ana:t Al-Kha:' inah 'Umm LiMahmu:d Darwi:sh" Majallah Al-Qa:hirah, No. 167-168, Al-Qa:hirah.

Muhammad a:li al-Shan a:, 1987, "Khu u: iyyah Al-Ru`ya: wa Al-Tashki:l fi: Shi`r Mahmu:d Darwi:sh", Majallah Fus l, Al-Qa:hirah.

Roger Allen 1982, *The Arabic Novel in Historical and Critical Introduction*, University of Manchester.

Sahar Khali:fah, 1974, Lam Na`ud Jawa:ri: Lakum, al-Qahirah : Da:r al-Ma`arif.

1976, *al-Subba:r*, al-Quds : al-Ta`a:wniyyah 1976.

1980, *Abbad al-Shams*, Bayrut : Da:r al-Fa:ra:bi:, Da:' irat al-' i`la:m waal-Thaqafah fi Munazzamat al-Tahri:r al-Filastiniyyah.

Sala:h Fadl, 1995, ⟨' Asa:li:b Al-Shi`riyah Al-Mu`a: irah⟩, Da:r Al-`Ada:b, Beirut.

Salma Khadra Jayyusi, 1992 ⟨Anthology of Modern Palestinian Literature⟩ Columbia University Press, New York.

Zeidan, Joseph Tufeek, 1982, *Women Novelists in Modern Arabic Literature*, Berkeley : University of California, Ph.D.

일본의 이슬람

김영남*

Ⅰ. 들어가는 말

우리 한국과 가장 가깝고도 먼 일본은 인구가 약 1억 3천만 명으로 단일 민족, 단일 국가, 단일 언어사용을 자랑으로 여기는 나라이다. 제 2차 대전 패배 후 발표된 새 헌법 '종교의 자유'에 따라 일본은 다양한 종교들이 공존하는 종교다원주의 사회이면서도 어떤 면에서는 무신론적인 사회처럼 보인다. 수많은 종교가 공존하고 있음에도 불구하고 극히 세속적이며 현세적이고 물질 만능주의가 팽배해 있는 이런 사회를 향해, 엄청난 수의 외국인들이 경제적인 이득을 얻고자 노동자로 몰려오고 있다. 일본의 외국인 노동자들 중에 많은 사람들이 중동과 아시아의 무슬림국 출신들로 그들은 일본의 이슬람 발전에 큰 몫을 차지하고 있다. 이런 비슷한 현상을 한국에서 경험하고 있는 우리 그리스도인들은 일본 선교라는 한 과제를 안고 나갈 때 이 문제를

---

* 이슬람연구소 연구원

심각하게 생각해 보지 않을 수 없는 것이다.

일본은 1549년 예수 교단의 프랜시스 사비에르(Francisco Xavier)가 큐슈 남부에 발을 디딘 이후 시작된 오랜 선교의 역사를 갖고 있다. 하지만 그 선교의 역사는 피흘림이 있는 역사였다. 1582년 히데요시가 집권을 한 후, 선교사들이 파송국의 영토 확장에 앞장 서고 일본의 정치적 반란을 도모했다는 이유로 수십만 명의 그리스도인들이 죽임을 당했다. 17세기 초 시작된 선교사 추방과 함께 일본의 쇄국정책으로 인하여 1859년 7명의 개신교 선교사가 도착하기까지 기독교의 가시적인 선교사역은 멈춰진 상태였다. 다시 부흥해 가던 기독교는 1930년대 일본 우익단체와 군부에 의해 제2의 박해를 견디어야 했다.

고난 속에서 이루어져 온 이러한 일본 기독교 선교 역사와는 달리, 크게 드러나지는 않지만 이슬람 선교가 민중 속에 깊이 뿌리를 내리면서 서서히 이루어지고 있다는 것을 우리는 간과할 수 없다. 앞에서도 말했듯이 일본 선교라는 과제 속에서 일본 무슬림은 우리가 맞아야 할 또 하나의 선교 대상이다. 따라서 현재 일본에 파송된 350명이 넘는 한국인 선교사들에게 선교적 관심의 새로운 대상이 바르게 인식되기를 바라는 마음에서 이 글을 쓰게 되었다.

일본 무슬림에 대한 본 연구조사는 일본 이슬람센터, 무슬림협회, 그리고 도쿄대학을 방문하여 얻은 자료와 거기서 만난 이들과의 인터뷰를 통해 얻은 자료를 기초로 이루어졌다.

이 글의 전개 방법은 먼저 일본 이슬람의 도래와 그 발전을 살펴보고, 일본 이슬람의 현재 상황을 조명해 보면서, 박해를 받으며 진행된 기독교의 선교 역사와는 다르게 군, 정부의 후원하에 전개되었던 이슬람의 발전과 시대와 지역간 문화의 엄청난 차이를 극복하면서 독특한 문화와 교리를 갖는 이슬람이 종교 다원주의적이고 세속적인 일본 상황에 어떻게 적용해 가는가에 초점을 맞추었다.

아쉬운 점은 이 글에서 일본 무슬림을 향한 선교적 접근에 대한 구체적인 문제 제기와 그에 대한 제언을 하지 못하고, 일본의 이슬람을 소개하는 정도에 머물 수밖에 없다는 점이다. 왜냐하면 일본의 경제적, 정치적 차원에서 무슬림 국가들과 관계가 증진되고 그에 대한 많은 연구가 일어나고 있지만 일본의 기독교 사회에서는 일본 무슬림에 대한 선교적인 관심과 연구가 거의 전무한 상태이기 때문이다. 따라서 이 글은 제한된 상황에서 필자가 수집한 자료를 바탕으로 한 일본 이슬람에 대한 개론적인 글이라고 봐야 할 것이다.

II. 일본의 종교적 상황

1. 다양한 종교들

일본은 오늘날 종교적으로 볼때 종교 백화점이라고 해도 과언이 아닐 정도로 수많은 종교들로 포화상태를 이루면서 다양한 종교 문화를 창출하고 있다. 수많은 신사, 불교 사원, 교회 그리고 다른 여러 종교들의 성소들이 일본 어디에나 있으며 이 나라의 주요 종교는 신도계, 불교계 그리고 기독교계이다. 일본 종교 연감(1995년 12월 31일 현재)에 의하면 신도계 신자 수가 116,921,684명이고 전체인구의 54.1%, 불교계가 87,480,872명, 40.5%, 기독교계가 1,449,989명, 0.7%, 그리고 제종교가 10,131,022명, 4.7%를 차지한다.[1]

일본에서 세번째 주요 종교가 되는 기독교의 인구 비율은 신도나
불교에 비해서 매우 미미하지만 그 영향력은 상당히 크다. 제종교 속
에는 앞으로 다룰 이슬람교를 비롯한 여러 종교가 포함되어 있다. 종
교 연감에조차 통계 숫자가 나타나있지 않은 이슬람의 경우, 일본 이
슬람센터에 의하면 일본 무슬림의 수는 3만 명 정도[2]라고 하지만 정
확한 무슬림 수는 알기 어려운 것 같다(도쿄대 사또 교수와 무슬림 협
회의 사무원 말에 의하면 2천 명 정도라고 하며, 이슬람센터의 사무원
은 5만 명이라고 한다. 이는 아마 무슬림 외국인 노동자까지 포함한
숫자일 것이다).[3]

위에서 보인 통계는 일본 정부에 등록한 각 종교 단체가 제출한 보
고이기 때문에 실제적인 신자의 숫자가 얼마인지는 정확하지 않다고
볼 수 있다. 많은 일본인들이 적어도 다른 두 개의 종교를 가지고 있는
경우가 있어서 1979년 종교 연감 통계에 의하면 종교인은 전체 일본
인구의 151%를 차지하는 현상을 보이기도 했다.[4]

일본인들의 생활과 사고방식에 깊은 뿌리를 내리고 있고 그들을 하
나로 묶어주는 구심점의 역할을 해오고 있는 신도는 에도시대(1600-
1867년)와 메이지시대(1868-1911년)를 거쳐 발전하면서 권력에 충성
을 강조하여 집단의식을 형성케 했다. 천황은 신으로 숭상되고 신사
참배는 시민의 의무가 되었으며 조상 숭배는 정치적으로 강요되었다.

1) 김종문, 『일본문화와 종교정책』(서울:신원,1997), 272쪽.
2) Abu Bakr Morimoto, Islam in Japan(Tokyo: Islamic Center, 1980), p.97.
3) 일본 무슬림 협회 간사와 면담(1997년 10월27일), 도쿄대학 이슬람학과 교수 Dr. Sato
Tsugitaka와 면담(1997년10월 29일).
4) 동아출판사 편, 『동아대백과사전』, 제23권, 527쪽.

일본의 응집력은 이런 의식을 통해 유지되었고 신도는 일본 문화에서 확고한 자리를 굳히게 된 것이다. 일본인들이 다른 민족보다 우월하다는 생각도 이런 신도 학자들에 의해서 만들어진 것이며 이런 것들은 근본적으로 백성을 통치하고 권력을 유지하기 위해 이루어진 것이다.

신도 신학은 태양의 여신 아마테라수에 관한 신도의 전통에서 출발하는데 그 신은 일본의 창시자이며 천황의 조상이라고 한다. 그러므로 천황의 계보는 모든 일본인의 기원을 이룬다는 것이다.[5] 그러나 일본 사람들은 거의 신도의 교리나 의미, 목적 등에 대해서 알고 있지도 아니하고 상관하지도 않는다. 그들은 신도의 종교의식을 행하는 것은 매우 중요하게 여기지만 그것은 하나의 관습적인 것이다. 일본인들은 종종 옳고 그름을 따지기보다는 타인의 의견에 보다 더 신경을 쓰기 때문에 그들이 말하고 행하는 것과 그들이 생각하고 느끼는 것과의 사이에 상당한 괴리가 생기는 것을 볼 수 있다. 일본인들은 아직도 그들이 특별하다고 생각하는데 이런 사상은 바로 신도의 의해 생긴 것이다. 따라서 신도는 기독교나 이슬람교 같은 유일신교 전파에 큰 걸림돌이 되고 있다.

---

5) Don Wright, *Operation Japan*(Tokyo: Japan Evangelical Missionary Association, 1997), pp.20-21.

2. 일본의 종교에 대한 태도

2차 대전이 끝나고 발표된 일본의 새 헌법은 종교의 자유를 보장함과 아울러 정교분리의 원칙을 명문화해 놓고 있다. 종교활동의 기본적 권리도 '공공복지'에 반하지 않는 한 최대한으로 존중된다고 규정하고 있다.[6] 그러나 종교의 정치 개입은 금지되어 있고 정부는 어느 특정 종교를 지지하거나 선전하지도 않는다. 백화점 식의 선택적인 종교에 대한 일본인들의 태도 때문에 일본 종교인의 비율은 전체인구를 훨씬 넘고 있어서, 여러 종교가 공존하고 있는 일본은 그야말로 종교 다원주의적인 현상을 띠고 있다. 종교간에 서로 방해를 하거나 간섭이 없을 뿐 아니라 한 가족 안에서도 불교인, 신도인, 그리스도인들이 살고 있는 것이다. 이런 사실은 가족 중심주의적인 신앙 공동체를 형성하고 있는 무슬림들에게 이해되기 어려운 부분이다.

III. 이슬람의 도래와 발전

1. 무슬림과의 접촉

일본과 이슬람과의 관계는 아시아의 다른 지역이나 아프리카 혹은 유럽 등에 비해 상당히 시기적으로 늦게 시작되었다. 메이지유신(1868년) 이전에 이슬람과의 관계가 있었는지에 대한 기록은 아직 나

---

6) 김종문, 앞의 글, p.349.

타나고 있지 않다. 이슬람이 일본인들에게 처음 알려진 것은 1877년
인데 당시 이슬람은 서구의 한 종교 사상으로만 알려졌고 무함마드의
전기가 일본어로 번역되긴 했지만 역시 문화사의 한 인물로서 소개되
었을 뿐이었다.[7]

또 다른 접촉은 선교적 임무를 띠고 일본에 도착한 터어키의 무역
선 'Al-Tugrul' 호 사건을 통해서이다. 일본 메이지 천황은 오토만 제
국 술탄 압둘 하미드에게 다음과 같은 서신을 보냈다고 한다: "시대의
흐름에 따라 귀국의 국민과 우리 국민은 서로를 알기 원하는 바이니
우리 국민에게 귀국을 잘 소개할 수 있는 사신을 보내주시기를 부탁
합니다." 이와 같은 서신들이 두 제국 간에 교환되었다는 것은 양 국
민들이 정치적, 경제적 그리고 문화적 측면에서 서로 관심을 갖고 있
었다는 것을 나타내 준다. 당시 이 두 제국은 아시아를 향한 서구 열강
들의 도전에 맞서 있던 유일한 독립국들이었다. 따라서 양국이 협력
관계를 바라는 것은 당연한 것이었다. 1887년 코마추미야 왕자 부부
가 메이지 천황의 친서와 선물을 가지고 술탄 압둘 하미드의 환영을
받으며 이스탄불에 도착했다는 기록이 있다.[8]

이어 1890년 양국 간의 외교적 임무를 띤 터키의 609명의 무슬림들
은 'Al-Tugrul' 호를 타고 일본 요꼬하마항에 도착여 3개월 간 도쿄에
서 머물며 외교적 과업을 수행한 후 돌아가던 중이었다. 그런데 귀항
길에 올라선 'Al-Tugrul' 호는 일본 근해에서 태풍을 만나 파선하여

---

7) Morimoto, 앞의 글, p.9.
8) Salih M. Samarri, *The Relation Between Japan and Middle East*, An Islamic
Perspective(Tokyo : Islamic Center,1997), p.3.

609명 중 69명만 살아 남았다. 요시마 섬 주민들은 이때 생존자 구조 작업에 나서는 등 박애정신을 보여주었다. 파선한 터키 무슬림들을 구조하여 잠깐 동안 돌봐주며 그들 생활을 지켜보는 가운데 주민들은 그들과의 우정을 맺게 되었고, 일본 정부도 생존자와 시신들을 터키 정부에 보내주고 다음에 사고지점 부근에 기념비를 세워주었다. 이것 은 지금까지도 일본과 터키와의 우정의 상징이 되어 오고 있으며, 5년 마다 기념식이 일본과 터키 양국을 번갈아 가며 치러지고 있다. 'Al-Tugrul호 사건' 이후 양국 관계가 더욱 우호적인 관계로 발전하여 오 스만제국의 특사가 1904년 일본을 방문하여 요꼬하마에 모스크 건립 을 협의하였다.

2. 일본에 대한 무슬림국들의 태도

1904년 러일 전쟁은 세계를 크게 흔들어 놓았지만 특히 무슬림 들 의 의식을 깨워주었다. 아랍, 투르크, 페르시아 그리고 인도 무슬림 시 인들은 일본의 승리를 묘사했다. 터키의 술탄 압둘 하미드는 파타와 페샤를 군사 옵저버로 러일 전쟁에 파견하여 이에 대한 자세한 기록 을 저술하도록 하였다. 또 유명한 이집트 작가에 의하면, 수많은 이집 트 군인들이 일본의 승리에 감격하고 일본군대에 지원자로 참여하여 일본 여인들과 결혼하고 자녀를 낳았으며 그들 중 일부는 이집트로 돌아갔으며 일부는 일본에 남았다고 한다.[9]

---

9) 앞의 글, p.4.

그러면 무슬림들이 우리 한국인으로서는 원치 않았던 침략적인 일본의 승리를 기대하고 감격한 이유는 무엇인가? 많은 무슬림국들이 식민지주의 정책에 희생물이 되어갔음에도 불구하고 한창 식민주의 정책에 심혈을 기울이고 있는 일본의 승리를 기대했던 것은 무슬림 관점에서 정교회를 배경으로 하는 러시아가 그들을 희생시키고 있는 서구 열강의 하나로 보였기 때문이었을 것이다.

대체로 일본에 이슬람 전파의 시기를 단계적으로 보면, 첫번째로 몇몇 일본인들의 이슬람 수용(1891-1922년), 중앙 아시아 및 러시아로부터의 타타르계 무슬림들의 일본 유입(1923-1952년), 파키스탄 무슬림 학생들과 선교 지도자들(Dawa-leaders)의 일본 입국(1952-1972), 석유 파동으로 인하여 아랍국들과 이슬람에 관심을 갖고 이슬람을 받아들인 시기(1973-1976년) 그리고 다섯번째의 시기가 되는 오늘날에는 무역과 직업을 찾아 들어온 수많은 무슬림들을 통하여 이슬람이 전파되고 있다.[10] 이제 이슬람은 재일 외국인과 지역주민과의 어우러짐을 통해 퍼져나가고 있다. 하지만 이런 새로운 상황에 새로운 문제가 발생되고 있는데 이점에 대해서는 뒷부분 '일본 이슬람의 현재 상황'에서 좀더 언급할 것이다.

3. 초기의 일본 무슬림들

일본에 이슬람이 생소했던 때에 일본 사회에 영향을 미친 초기 일본 무슬림을 살펴보겠다.

---

10) Islamic Center-Japan, *The Yearly Report*(1996-1997).

1) 토라지로 야마다

메이지유신으로 일본은 이전의 쇄국정책을 포기하고 서구 문물을 받아들이기 시작했다. 그 과정에서 이슬람에 대한 지식도 조금씩 알려졌기 때문에 일본인들이 무슬림들과 직접적인 접촉을 하여 이슬람을 알고 이해하기까지는 상당한 기간이 걸렸다.

1893년 토라지로 야마다라는 사람이 터키 제국을 방문하고 무슬림이 되어 거기서 18년간 살았다는 사실이 일본 국회도서관장 요시노부 나카다에 의해 밝혀졌다.[11] 1978년 나카다는 1893년에 간행된 '메이지 시대 신문 사설의 모음집'에서 '터키에서 이슬람을 공부하는 일본인'이라는 제목의 글을 발견하였다. 그의 조사에 의하면 "신게츄"라는 필명을 가진 토라지로 야마다라는 일본인이 터키에 살면서 일본과 터키 양국 간의 중요한 일을 했다고 한다.

청년 야마다가 터키에 간 이유는 'Al-Tugrul' 호 사건 때문이었다. 'Al-Tugrul' 호의 파선은 24세의 귀족 출신 토라지로 야마다의 삶에 전환점을 제공했다. 그는 사고로 죽은 터키인들의 가족들을 매우 측은히 여기고 그들을 위한 구제 모금을 전개해 나갔다. 그는 일본 외무부 장관에게 그 구제금을 터키의 희생자 가족들에게 전해달라고 하자, 장관은 영어, 불어, 독어, 중국어를 구사할 줄 아는 그에게 직접 구제금을 가지고 터키에 가줄 것을 부탁했다. 1892년 야마다는 터키 외무부 장관에게 구제금을 전달하기 위해 이스탄불에 도착했는데 그때가 바로 라마단 기간이었다. 그는 술탄 압둘 하미드 2세와 국민들의 열렬한 환호와 융숭한 대접을 받으며, 2년간 그곳에 머물며 일곱 명의 터

---

11) Morimoto, 앞의 글, pp.14-17.

키 장군에게 일본어를 가르쳐 달라는 부탁을 받고 머무르게 되었다
(그 일곱 명 중에는 터키 공화국의 아버지 케말 아타투르크도 포함되
어 있었다).

토라지로 야마다는 터키 정부의 호의 가운데 머무르면서 일본어를
가르치고 자신도 터어키어와 이슬람에 대한 공부를 했다. 그의 가족
들의 말에 의하면 터키에서 보낸 편지에는 필명과 함께 그의 무슬림
이름이 덧붙여져 있었다고 한다. 더구나 그가 귀국한 후 초승달을 의
미하는 '신게츄'라는 이름을 사용했던 것으로 보건데, 그가 터키에
거주하는 동안 이슬람을 받아들이고 무슬림 사회의 사람들과 교제를
가졌던 것이 분명하다. 야마다는 일본과 터키 간의 무역에 종사하면
서 양국 간의 경제적 문화적 교류에 헌신하였다.[12]

2) 오마르 야마오카와 아마드 아리가

이슬람이 일본에 종교적으로 영향을 끼치기 시작한 것은 1909년 미
츠타로 야마오카의 개종을 통해서였다. 그는 압둘 라쉬드 이브라힘의
제자로서 같은 해 메카로 성지 순례를 가서 오마르 야마오카로 개명
하였으며 일본과 무슬림 세계의 관계에 큰 공헌을 했다. 비슷한 시기
에 또 다른 개종자는 인도 봄베이로 가서 장사를 하러 갔던 봄바치로
아리가인데, 그는 봄베이 지방 무슬림의 영향을 받고 개종하여 아마
드 아리가라는 이름으로 바꿨다. 기록상 이들이 일본의 첫 무슬림으
로 이들은 후에 귀국하여 일본에 이슬람을 전파하기 시작했다.[13]

---

12) 앞의 글, p.16.
13) 앞의 글, p.9.

또 중국과 다른 나라에서 무슬림들과 친하게 지냈던 사람들이 이슬람으로 개종하여 귀국한 후에 활약했음을 추측할 수 있지만 1935년에 밝혀진 일본 무슬림의 숫자로 보아 일본 무슬림의 선교적 활동은 거의 없었던 것 같다.[14]

3) 후쿠다 기쿠오와 동학당(東學堂)

초기 일본 무슬림 중에 또하나의 중요한 인물로서 일본·중국의 이슬람 우호 관계에 중요한 공헌자 북큐슈(北九州) 히라도 출신의 후쿠다 기쿠오를 들지 않을 수 없다. 그는 노일전쟁 직후 무렵 중국 주구(周口)에서 무슬림 청년을 위해 동학당이라는 일본어 학교를 개설했다. 이 주구(周口)는 현대 일본 이슬람계에 관련한 사람들조차에게도 낯선 곳이지만, 85세의 노령에도 불구하고 90년이 지난 주구(周口)의 땅을 탐사하고 돌아온 오무라 후지오씨에 의하면 이곳이 이슬람을 통해서 중·일의 우호의 모범을 보여준 중·일 무슬림의 '성지(聖地)'로서 영원히 새겨 두어야 할 땅이라고 한다.

'동학당'의 주인공 후쿠다 기쿠오는 1884년 북큐슈(北九州) 히라도에서 태어났다. 중학교 진학 무렵 중국 대륙 진출에 뜻을 두고 있었는데, 당시 히라도항은 네덜란드와 포루투칼에서 오는 남만선(南蠻船, 동남아에 식민지를 두고 무역하는 선박)과 중국 복건성(福建省) 등지에서 내항하는 무역선으로 북적거렸다. 추측컨대 이 중국 무역선에는 복건성 사람뿐 아니라 무슬림인 광동(廣東) 사람도 섞여 있었을

---

14) 나일즈 아흐마드 바루라즈 테헤라위, 「일본과 이슬람」 Assalam, vol.70, p.9. : 1935년도에 발행된 인도의《지식》지 제35권 제5호에 게재되었던 글이다.

것이고 이국에 대한 강한 호기심을 갖고 있던 후쿠다는 무슬림 승무원과 무역상들로부터 중국에 1천만 명 이상이나 되는 무슬림들이 있다는 이야기를 들었을 것이다. 도항자들로부터 간간이 얻은 중국 이슬람에 대한 정보를 통하여 후쿠다는 그의 꿈을 키웠고 중국 무슬림과 접촉하기 위해 대륙으로 건너갔다.

중국 곤명성(昆明城)에 머무는 동안 후쿠다는 모스크에 날마다 들러 부지런히 이슬람을 배우며 많은 무슬림들과 접촉을 가졌다. 청결을 중시하고, 단결심이 강하며, 성품이 용맹스러워 성전을 위해서라면 죽음도 겁내지 않는 무슬림들의 태도에 그는 매혹되었다.

후쿠다는 상하이로 귀환하는 길에 이 주구를 통과하며 이곳이 무슬림들만 살고 있는 동네라는 사실에 충격을 받았다. 그는 이곳의 분위기에 매혹되어 '동학당'이라는 일본어 학교를 개설하여 중·일 이슬람의 제휴의 결실을 맺게 되었다.[15]

4. 초기 무슬림의 사회

일본에서의 무슬림 사회는 제1차 대전과 볼세비키혁명을 피해 러시아와 중앙 아시아에서 온 거의가 타타르계인 수백 명의 무슬림 피난민들에 의해 형성되었다. 이런 무슬림들은 도쿄, 고베, 나고야 그리고 다른 주요 도시에 정착하면서 그들의 새로운 삶을 시작했다.그들은 각 지역에서 정착과 더불어 종교적 생활을 시작하면서 지역주민과 접촉하고 주민들을 이슬람으로 인도함으로써 일본 무슬림의 수를 증

---

15) 핫지 무스타파 오무라 후지오, 「周口의 [東學堂]」. Assalam, vol.71, pp.42-46.

가시켰다.[16]

1935년 인도의《지식》이라는 잡지에 발표된 글을 보면 당시 일본에 살고 있는 무슬림은 크게 타타르계와 인도계의 두 개의 민족으로 나눌 수 있고 그밖에 소수의 무슬림들로서는 터어키인, 이란인, 아프카니스탄인, 이집트인, 시리아인이었다. 일본인 무슬림은 외국인 무슬림과 결혼해서 무슬림이 된 일본 여성들을 포함해서 5-6명이었고 그 자녀들은 12명 정도였다.

인도인 무슬림들은 1905년부터 일본에 살기 시작했고, 모두 성공한 상인으로서 일본 제품 수출업에 종사하고 있었으며 요코하마, 고베에 거주하였으나 1923년에 발생한 관동 대지진 이후에는 고베로 옮겨 1935년에는 고베에 125-150명 정도가 되었다. 그들은 당시 10년 전부터 고베 모스크 건설을 열망하여 모금을 하였고 1935년 건축하였다.

러시아와 중앙 아시아로부터 피난온 타타르계 무슬림들은 총 4-5백 명인데, 주로 도쿄와 고베에 집중하여 살고 있었고, 그들 대부분은 재봉업에 종사로 경제 생활은 양호하며 타인에게 존경받을 만한 생활을 하고 있었다. 이와 같이 발표된 글에는 1935년 당시의 초기 무슬림들의 생활이 자세히 드러나 있을 뿐만 아니라 무슬림 사회에서도 백계 러시아인과 타타르 민족주의자와의 대립이 심각함을 보여주고 있다. 즉, 러시아에서 온 타타르계 무슬림들이 무슬림 학교를 주도하고 만주계 타타르인들도 이에 참가했지만 이맘(Imam)이 학교 운영에 부정했다 하여 그룹 간에 분열과 대립이 발생했다. 그러나 이맘은 일본 정부와 밀접한 관계를 유지함으로써 반대 그룹에 엄하게 대처하고 있

---

16) Morimoto, 앞의 글, p.9.

었다.[17]

5. 일본에서 초기 이슬람 다와(Dawa :선교)활동

초기 일본 이슬람 세계에서 주목되는 사건은 1906년 도쿄에서 개최되기로 했던 종교회의이다. 이 종교회의에는 세계 주요 종교들의 대표자들이 참여하게 되어 있었다. 일본인들은 이런 대회를 개최하여 세계 종교들 중에 마음에 드는 종교를 택한다는 소문이 무슬림 세계에 퍼졌다. 이 대회의 취지가 무엇인지는 확실치 않지만 많은 무슬림들이 관심을 갖고 일본에 왔었으며, 그 중의 한 사람 카이로의 신문 《Al Irshad》의 기자 알리 아마드 알짜르자위(Ali Ahmad AlJarjawi)는 일본을 방문한 최초의 아랍인이었다. 그와 동행한 튀니지아인과 다른 지역에서 온 네 사람이 합류해 집 한 채를 빌려 이슬람을 전파하기 위한 센터로 삼고 한 달 정도 머무는 동안에 많은 일본인을 이슬람으로 개종시켰다고 하나 이것이 사실인지는 확인되지 않고 있다.[18]

초기 일본과 무슬림 세계의 관계 강화에 중요한 역할을 한 사람은 아마드 파들리(Ahmad Fadhly)와 바라카툴라(Barakatullah)인데, 이들은 『이슬람 형제단(Islamic Fraternity)』이라는 책자를 출간하였으며, 특히 도쿄대에서 최초로 우르드어과 교수가 된 바라카툴라는 이슬람 세계와 정치권에서도 큰 활약을 했다.[19]

---

17) 테헤라위, 앞의 글, p.9.
18) Samarrai, 앞의 글, p.8.
19) 위의 글, p.9.

1935년 인도 《지식》지에 실린 테헤라위의 글에 의하면 많은 인도 무슬림 교사들이 일본에와 선교에 애썼으나 실망을 안고 돌아갔으며, 테헤라위 자신도 그 중의 한 사람이었던 것 같다. 그는 일본의 종교적, 문화적 그리고 사회적 상황을 설명하면서 일본에서의 이슬람 선교 정책의 문제점을 날카롭게 지적하였다. 그의 글에 따르면 당시의 일본 인구는 6천만 명이고, 인구의 70%가 불교인, 30%가 신도인 그리고 기독교인은 1% 이하이다. 그러나 극소수인 기독교인이 일본인의 사상과 윤리관에 미치는 영향력은 불교 이상이라고 했다.[20]

주목할 만한 사실은 이슬람의 다이(Daee:선교자)로서 테헤라위는 그 당시 이슬람의 상황화를 주장했다는 사실이다. 무슬림들은 기독교 선교사로부터 많은 선교방법을 그 중에서도 온화함과 인내를 배워야 한다고 주장했다. 기독교 선교사들은 우선 3년간 일본 역사, 문화, 그리고 언어를 배우고, 문화적 언어적 적응을 이루고 난후 선교활동에 들어가기 때문에 수세기에 걸친 선교경험을 바탕으로 조직적인 활동을 펴나가는 기독교 선교가 무슬림 선교의 좋은 본보기가 된다고 본 것이다.

일본이 모든 종교 활동을 용인함에도 불구하고 왜 일본에서의 이슬람 선교의 노력은 열매를 맺지 못하는가를 지적하면서 테헤라위는 다음과 같이 이슬람의 선교 상황화를 말하고 있다.

우리 무슬림들은 올바른 이슬람의 지식을 공여하기 위하여 각국의 개별적 상황 이상으로 스스로를 향상시키지 않으면 안 된다. 또 초기 수세기 간의

---

20) 테헤라위, 위의 글, p.11.

이슬람을 상기하지 않으면 안 된다. 마찬가지로 이슬람을 전파해 나가는 나라들의 사정에 마음 쓰지 않으면 안된다. 이를테면, 일본에서는 '금요일 목욕'을 권장 하는 것과 그 종교적 고찰은 적절하지 않다. 이 권장은 '제8일째'에 목욕을 하는 아랍인(물이 충분하지 않다는 변명은 불충분하다)에게야 말로 적당한 가르침이다. 이 가르침은 이슬람의 청결함에 대한 관심을 보여주고 있으나, 일본인은 겨울일지라도 매일 목욕하는 것이 습관이 되어 있다. 집에 목욕시설이 없으면 공중 목욕탕에라도 가야한다. … 만약 일본인과 이야기하는 중에 금요일 목욕을 고집한다면, 그것이 의미하는 것은 '이슬람은 청결함이 없는 종교'라는 것이 되어버린다. …[21]

또한 테헤라위는 영국을 비롯한 서구 여러 나라에서 이슬람 선교를 성공적으로 이끈 인도 무슬림들의 자부심을 높여주면서 일본에 있는 인도 무슬림들의 책임을 강조하고 있다. 인도 무슬림들은 영국의 이슬람 선교 센터 건립 후 얻은 경험을 바탕으로 일본에서도 이슬람 선교를 해낼 수 있다는 것이다. 이 일을 위한 여러 가지 방법이 다음과 같이 제시되고 있다.[22]

① 《Islam Review》지 같은 영문의 이슬람 잡지를 공립 도서관, 공공 단체에 보낸다.

② 런던에서 발간되는 영문 이슬람 소책자를 사람들에게 배부한다.

③ 일본의 영자 신문에 이슬람의 기사, 논문을 발표한다.

④ 집회나 모임에서 이슬람에 대한 강연을 할 것. 인도에서 울라마

---

21) 앞의 글, p.12.
22) 앞의 글, p.16.

(법학사)가 오면 그 가능성은 커진다.

⑤ 이슬람 도서관을 설립한다.

⑥ 이슬람 센터를 건립할 것. 이것은 선교활동에 필수 불가결한 것이다. 센터의 과정은 일본어를 배우고 앞의 네 항목도 일본어로 실시되도록 한다.

6. 모스크 건립

무슬림들 종교와 공동체 생활에 가장 중요한 요소는 모스크이다. 따라서 일본에 피난 온 무슬림들은 일본 밖의 다른 지역에 있는 무슬림들과 연락하여 모스크 건축 모금을 전개하고 그들의 도움을 얻어 무슬림들의 간절한 열망인 모스크 건립을 이루어냈다.

무역 때문에 19세기 말부터 인도계 무슬림들이 이미 들어와 있었지만 20세기 초에 들어온 타타르계 무슬림 들은 재일 인도, 중국, 동남아시아 무슬림들과 접촉하여 모스크 건립을 위해 보다 애썼다. 상업으로 어느 정도 재정적인 여유를 가졌던 인도계 무슬림들은 모스크 건립을 위해 7만5천 엔을 고베와 인도 본국에서 모금하였고, 그들의 많은 노력과 여러 박애주의자들의 재정적인 후원을 얻어 마침내 1935년 고베의 모스크가 건립되었다. 비슷한 시기인 1938년에 또 하나의 모스크가 도쿄에 세워졌다. 이 또한 피난 온 무슬림 들의 정성어린 노력과 비무슬림인 일본 정부 지도자들, 일본 정치단체, 그리고 사업단체들의 재정적 도움으로 세워져, 도쿄 모스크 개관 기념식에는 여러 무슬림 국가들의 저명인사들이 참여했다. 이 두 모스크의 건립으로 무슬림 생활의 가장 중요한 요소가 성취된 것이다. 나고야 사원도

1938년에 건축되었는데 1945년 연합군의 기습으로 파괴되었고 도쿄 사원은 새로 건축하기 위해서 10년 전에 허물고 현재 모금 중에 있으며 1999년 봄에 완공될 예정이다. 그리고 오사카 모스크는 1977년에 건립되었다. 그러나 한가지 지적되어야 할 것은 지금까지 모스크 건립에 일본 무슬림들의 비중이 거의 없었다는 것과 모스크 관리나 이맘(Imam)의 역할에 일본 무슬림들의 참여가 없다는 것이다.[23]

그런데 문제는 일본 정부가 고베의 이 모스크 건물을 종교 시설로 승인을 하지 않았다는 사실이다. 당시 일본의 모든 건조물에는 세금이 부과되었지만 신도나 불교, 기독교 등 다른 종교 시설은 과세를 면제받고 있었다. 그러나 모스크에 관해서는 이 특혜를 받지 못하자 재일 무슬림들뿐 아니라 영국의 무슬림들까지 일본에 와서 적극적으로 특혜를 위해 노력하였다.[24]

7. 일본군 정부의 이슬람 연구

모스크가 재일 외국인 무슬림들의 열망으로 그들 자발적인 노력으로 이루어진 것인 반면, 이슬람 기관들은 우선적으로 일본이 식민지 정책을 진행하던 중 필요상 일본 군부에 의하여 생겨난 것이다.

일본은 1935년경 중국에서 군사 운동을 시작했다. 결국 1941년 제2차 대전이 시작되었고 이 기간에 일본 군인들은 중국과 동남 아시아에 퍼져있던 무슬림들과 매우 밀접하게 접촉할 기회를 가지게 되었

---

23) Morimoto, 앞의 글, p.10.
24) 테해라위, 앞의 글, p.8.

다. 이런 군사적 접촉으로 말미암아 일본군 정부는 이슬람과 무슬림 세계에 대한 연구가 필요하다고 느껴 이슬람 연구 기관들을 설립했다. 마치 '이슬람 붐'이 일어난 것 같은 분위기였다. 서너 개의 연구 기관을 통해서 이슬람 관련 서적들이 짧은 기간 동안에 다량 출간되었는데, 1935년에서 1943년 사이에 100개가 넘는 이슬람 관련 서적들과 잡지들이 쏟아져 나왔다. 이런 연구 기관중의 하나가 '대 일본 이슬람 협회'이다. 이 협회의 회장이었던 센주로 하야시 장군은 후에 일본 수상을 지낸 바 있다. 당시 이와 같은 이슬람 연구 기관들은 무슬림들에 의해서 주도된 것이 아니고 그 목적도 이슬람 전파가 아니었다. 그 결과 1945년 일본이 전쟁에서 패배하자 군 정부 주도의 이런 이슬람 연구 기관들은 곧 사라졌다.

제2차 대전 이전에 출현한 이슬람 관련 기관들과 공공기관들은 다음과 같다.

- 이슬람문화연구소(Islamic Culture Institute)
- 무슬림세계연구소(Muslim World Research Institute).
- 대일본이슬람협회(Great Japan Islamic Association).
- 도쿄이슬람회(Tokyo Islamic Congress).
- 일본외무부이슬람부 : 계간지 발행.

제2차 대전이 종식되자 '종교의 자유'를 인정하는 새 헌법 발표를 하였다. 이를 계기로 여러 다른 종교기관들과 더불어 이슬람의 기관들도 이전과 다른 순수한 종교적 목적으로 급속히 생겨나기 시작했다. 1952년 100명 이상의 무슬림 들이 하나의 모임을 만들어 현재의 '무슬림 협회'가 생겨났다. 이 협회 형성으로 인해 일본에서 이슬람

전도가 사실상 시작되었다고 볼 수 있다. 거의 같은 시기에 독립한 아시아와 아프리카에 있는 무슬림 국가들과 외교, 경제, 문화적 교류와 더불어 인적 교류가 이루어지면서 많은 일본인들이 아랍어와 이슬람 학문에 관심을 보이기 시작했다. 또 무슬림 국가에서는 유학온 일본 학생들에게 장학금과 많은 혜택을 주었고, 일본 내에서도 무슬림 국가 대사관들이 이슬람 활동에 대한 적극적인 지원을 함으로써 이슬람이 확장되어 갔다. 이슬람 종교축제를 위한 시설이 갖추어지고 이슬람의 다양한 출판물들도 쏟아져 나왔다. 그 중에 가장 두드러진 것은 하지 우마르 미타가 번역한(1972년) 『일본어 꾸란』이다.[25]

IV. 일본 이슬람의 현재 상황

1. 일본의 이슬람 분포

일본에서는 어떤 공문서에도 개인의 신앙을 기입하지 않기 때문에 매우 미미한 숫자에 달하는 일본 무슬림에 관한 통계는 보도마다 다르다.

1972년 6월에 『아랍-일본어 성꾸란 의미』(원래 꾸란은 번역을 해서는 안 되므로 아랍어와 같이 쓰여 '일본어 꾸란'이라고 하지 않고 이 같은 제목을 붙인다)가 나왔는데 1972년과 1973년 사이에 5,000부가

---

25) 테헤라위, 앞의 글, p.11.

발행되어 2,388부가 배부되었다. 배부 받은 무슬림의 총수는 72명으로 나타나 있다. 이로 보건데 70년대 당시의 순 무슬림 숫자는 아주 극미한 숫자임에 틀림없다. 그러나 당시 일본 무슬림 협회 회원은 88명이고 준회원까지 합하여 128명으로 보도되고 있다.[26]

1976년 '일본 종교 연간 보고서' 에 의하면 일본 무슬림 숫자는 2만 5천 명에 달한다. 이는 재일 외국인 무슬림 숫자를 포함한 것일 가능성이 높다.[27] 그러나 사실은 일본 무슬림 협회와 도쿄대학 이슬람학과 교수에 의하면 1997년 현재 순수 일본 무슬림 숫자는 약 2,000명에 달한다고 한다. 이들이 일본 사회에서의 위치는 무슬림 국가에 유학을 갔다가 돌아온 사람들인 경우 대부분 전문직에 종사하기 때문에 중산층에 속한다고 한다. 실제로 수년 전에 일본 이슬람협회와 관련을 맺고 있던 국회의원 한 사람이 개종한 적이 있다는 말도 있지만 그러나 대부분의 순수 일본 무슬림들은 여성들이고 또 그들이 외국인 노동자들과 결혼한 것을 볼때 그들의 사회적인 지위는 그리 높은 것 같지 않다.

2. 일본에서의 이슬람의 선교(Dawa) 활동

일본에서 무슬림들의 다와('초청' 이라는 뜻을 갖는 이슬람 선교) 활동은 '종교의 자유' 를 허용하는 새헌법이 발표된 이후 종교적 목적으로 생겨난 이슬람 기관들을 중심으로 이루어지고 있으며, 이 기관들의 주요 다와 활동은 전도와 교육을 통해서 전개되고 있다.

---

26) Morimoto, 앞의 글, p.42.
27) 위의 글, p.96.

1) 전도

전도는 이슬람 기관들의 가장 중요한 기능으로서 사실 모든 활동을 포괄하며 이 기관들의 존재 이유가 되는 것이다. 국제적으로 일본 경제는 큰 힘으로 작용되고, 그 힘에 이끌려 세계 각지로부터 많은 무슬림들이 왔기 때문에 그들을 위한 정보 서비스와 관심과 배려가 이 협회 선교 활동의 큰 부분을 차지하고 있다.

현재 시부야구에 위치해 있고 제2차 대전 종전까지 '대일본이슬람협회' 라는 이름으로 존속했던 일본무슬림협회(Japan Muslim Association)는 도쿄에 널리 흩어져 있는 회원들이 만나서 이야기하는 것이 현실적으로 어렵기 때문에 일 년에 두 번 있는 대축제(Eidul-Fitur와 Eidul-Adhaa)때 모여서 음식과 교제를 나누며 서로간의 정보를 교환한다. 도쿄에 아직 모스크가 재 건축되지 않았기 때문에 무슬림협회가 두 축제를 준비하며 주관하고 있는 실정이다.

이 협회는 일본 이슬람의 발전을 도모하고, 다른 무슬림국들과 좋은 유대관계를 형성하여 인류 평화에 공헌하는 것을 목표로 삼는다고 한다. 전 세계에 있는 무슬림 들과 상호 이해를 위해 해외 무슬림국에 유학생 파송도 담당하고 있는데 현재 그 수가 60여 명에 이르고 있다. 이들은 귀국 후 전문직이나 여러 기업에서 활동을 하면서 이 협회의 회원으로서 자원봉사를 하기도 한다. 원래 무슬림들은 자기 생활터전을 바탕으로 다와를 전개하는 것이지만 일본 사회의 특성상 종교인이 자기 소속단체에서 종교인으로서 활동한다는 것은 매우 어려운 것이기 때문에 일본 무슬림들의 다와는 재일 외국인 무슬림들의 활동과는 비교할 수 없을 만큼 약하다.

이 협회가 취해야 할 선교에 있어서 또 하나의 새로운 단계는 다양한 종교가 공존하는 일본적인 상황을 인식하고 이슬람의 정체성을 지키면서 다른 종교들과의 대화와 협력을 모색하는 것이다.

세계 여러 나라 출신 무슬림 대표들이 모여 설립하여 국제적 기반을 갖고 있는 '일본이슬람센터(Islamic Center-Japan)' 의 전도 활동은 다른 어느 기관 보다 구체적인 방법으로 다음과 같이 전개되고 있다.

① 이슬람 교리 선포 : 전도 대상자에게 "알라 외에는 다른 신은 없다. 무함마드는 그의 사도이다"라는 신앙고백을 들려주고 그 의미를 설명하기에 앞서 그 신앙고백을 같이 따라 하도록 한다. 그런 다음 좀 더 조직적이고 기술적인 방법으로 그리고 대상자가 이해 할 수 있는 언어로 신앙고백에 대해서 설명한다. 또 센터 방문자들에게 이슬람 교리와 축제, 생활 방식을 설명해주고 코러스 스타일로 이슬람 신앙고백을 들려준다.

② 문서 발간 : 최근의 흐름에 맞추어 일본어로 된 이슬람 관련 문서를 발간한다. 이러한 문서 전도에는 간증문 및 여러 이슬람 서적 번역, 계간지《Assalam》발행, 주요 몇 개 국어로 된 안내문을 발간하는데, 이것은 외국인 무슬림들과 지역 무슬림들이 이슬람을 이해하는데 좋은 교육이 되고 정보지가 된다.

③ 순례: 순례를 떠나기 전 순례단에게 훈련을 시켜주며 순례의식들에 대해서 설명을 해준다.

④ 컴퓨터 선교: 인터넷을 통하여 일본어, 영어, 우르드어 그리고 아랍어 등으로 이슬람에 관한 정보를 제공한다.

⑤ 결혼: 이슬람에 입교하는 동기는 서적, 방문, 강의 등을 통해서 일반적으로 이루어지기도 하지만 결혼은 이슬람이 전파되는 아주 중

요한 동기가 된다. 외국인 무슬림 남자와 일본인 여자와의 결혼을 통해 이슬람은 일본 가정에 들어가게 된다. 이런 결혼은 일본에서 가장 중요한 '직접적'인 다와이며 일본에서의 무슬림 수를 증가 시키는 큰 원인이 된다.

⑥ 기도 처소: 도쿄 모스크가 재건축을 위해 허문 이후 100여 명을 수용할 수 있는 일본 이슬람 센터는 금요 기도를 위한 장소로 제공되고 있다. 센터 외에도 많은 기도 처소와(무슬림들이 경영하는 가게나 식당 등을 빌려서) 임시적인 작은 모스크들이 도쿄 여러 지역에서 생겨나고 있다. 기도를 통해서 무슬림들이 단합할 수 있기 위해 더 많은 기도 처소가 설립되도록 도와준다. 또 센터는 나고야, 센다이, 히로시마, 요꼬하마 그리고 쯔쿠바의 모스크 기획을 지원하고 있다.

⑦ 무슬림 청년조직: 21세기의 이슬람 다와를 인식하고 센터는 이를 수행할 젊은이들을 훈련하고 그에 맞는 조직들을 만들어 복지, 문화, 스포츠, 그리고 교육 활동을 전개한다.

⑧ 이슬람 현장 조사: 센타는 일본 전역에 있는 무슬림 단체와 연락하고 방문하여 각 지역의 필요를 파악한다. 탐방기간 중에 이슬람 전도 방법을 가르쳐 주며 무슬림들 간에 관계를 강화시켜 준다.

⑨ 다른 기관들과의 협력: 일본에는 여러 민족의 무슬림들이 있는데, 센터는 이들 서로간의 연합 및 협력이 이루어지도록 돕는다.

⑩ 정부 관료와 접촉: 무슬림국에서 오는 국빈 환영에 센터가 도와준다. 이때 무슬림들의 생활과 이슬람에 대한 기자나 관료들의 도움 요청은 전도할 좋은 기회가 된다.

⑪ 일본 사회에 좋은 인상을 주기 위해서 이슬람 센터는 사회복지 활동을 협조하고 지원한다. 이것은 무슬림 들의 모범된 생활을 보여

줌으로써 이슬람을 전하는 좋은 기회가 된다. 대학을 빌려 평화를 위한 기도모임을 열어 많은 일본인들이 모인 곳에 문서를 나눠줄 때 그것은 가장 효과적인 전도 방법이 된다.[29]

2) 교육

무슬림협회가 교육적인 측면에서 벌이고 있는 활동들은 아랍어 강좌, 꾸란 연구 그리고 영성을 위한 캠프 등이다. 아랍어 강좌는 월요일에서 금요일까지 세 등급으로 나뉘어져 진행되고 있다. 중동의 역사, 문화 그리고 사회에 대해서 알고자 하는 사람들을 위해 개설되었다. 꾸란 연구는 매주 토요일에 이슬람 대학 출신 교사들이 이끌어가고 있다. 영성 캠프는 일본이라는 사회적 상황에서 무슬림으로서의 정체성과 영성을 상실하지 않도록 함께 이슬람에 대해 이야기하고 기도하는 수련회이다. 7-8개 국가에서 100여 명의 무슬림 들이 참여하여 국제적인 우정을 다지는 기회로 삼고 있다. 또 이슬람에 관심을 갖고 있는 사람들에게 이슬람이라는 종교를 경험할 수 있도록 선교적인 차원에서 이루어지는 프로그램이다. 이 캠프는 매년 10월에 있으며, 프로그램은 꾸란 읽는 법, 기도하는 법, 비디오 보기, 간증, 이슬람 퀴즈, 그리고 파티 등으로 이루어지고 있다.[30]

일본이슬람센터의 교육 활동도 무슬림협회와 같은 차원에서 이루어지고 있지만 그 영역이 보다 넓고 활발하다.

---

29) Islamic Center-Japan, *The Yearly Report*(1996-1997).
30) Japan Muslim Association, *The Information of Japan Muslim Association*, Tokyo, 1997.

① 근래에 무슬림국에서 온 학생들과 훈련생들이 증가하고 있는 실정인데 센터는 이들의 만남과 일본문화 교육의 장소로 제공되고 있다. 또 센터의 봉사자들은 이들 기숙사와 거주지를 방문하여 요리사들에게 이슬람 종교법에 따라 먹을 수 있는 음식(Halal)과 먹을 수 없는 음식(Haram)에 대해 설명해 준다.

② 센터는 라마단 금식기간과 Eid 축제에 대한 광고를 무슬림들을 위한 교육적인 차원에서 행하고 있다. 센터에서 진행되는 학술적인 교육은 이슬람에 대한 강좌인데, 이것은 꾸란과 하디스 연구를 중점으로 한다. 센터는 어른뿐 아니라 어린이를 위한 꾸란 독회반을 개설하여 자녀들의 이슬람교육에 노력하고 있으며 주로 여성들이 이 교육을 담당하고 있다.

③ 지역 학교에서 사용되고 있는 교과서를 점검하여 이슬람에 대해 잘못 이해되고 있는 부분들을 시정해 줄 것을 교육 당국에 건의하기 위해, 높은 교육을 받은 일본 무슬림들이 팀을 이루어 조사중이다.

④ 중요하면서도 꼭 필요한 무슬림교육기관이 설립되도록 진행중이며 현재 주말 이틀(토요일과 일요일) 간 열리는 종교 교육 학교가 운영되고 있으며 자녀들과 부모들이 함께 참여하고 있다.

⑤ 일본에서 판매되고 있는 모든 음식물의 샘플을 수집하여 내용물을 분석하고 분별하여 결과에 따라 먹을 수 있는 음식 리스트(할랄 규칙[Halal List])를 만들어 발행한다. 이슬람권이 아닌 일본에서 할랄 규칙을 지키도록 하는 것은 다문화 사회 속에서의 무슬림의 정체성을 유지하게 하는 중요한 교육이 된다.

3. 일본에서의 이슬람 선교의 문제와 상황화

오늘날 일본에서 이슬람 다와 활동에 문제가 되는 것은 기존에 있는 여러 종교들의 선교활동이 현 시대의 흐름을 따라 전개되고 있는 반면 이슬람은 전통적인 선교 방식을 고수하려는 데 있다. 즉 꾸란을 아랍어로 된 원전으로 읽어야 하고 진정한 무슬림들은 아랍어를 구사해야 된다는 것이다. 아랍어는 인간이 창조되고 사용한 바로 그 언이고 알라의 계시인 꾸란도 아랍어로 기록되었기 때문에 모든 무슬림들은 천상의 언어인 아랍어를 사용해야 한다는 것이다. 현재 일본에는 아랍어를 완벽하게 구사할 줄 알고 아랍문화를 그대로 흡수한 일본 원주민 무슬림이 거의 없다. 따라서 모스크에서 이맘 역할을 할 만한 무슬림이 없다는 것이 지적되고 있다. 그러나 일본인들은 자기 정체성을 무슬림이라는 것보다 자신들이 일본인이라는 점에서 더 찾고 있기 때문에 그들이 아랍어를 배워 모든 이슬람 관련 서적을 아랍어로 읽어야 한다는 것은 힘든 일이다.

일본 이슬람 선교에 문제가 되는 것은 언어적인 것뿐 아니라 문화적인 차이에서도 나타난다. 이슬람 문화는 아랍 문화를 배경으로 하는데, 아랍지역의 지리적, 역사적 상황에서 형성된 문화를 단일 민족으로서 섬문화를 형성해온 일본인에게 단지 무슬림이라는 이유로 요구한다는 것은 무리한 것이다. 비록 이슬람의 근본적인 교리에 있어서 전세계에 퍼져있는 무슬림들의 견해는 일치한다 해도 그들이 살아가고 있는 다양한 사회 속에 나타나는 문화적인 차이는 무시할 수 없는 것이다. 그것은 지역적 문화에서 오는 충돌을 형성하기 때문이다.

예를 들어 무슬림 국가에서처럼 일본에서도 여성들이 구별된 자리를 지켜야 한다는 것은 어려운 일이다. 일본에서 무슬림 여성이 이슬람의 교리와 문화에 따라 살기란 현실적으로 어렵기 때문이다. 일본에서는 무슬림 소녀가 소년과 같이 학교 수업을 받는 것을 피할 수 없다. 거의 모든 생활 공간에서 여성이 남성과 함께 일을 하는 실정이다. 이런 여성들의 생활은 전통적인 이슬람 사회에서 수세기 동안 살아온 사람들의 시각에서 볼 때 비무슬림처럼 느껴질 것이다. 하지만 급변하는 지구촌의 낯선 사회에서 살아가는 무슬림들에게 시대와 지역 문화에 대한 민감성과 상황화가 필요하다는 무슬림들의 자성적인 여론이 높아가고 있다.[31]

그러한 이슬람 선교의 상황화는 아랍어 원전만을 고집하던 이슬람 자료들을 일어판으로 출간하는 데서부터 시작된다. 이슬람에 입교한 간증을 일본어로 하고 이슬람 관련 일본어 소책자를 만들어 배부하기도 한다.

또 일반인들이 쉽게 이슬람에 접할 수 있도록 대형 공개 강좌를 열거나 대중매체를 이용하기도 한다. 특정 종교를 선전하는 것은 아니지만 NHK 교육방송은 고등학교와 대학교 통신강좌 과목으로 이슬람을 포함시키고 있어 일본인들에게 이슬람 이해에 큰 도움을 주고 있다.[32]

무슬림들의 신앙 덕목 중 선행은 아주 큰 비중을 차지하고 있기 때문에 필요와 문제 속에 있는 사람들을 돕는 신앙을 실천함으로써 무슬림들은 일본 사회 속에 들어가려고 노력한다. 어린이와 노인 돌보

---

31) Morimoto, 앞의 글, pp.90-91.
32) 위의 글, p.110.

기, 불우하고 문제 있는 이웃돕기에 적극적으로 나섬으로써 일본 사
회의 주목을 끌자는 것이다. 무슬림들은 인류를 행복으로 인도하는
이슬람의 목표야말로 일본의 국가 목표나 사회가치에 부응할 뿐 아니
라 이를 고양시켜준다고 주장한다.

그러나 최근에 이슬람을 깎아내리는 사건들이 발생하고 있어 무슬
림들은 이 문제의 근원과 해결을 모색하고 있다. 셔츠, 티슈, 포장, 여
성의류, 호텔광고, 그리고 신발 등과 같은 상품들 위에 꾸란에 나오는
경구, 알라, 무함마드 등과 같은 글들이 새겨져 있다. 예를 들어 요코
하마 타이어 회사에서 트럭 바퀴나, NIKE 신발에 'Allah'와 비슷한 단
어 및 디자인을 새겨넣는다.[33] 이런 일들은 무슬림들을 화나게 하여
이에 강경 대응하기도 하지만, 사실 상업적인 차원에서 광고업자들이
이슬람으로부터 아이디어를 얻은 것이지 이슬람을 무시해서가 아니
다. 아마 그만큼 이슬람의 영향력이 일본에도 미치고 있다는 것일 수
있다.

무슬림들에게 있어 음식 규례는 매우 철저하다. 먹어서는 안 되는
음식(Haram)과 먹어도 되는 음식(Halal)이 구분되어 있고 이를 지켜
야 하는 일본 무슬림들은 어떤 기준을 가지고 이를 지켜야 하는가의
문제가 생긴다. 그래서 이슬람 협회에서는 일본 무슬림들을 위해 모
든 음식의 생산과정을 검사하여 할랄 리스트(Halal List)를 작성하여
어떤 사회에 있건 무슬림이 지켜야 할 근본적인 규정은 준수하도록
하고 있는 것이다.[34] 이와 같이 일본 무슬림들은 그들 다와에 있어 문

33) *The Yearly Report*.
34) Islam Association of Nagoya, *Halal List*.

화의 차이에서 오는 장벽을 넘기 위하여 문제 파악과 상황화를 지향
하면서도 무슬림으로서의 근본적인 정체성을 잃지 않으려는 노력을
하고 있다.

4. 이슬람에 대한 일본의 관심

제2차 대전 중 일본은 제국주의적인 발상에서 이슬람에 대한 높은
관심을 보였었다. 그러나 종전 후 헌법상 정치와 종교의 분리로 다른
여느 종교와 마찬가지로 이슬람은 정부의 도움이나 간섭을 받지 않고
있다.

1970년대 일어난 세계 변화에 큰 역할을 한 중동을 세계 어느 나라
도 무시할 수 없는 상황이 되었다. 중동에 관한 관심은 자연히 이슬람
에 대한 관심을 불러 일으켰다. 특히 일본은 재빠른 행동으로 중동—
일본과의 관계 강화를 서둘러 석유 파동으로 인한 경제적 위기를 면
하고자 했다. 중동의 산유국인 무슬림 국가들과 우호관계를 맺으려고
애쓰면서 문화적, 경제적 교류를 활발히 진행시켜 왔다. 따라서 일본
내에 무슬림 국가들에 대한 연구가 활발하여 도쿄대학을 비롯하여 일
본 내 여러 대학에 이슬람 학과가 설치되어 있으며 또한 아시아태평
양 경제개발연구소와 같은 기관은 무슬림 국가들과 경제적, 정치적
차원에서 긴밀한 관계를 갖고 연구하고 있다. 그러나 이러한 관계는
이슬람에 대한 일본인들에 순수한 관심이 아니고 충동적이고 표면적
관심에 그치고 있다는 비판을 면할 수가 없다.[35]

---

35) 이다가키 · 구로다, 『이슬람 세계의 이해를 위하여』, Assalam, vol.26, p.1.

사실상 일본의 이슬람에 대한 관심은 거의 경제적, 정치적인 이유 에서이다. 도쿄대학을 비롯한 일본 내 대학들의 이슬람 지역학에 대 한 연구는 이슬람이 중동 외에도 전세계에 퍼져 있을 뿐 아니라 그런 자리에서 무슬림들은 중요한 사회를 형성하고 있기 때문에 요청되는 작업이다.

무슬림이 거주하는 사회에 타민족들과의 공존관계, 인종적 갈등, 지역 간의 분쟁, 인구 폭발, 그리고 환경 파괴 등의 문제가 심각하게 일어나고 있다. 더구나 중동 이슬람국들이 소유하고 있는 에너지 자 원은 과거 수십 년 간 세계 경제에 큰 영향을 미쳤고 앞으로도 그럴 것 이다. 따라서 이슬람 세계의 사회적, 정치적, 경제적 추세는 21세기 세계 문명 발전에 결정적인 역할을 할 것이다. 비무슬림조차도 이슬 람 역사와 현재적 상황을 이해하는 데 같이 하지 않으면 안 될 것이라 는 생각에서 일본에서의 이슬람 지역학은 중동을 넘어서 이슬람이 다 수로 있는 모든 지역에 대한 연구를 추진하고 있는 것이다.[36]

일반 일본인의 시각에서 이슬람이라고 하면 우선 테러, 과격적 행 동 등을 떠올리고 무섭다는 이미지를 가지고 있다고 한다. 수년 전 일 본에 와 있는 기술연수생인 말레이시아 무슬림과 알게 되어 전혀 무 지했던 이슬람에 대해 새롭게 인식한 한 일본 이슬람인의 입교 감상 을 들어보면, 이슬람에 대한 일본의 시각은 구미의 시각과 다를 바 없 다는 것이다. 구미의 가치관을 통해서 비춰진 이슬람을 일본인들은 왜곡해서 볼 수밖에 없다는 것이다.

---

36) Sato Tsugitake, "An Invitation to Islamic Area Studies" : 1997년 가을 명지대학교에서 개 최된 동아시아 이슬람학회에서 발표된 글임.

텔레비전에서 본 걸프전, 검은 챠도르를 입은 여성들 그리고 이슬람권에서 온 불법체류자 문제 등으로 웬지 이슬람이라고 하면 무서운 이미지를 떠올렸지만 막상 재일 무슬림들의 생활을 접하여 보니, 일본인이 경제적으로 발전하는 중에 어느새 잃어버린 인간성과 마음의 풍요로움을 그들로부터 느끼게 되어 이슬람에 입교했다고 한 입교자의 말에서 재일 외국인 무슬림을 통하여 이슬람에 대한 새로운 인식이 일어나고 있다는 것을 보게 된다.[37]

5. 재일본 외국인 무슬림 노동자들

일본 주간지 'AERA'에 보도된 일본 법무성의 조사에 의하면 1995년 12월 현재 일본에 외국인 노동자 등록 수는 약 136만 명이다. 이중 이슬람권 출신자는 약 3만 5천 명에 이르고, 초과 체류자를 포함하면 약 28만 5천 명에 이른다고 한다. 여기에는 이란인, 벵글라데시인, 파키스탄인, 말레이시아인 등이 포함되어 있다. 등록된 외국인을 중심으로 볼 때, 그들은 대부분 도쿄 근교에 거주하고 있으며, 그들이 주로 거주하는 지역을 '이슬람 가도(街道)'라고 부른다. 도쿄 외에도 오사카, 큐수, 북해도 등에 상당수의 이슬람권 외국인들이 살고 있다.[38]

도쿄의 아사쿠사에서 사이다마, 도치기, 굼바현을 연결하는 도―부 이세사키선 연도에는 일손을 필요로 하는 중고 조립공장 등이 많다. 여기에 이슬람권 출신 노동자들의 정착이 이루어지고 있는데, 이 지역

---

37) 상촌 메리나, 『나의 이슬람 입교감상』. Assalam,vol.71 p.47.

38) 《Islamic Avenue》, Aera, July,1996, no. 29.

에는 그들을 위한 할랄(Halal) 음식점이 잇달아 생겨나고, 이슬람 음식 규례에 따라 처리된 수입고기와 요리재료를 공급하는 상점이 생기는 등 독자적인 문화권이 형성되어 있다. 도쿄 모스크가 재건축을 위해 없어진 연유로 그들의 신앙 생활은 임시 모스크를 중심으로 이루어지고 있다. 세를 얻어 사용하고 있는 이 임시 모스크는 현재 관동지역에만도 40여 개 정도가 있다고 한다. 모스크 운영은 신도들의 기부금으로 운영되고 있다. 4년 전 외국인 노동자들에 의해 이찌노와리 역 근처에 최초의 모스크가 세워졌다. 그리고 사카이마치 역전에 두 번째의 모스크가 생겼고, 종점인 이세사키 역전에도 모스크가 생겨 도―부 이세사키선 연변은 '이슬람 가도'가 되었다. 많은 무슬림들이 모스크 가까이 이사를 와 역 근처에 할랄 음식점을 경영하기도 한다.[39]

모스크는 언제나 열려 있으며 안식일인 금요일에 신도가 가장 많고 이른 아침이나 주말에 많이 모여 예배를 드리고 고향의 정보를 이곳에서 교환하기도 한다. 아세사키의 모스크는 200여 명이 한 번에 모일 수 있는 조립식 건물이지만 곧 세워질 모스크 부지를 사 놓은 상태이다. 이 가건물 모스크에서 이미 35쌍의 국제 결혼식이 이루어졌고 대부분 여성들은 일본인들이다. 그러나 이런 국제 결혼으로 인하여 일본 여성들이 다 무슬림이 되는 것은 아니다. 정확한 통계는 알 수 없지만 무슬림들과 결혼했다가 문화적인 차이로 결국 이혼하는 여성들이 상당히 있다.[40]

---

39) 「異國でゆつくり 文化の根下ろす」. 요미우리신문, 제3면, 1998. 9. 16.
40) 필자가 직접 만난 한 일본 자매는 6년 전 뱅글라데시 무슬림과 결혼했다가 바로 얼마 전에 이혼을 하고 현재는 군마 한인교회에 출석하고 있는데, 그녀의 말에 의하면 자신의 처지와 같은 일본 여성들이 상당히 많다는 것이다.

하지만 아직도 새로운 모스크 건설이 계속 추진되고 있다. 이다바시고 나리마스에도 모스크가 세워졌고 요요기 우에바라에 있던 모스크 재건이 논의되고 있으며 사이다마, 가나가와, 지바에서도 모스크 건설이 계획되고 있다. 이런 모스크 건설의 운동은 이제 일본에 정착을 한 무슬림도 나름대로 경제력을 갖게 되어 생활의 여유가 생기게 되었기 때문이다. 일본인과의 결혼 등에 의해 체류 불안의 감소도 그 원인이 되는 것 같다. 또한 그들 출신국에서 일고 있는 이슬람으로의 회귀를 주장하는 운동이 고조되고 있는 것도 하나의 요인이 된다고 볼 수 있다.

V. 나가는 말

일본의 이슬람은 짧은 역사를 갖고 있지만 그 만남이 처음부터 아래로부터 시작된 것이 아니라 위로부터 즉 국가 간의 거래적 차원에서 시작되었다고 볼 수 있다. 기독교가 일본 군부에 의해 심한 박해를 받고 있을 때 이슬람은 아이러니 하게도 군부에 의해 연구되고 있었다. 일본이 서구 열강의 식민정책을 견제하기 위한 방편으로서 기독교를 박해하고 아시아에서의 식민정책을 위해 이슬람을 연구하여 무슬림들을 이용하려 했다는 것은 일본이 기독교를 서구의 문화로 오해했다는 것과, 이러한 사고 방식은 또한 무슬림들이 기독교에 대해 갖고 있는 생각과 유사하다는 것을 발견할 수 있다. 단적인 예가 러일전쟁에서 무슬림들이 일본의 승리를 바라고 있었다는 사실에서도 나타난다.

　앞에서 살펴본 바와 같이 일본은 국가의 실리적인 차원에서, 무슬림 국가들은 선교적인 차원에서 서로의 관계를 형성해왔다. 일본의 관심은 중동의 국가들에 있는 것이지 이슬람에 대한 것이 아니다. 따라서 일본 내의 무슬림들은 다문화적인 일본 속에서 하나의 소외그룹이 되기도 하지만, 그로 인하여 무슬림들은 더욱 자신들의 세계적 신앙공동체(Umma)를 강화시켜 나가고 있는 것이다.

　무슬림 사회를 볼때 그룹 지향적이라는 면에서 일본과 같은 어떤 특성을 지니고 있는 듯하다. 자신이 속한 그룹에서 이탈해서는 원만한 사회생활을 할 수 없다는 점이 일본이나 무슬림 세계에서나 뚜렷한 특징이며 개종자들이 바로 두려워하는 면이다. 그러나 그 구심점을 이루는 요인들이 각각 다르고 문화와 기질도 다르다. 일본인들은 단체 지향적이면서도 한편으로는 극히 개인주의적이어서 타인에 대해 전혀 상관하지 않는다. 그들에게는 사회 생활과 개인 생활의 구분이 있다. 그러나 무슬림 세계에서 개인은 사회의 한 일원으로서 존속한다. 개인의 결정이 가족이나 그가 속한 공동체의 결정보다 우위일 수 없다. 개인은 공동체가 있으므로 해서 가치를 느끼게 된다.

　무슬림들은 전혀 낯선 문화의 땅, 일본에서 신앙 공동체를 중심으로 하는 생활을 소중히 여기며 살아가고 있다. 시대가 흘러도 지역이 어디이든 간에 무슬림들은 그들이 살고 있는 현장에서 자기 문화를 고수해왔다. 그런데 일본에서 소수 민족으로서 살아가는 이들이 이슬람의 상황화를 통해 발전을 꾀하고 있다. 지금은 미약하지만 이들의 힘은 언젠가는 일본인들에게 도전으로 나타날 수도 있을 것이다.

　일본인이라는 정체성을 우선으로 여긴다면 그가 그리스도인이라 할지라도 그리스도의 마음으로 무슬림을 대하기는 어려울 것이다. 실제로 일본 기독교 사회에서 무슬림들에 대한 선교적 관심이나 사역 실제가 거의 없는 실정이다. 복음전파의 '대위임'을 맡은 우리 그리스도인들은 이런 지상의 문화 장벽을 넘어 한 영혼에게라도 관심을 가져야 할 때이다. "너희가 이전에 객(aliens)이었던 것을 기억하라"는 말씀을 생각하면서 객으로서 일본에 거주하는 수많은 무슬림들에게 이제 일본 선교와 이슬람권 선교에 열정을 갖고 있는 부름받은 한국인 선교사들이 복음으로, 사랑으로 그 땅의 객들을 대접해야 할 때가 온 것이다.

참고 문헌

김종문, 『일본문화와 종교정책 서울: 신원, 1997.

상촌메리나, 『나의 이슬람 입교 감상』, Assalam, 1997, 71.

핫지 무스타파 오무라 후지오, 『주구의 동학당』, Assalam, 1997, 71.

나일즈 아흐마드 바루라즈 테헤라위, 『일본과 이슬람』, Assalam, 1996, 70.

이다가키, 구로다, 『이슬람 세계 이해를 위하여』, Assalam, 26.

『異國でゆつくり 文化の根下ろす』, 요미우리신문, 1998, 9,16일자

후등건일, 『일본 점령기 イソドネッア연구』, 도쿄:용계서사,1989.

재등영삼랑, 『신 · 종교사회학のすすめ』, 도쿄 : 일본경제통신사, 1984.

이도업 역, 『종교의 역사:불교 · 그리스도교 · 이슬람교 · 신도』, 서울:경서원,
    1992.

Wright, Don(ed.), *Operation Japan*, Tokyo, 1997.

Morimoto, Abu Bakr, *Islam in Japan*, Tokyo: Islamic Center-Japan, 1980.

Samarrai, Salih M., *The Relation Between Japan and Middle East*, An Islamic
    Perspective, Tkyo: Islamic Center-Japan, 1997.

Islamic Center-Japan, *The Yearly Report(1996-1997)*.

Japan Muslim Association *The Information of Association*, Tokyo, 1997.

Tsugitatka, Sato, *An Invitation to Isamic Area Studies,* 1997.

Islamic Avenue Area, July 1996, no.29.

중국의 이슬람교 발전과정과 현재 상황

한윤숙*

I. 들어가는 말

현재 세계적으로 이슬람교와 이를 신봉하는 무슬림들에 대한 선교적인 관심이 점점 고조되면서, 이슬람권 선교에 대한 기도운동과 강연 등이 활발하게 전개되고 있다. 이런 상황에서 중국의 이슬람에 대한 관심도 점점 많아졌다. 이는 전세계적으로 이슬람권의 영향이 확장되고 선교적인 노력이 가세되고 있는 이 때에, 전세계 교회와 선교단체들이 이슬람권 선교의 시급성과 필요성을 직시하게 되었기 때문이다. 따라서 지금 교회와 선교 지도자들은 이슬람권에 대한 선교 운동을 일으키고 선교사 파송에 주력하고 있으며, 중국의 이슬람 선교에 대한 필요와 관심이 구체적으로 재고되고 있다.

* AAP 연구원

　필자는 한국 교회와 선교 헌신자들이 세계적인 이슬람권 선교운동에 부응하여 중국의 이슬람 선교에 관심을 기울이며 실제로 준비하는 것을 보면서, 한국의 중국 선교가 한 단계 더 발전하고 있음을 실감한다. 지금까지 한국의 중국 선교는 방법과 내용면에서 조선족 선교, 방송선교, 교회개척과 지도자 훈련 등을 위주로 해왔기 때문이다. 따라서 중국의 이슬람 선교는 막연히 이슬람권에 관심을 갖고 준비하던 사람들이 더 구체적으로 나라와 지역을 중국 이슬람권으로 정하여 선교하기 시작한다는 면에서 긍정적으로 평가하고 싶다. 왜냐하면 이들은 이슬람 문화에 대한 이해가 있는 사람들이기 때문이다.

　그러나 다른 한편 한국의 기독교인들과 선교 관심자들이 중국 이슬람에 대해 관심을 갖고 기도하며 이들을 실제로 돕는데 있어, 의외로 그 동안 중국 이슬람에 대한 정보와 자료가 너무 부족하여 중국의 이슬람권 관심자들의 필요를 충족시키지 못했다는 점이 문제로 등장했다. 한편, 중국에서 발행된 이슬람 자료들은 중국어로 되어 있어 중국의 이슬람에 관심을 가진 사람들이 중보기도를 하는데 활용하거나 직접 선교정탐 여행이나, 현황을 파악하는 데 어려움이 있었다. 따라서 본 글은 일차적으로 중국의 이슬람 선교 관심자들의 필요를 충족시키고, 나아가 전세계 선교 운동과 발맞추어 이슬람권 선교에 동참한다는 의미에서 중국의 이슬람에 대해 조망해 보았다.

　본 글은 우선 중국의 이슬람을 전체적으로 조망하는데 목적이 있다. 따라서 글을 이해하기 위해 포괄적으로 소개하고 중국 이슬람의 이해에 중점을 두고 전개하였다. 또한 개혁개방 이후의 중국 이슬람의 상황을 더 자세히 다루었다. 더 구체적이고 각론적인 중국 이슬람에 대한 연구는 차후에 더 많은 자료를 연구하여 보충하도록 하겠다.

마지막으로 본 글을 마무리하면서는 중국 이슬람 선교에 대한 특징과 몇 가지 선교적인 제언을 덧붙였다.

II. 중국의 이슬람교 개관

1990년 제4차 인구 센서스 통계에 근거하면 중국에는 이슬람교 신자가 17,597,370명이다.[1] 중국의 무슬림은 대부분 순니파[2]에 속해 있다. 그러나 이 숫자는 지금으로부터 8년이나 지난 것이며, 중국에서 공식적으로 인정한 55개 소수민족 중 이슬람교를 믿는 열 개 민족의 총수(總數)이므로 실제와는 차이가 있다. 먼저 한족(漢族) 중 이슬람교를 신봉하는 자들이 포함되어 있지 않고, 회족(回族)이 아닌 한족 중에도 이슬람교 신자들이 있기 때문이다. 따라서 비공식적인 통계이지만, 중국의 이슬람교와 교류하고 있는 홍콩의 이슬람연합회 전도주임은 중국에 이슬람 신자가 5천만 명이라고 주장하였다.[3] 한편 비공식적인 통계에 의하면 현재 중국에는 기독교인이 6천만~8천만 명이 있다고 하는데, 이슬람교 신자가 5천만 명이라는 것은 신자의 증가추

1) 國家民族事務委員會經濟司 國家統計局國民經濟綜合統計司 編, 『中國民族統計年鑒』(北京: 民族出版社, 1995), pp. 205-206.
2) 순니파란 이슬람교의 주요 교파 중 하나이다. 순니파는 무슬림 공동체인 움마와 순나(sunnah, 관행)를 추종하는 사람들이다. 즉 순나를 추종하는 사람들을 일컬어 수니파라 부른다. 순나에는 코란, 하디스 및 무함마드와 정통 칼리프인 아부 바크르, 오마르, 오스만, 알리 등 네 명의 칼리프들을 인정하고 이의 선례를 따르는 것이다. 이슬람교의 또 다른 파는 시아파이다. 공일주, 『이싸냐? 예수냐?』(서울: 죠이선교회출판부, 1997), pp. 63-64.
3) 馬永祥, 〈伊斯蘭教在中國〉《亞洲硏究》第4期, 1993, 7. p. 113.

세와 종교 자체가 지닌 영향력이 기독교 다음으로 이슬람교가 급부상
하고 있음을 말한다.[4]

중국에서 무슬림이 분포하는 지역을 보면 중국 대륙 30개 성(省),
자치구(自治區), 직할시의 대다수 도시나 향(鄉)에 거주하고 있다. 주
로 중국 서북부의 신쟝(新疆) 위구르자치구, 닝샤(寧河) 회족(回族)자
치구, 깐쑤(甘肅), 칭하이(青海)와 허난(河南), 허뻬이(河北), 윈난(雲
南), 산똥(山東), 안후이(安徽)와 베이징(北京) 등 성(省)과 시(市)에
집중되어 있다. 한편, 중국에서 이슬람교를 믿는 소수민족은 모두 열
개로, 회족(回族), 위구르족(維吾爾族), 카자흐족(哈薩克族), 키르기
츠족(柯爾克孜族), 타지크족(塔吉克族), 타타르족(塔塔爾族), 우즈베
크족(烏孜別克族), 똥샹족(東鄉族), 싸라족(撒拉族), 빠오안족(保安
族) 이다. 이들은 전 민족이 이슬람을 신봉한다. 이슬람교를 신봉하는
중국 소수민족들의 구체적인 인구 수, 언어, 분포 현황은 다음과 같다
(도표 1: 참조).[5]

도표에서 보듯이 회족은 이슬람교를 믿는 열 개 소수민족 중 숫자
가 가장 많고, 닝샤 회족자치구(寧夏回族自治區)는 소수민족 자치구
도 있어서 민족 특성이 뚜렷하다. 또한 중국 전역에 고루 분산되어 강

---

4) 현재 사회주의 시장경제를 추진하고 있는 중국은 개혁개방 정책노선 과정에서 종교신앙
자유정책을 추진하고 있다. 공식적으로는 5대(五大)종교인 불교, 도교, 이슬람교, 기독교, 천주
교만 인정하고 있는데, 그 가운데 개혁개방 이후 현재 종교발전 추세가 가장 빠르며, 그 영향력
이 가장 강력한 종교로 기독교를 들었으며, 두번째는 이슬람교로 보고 있다. 5대종교와 이들 종
교에 대한 정책과 태도를 알려면 다음의 졸고를 참고하면 된다. 한윤숙, 「중국의 5대종교에 대한
이해와 그 정책-국가 발전적 시각에서」, 《중국과 복음》 제98호, 1998, 3-4. pp. 8-9.
5) 宛耀賓 總主編, 『中國伊斯蘭百科全書』(成都: 四川辭書出版社, 1994), p. 53.

이슬람교를 신봉하는 중국의 열 개 소수민족 개황(도표 1)

族 名	人 數(1990년)	言語 文字	分布地區
회족	8,602,978	한어(普通話), 중국어문자	寧夏回族自治區, 甘肅省, 河南省, 靑海省, 雲南省, 新疆維吾爾自治區, 河北省, 山東省, 安徽省, 遼寧省, 天津市, 陝西省等
위구르족	7,214,431	위구르 언어와 문자	新疆維吾爾自治區, 湖南省
카자흐족	1,111,718	카자흐 언어와 문자	新疆維吾爾自治區伊 哈薩 克自治州
키르기즈족	141,549	키르기츠 언어와 문자	新疆維吾爾自治區柯孜勒蘇 柯爾孜自治州, 黑龍江省
타지크족	33,538	타지크어, 위구르 언어와 문자 및 키르기츠어 통용	新疆維吾爾自治區塔什庫爾 干塔吉克自治縣
타타르족	4,873	타타르어, 위구르 및 카자흐 언어문자 통용	新疆維吾爾自治區伊, 塔城, 烏魯木齊市
우즈베크족	14,502	우즈베크 언어와 문자, 위구르 언어와 문자 통용	新疆維吾爾自治區伊, 塔城, 喀什
뚱상족	373,872	뚱상어, 한어와 문자 통용	甘肅省東鄕族自治縣 新疆維吾爾自治區
싸라족	87,697	싸라어, 한어와 문자 통용	靑海省循化撒拉族自治縣, 甘肅省
빠오안족	12,212	빠오안어, 한어와 문자 통용	甘肅省積石山保安, 東鄕, 撒拉族自治縣
총계	17,597,370		

한 결집력을 자랑하는 민족이며, 860만 인구를 갖고 있고 중국에 정착한 무슬림 중에 가장 큰 특징을 지닌 민족이다. 회족에 대한 구체적인 부분은 본 글의 뒷부분에서 다시 살펴보기로 하겠다. 중국 전국에 분포된 회족 신자들의 현황은 다음과 같다 (도표 2: 참조).[6]

중국에서는 이슬람교 사원인 모스크를 가리켜 '칭쩐쓰(淸眞寺)'라고 하는데, 이는 중국의 회족 무슬림들이 이슬람교를 칭쩐교(淸眞敎)

___

6) 胡振華 主編,『中國回族』(寧夏: 寧夏人民出版社, 1993), pp. 674-675.

전국 각지 회족신자 (도표 2)

지역 명칭	인구 수	지역 명칭	인구 수
北京市	207,006	湖北省	77,625
天津市	159,349	湖南省	93,205
河北市	492,022	廣東省	8,845
山西省	57,761	廣西壯族自治區	28,190
內蒙古自治區	192,808	海南省	5,695
遼寧省	263,422	四川省	108,638
吉林省	122,777	貴州省	126,500
黑龍江省	139,078	雲南省	522,046
上海市	49,709	西藏自治區	2,987
江蘇省	121,120	陝西省	130,899
浙江省	17,186	甘肅省	1,094,354
安徽省	300,294	青海省	638,847
福建省	92,124	寧夏回族自治區	1,524,448
江西省	9,331	新疆維吾爾自治區	681,527
山東省	459,597	總計	8,602,978
河南省	868,865		

라고 부르기 때문이다.[7] 칭쩐이란 말은 중국어의 뜻을 채용한 것으로, 순결하고 질박(質朴)하다는 의미이다.[8] 이는 명청(明淸)시기에 붙여진 이름으로, '칭(淸)' 이란 알라는 맑고 깨끗(淸淨)하며 더러움과 혼합이 없다는 뜻이고, '쩐(眞)' 이란 알라는 유일(唯一)하고 지존(至尊)하다는 의미에서 붙여졌다.[9] 현재 중국 전역에 칭쩐쓰는 약 37,000여

---

7) 安士偉 審訂 鄭勉之 主編, 『伊斯蘭敎簡明辭典』(江蘇: 江蘇古籍出版社, 1993), p. 231.
8) 위의 글.
9) 위의 글, 주 6).

개가 있다. 한편 이슬람교의 종교예식이나 종교행사를 담당하는 전문
적인 종교인을 일컬어 이슬람교 교직인원(教職人員)이라고 하는데,
중국어로는 아홍(阿訇), 모라(毛拉)라고 부른다. 이들은 전국적으로 약
4만여 명에 이른다. 전문적으로 이슬람교의 경전(經典)을 가르치는
이슬람 학교는 전국적으로 총 8개가 있다. 이 가운데 전국적인 성격의
학교는 중국이슬람교경학원(中國伊斯蘭教經學院)[10]으로 베이징(北
京) 니우가(牛街) 난헝시가(南橫西街)에 있다. 이외에 지방 학교로는
신쟝(新疆), 닝샤(寧夏), 쿤밍(昆明), 란쩌우(蘭州), 정쩌우(鄭州), 칭
하이(靑海), 션양(瀋陽) 등에 7개가 있다. 이들 학교에서는 사회주의
중국을 사랑하고 사회주의를 옹호하는 고급 이슬람 인재 양성을 주목
적으로 한다. 베이징의 중국이슬람교경학원은 대표적인 이슬람 학교
로서 학제는 5년이다.[11]

Ⅲ. 중국의 이슬람교 발전과정

중국에서 이슬람교는 정착과 발전 양상에 따라 크게 두 갈래로 나
누어진다. 하나는 중국 내지(內地)에서 회족을 중심으로 발전한 이슬
람교이며, 다른 하나는 신쟝 위구르자치구의 이슬람교이다. 이는 중
국의 이슬람 학자들과 서양의 이슬람 학자들이 공동으로 주장하는 견

---

10) 중국이슬람교경학원은 중국이슬람교협회가 주관하여 운영하는 전국적인 이슬람교의 전
문 인재를 양성하는 대학이라고 할 수 있다. 기독교의 경우 삼자(三自)신학교에 해당한다.
11) 위의 글, 주 5), p. 760.

해이다.¹²⁾ 이들은 중국 내지(內地), 즉 한족(漢族)들이 사는 지역에서 오랜 시간 그들과 함께 살면서 이슬람교를 정착, 발전시킨 경우로 회족(回族)을 들고 있다. 또한 주로 신쟝 위구르자치구에 살고 있는 터키나 카자흐스탄, 우즈베키스탄 등 주변 중앙아시아의 제 민족들과 이들의 후손들을 포괄하여 신쟝 이슬람으로 구분하고 있다.¹³⁾

따라서 본 글에서는 중국의 이슬람을 회족 중심으로 발전한 이슬람과 신쟝 이슬람으로 나누어 조망해 보겠다. 이것이 바로 중국 이슬람의 특성으로 볼 수 있기 때문이다. 또한 시기는 일단 중국이 공산화되기 이전까지 다루었다. 중국 이슬람의 발전과 현재 상황에 관해서는 이 글 「Ⅲ. 공산화 이후 현재까지의 중국 이슬람 상황」에서 더 구체적으로 다루어 현재 상황에서 바라볼 수 있도록 하였다. 중국 이슬람의 가장 큰 특성은 알라를 신봉하는 무슬림이란 공통성 아래, 호족을 중심으로 한족화(漢族化), 중국 문화화한 내지의 회족 이슬람과 신쟝지역의 중앙아시아 민족들의 후손인 신쟝 이슬람으로 구별(區別)된다는 점이다. 이는 중국에 이슬람이 정착하고 발전한 초기부터 현재까지도 중국 이슬람을 특징짓고 있으므로 먼저 이 점에 유의해야 한다.

1. 회족 이슬람의 기원과 발전

중국 내지에 이슬람교가 전래된 시기는 일반적으로 당(唐)나라 영

---

12) 이는 《中國伊斯蘭百科全書》를 편찬한 중국 이슬람 연구가들과 본 글의 뒷부분에서 많이 참고한 리챠드 씨 디 엥겔리스(Richard C. De Angelis)의 견해이기도 하다.
13) 위의 글, pp. 753-758.

휘(永徽) 2년(651년)으로 보고 있다.[14] 공식 자료에 의하면 이때 세번째 칼리프인 오스만이 보낸 아랍 선교사가 중국과 처음으로 접촉했다고 한다.[15] 초기 중국 회족의 기원은 다음과 같이 분류할 수 있다. 첫째는 7세기 중엽 상업을 위해 중국의 꽝쩌우(廣州), 항쩌우(杭州), 취엔쩌우(泉州) 등 연해 지역에 온 아라비아인, 페르시아인들이다. 당시 이들은 당(唐)나라의 여러 정책과 사업을 통해 점점 번성하면서 장기적으로 거주했다. 이 때 한인(漢人)들은 아라비아인과 이슬람화된 페르시아인을 가리켜 '대식교도(大食敎徒)' 라고 불렀으며, 이슬람의 율법을 가리켜 '대식법(大食法)' 이라고 하였다.[16] 한편 이들을 통칭하여 '번객(藩客)' 이라고 불렀는데, 교민(僑民)이 되어 중국 국적의 무슬림이 되었다는 의미다.[17] 이들이 바로 최초 회족의 기원이 된다.

두번째 회족의 기원과 발전은 13세기 초 몽고의 징기스칸이 서정(西征)하면서 서아시아, 중앙아시아 일대의 아라비아인, 페르시아인과 돌궐어를 하는 각 민족이 노예, 상업적 이유 혹은 전란을 피해 중국에 들어왔을 때이다. 당시 이들을 가리켜 '회회인(回回人)'[18]이라고 불렀는데, 이들 역시 이슬람교 신봉자들이었다. 그리하여 회회인들이

---

14) 위의 글.

15) Richard C. De Angelis, *Muslims and Chinese Political Culture* (*The Muslim World*, April, 1997, Vol. IXX XVII), pp. 153-154.

16) 위의 글, 주3), p. 108. 대식교도(大食敎徒)는 대식인(大食人)이라 불렀던 아라비아인과 이슬람화된 페르시아인을 통칭하던 호칭이며, 대식법(大食法)은 대식인이 지키는 법, 가르침, 교훈이라는 뜻이다.

17) 李松茂, 『回族伊斯蘭敎硏究』(寧夏: 寧夏人民出版社, 1993), pp. 35-81.

18) 회회(回回)란 단어의 유래와 이슬람교 부분에 대해서는 위의 주 17)에서 참고한 李松茂의 『回族伊斯蘭敎硏究』 중 '回回一詞和伊斯蘭敎' 부분을 참고하면 더 자세한 내용을 알 수 있다.

7세기 중엽 이후 중국 내륙에 살던 '번객' 이라고 불렸던 무슬림들과 융합하였을 뿐만 아니라, 한족, 몽고족 등과 결혼하여 이들을 개종시키기 시작했다. 당시 모스크를 중심으로 한 이슬람교가 회회인의 사회 발전과 민족공동체 형성에 중요한 역할을 하게 된다. 그리고 회족이란 민족공동체를 이룩하게 된다. 원대(元代)에 와서 이슬람교는 비로소 중국에서 불교, 도교와 나란히 '청교(淸敎)' 혹은 '진교(眞敎)'라고 일컬어지며 종교의 대열에 들어섰다.[19]

명청대(明淸代)에 오면서 회족은 이슬람교를 세계 종교로서, 사상 체계를 가진 세계 종교로 소개하고 번역하는 작업이 본격적으로 이루어졌다. 이는 중국 내지에 이슬람교가 발전할 수 있는 근거를 마련한 것이다. 명청(明淸) 시기에 회족은 이슬람교의 경전을 연구하고 저작(著作), 학술활동을 통해 이슬람교의 이론을 체계화하고 계승시켜 나갔다. 당시 이슬람교 학자 중에는 아라비아어에도 능통하며, 유교, 불교, 도교 학설에 능(能)한 학자들이 있었다.[20] 이들은 중국 전통문화와 이슬람교를 결합시켜 중국 이슬람교의 철학 사상 체계를 형성했다. 따라서 이슬람교가 중국 당나라 때에 전래된 이래 명청 시기의 유학자들 중 이슬람교를 받아들인 지식인 계층에 의해 종교로서 사상 체계가 제대로 소개되었다. 이들은 대체로 '유교로 꾸란 및 경전을 해석하는(以儒詮經)' 방식을 채택하여, 이슬람교를 중국화하였다.[21] 이것

---

19) 위의 글, 주5), pp. 754-755.

20) 이 시기에 이슬람교 경전과 저서를 중국어로 번역하였던 사람들 중 유명한 이는 王岱輿, 劉智, 張中, 馬注, 馬復初, 馬聯元 등이다. 이들이 초기 이슬람교의 중국 정착과 발전에, 특히 중국인들이 이슬람교를 이해하는데 노력을 많이 했다.

21) 위의 글, 주5) p. 755.

이 중국 회족 이슬람의 가장 큰 특징이다. 한편 명말청초(明末淸初) 시기에 회족, 싸라족, 빠오안족등 이슬람이 모여 사는 깐쑤, 닝샤, 칭하이 지역에 이슬람 수피주의 사상이 전래되었다.[22]

1893년에는 깐쑤의 마완푸(馬萬福)[23] 등 아홍이 '이슬람 경전을 중요시하고 세속을 개혁하자', '이슬람 경전대로 종교생활을 하자'는 근본주의를 주장하는 와하비즘(Wahabism)을 중국에 들여와, 서북의 깐쑤, 칭하이, 닝샤 지역에 이허와니파(伊赫瓦尼派)를 창립하였다.[24] 이 파는 후에 허난(河南), 산똥(山東), 허뻬이(河北) 및 신쟝 등에 전파되었다. 이로써 중국 이슬람교는 명말청초(明末淸初)이후 수피학파의 영향을 받아오다가 두번째로 교파가 분화되었다. 1949년 공산화 전까지 중국 이슬람교는 거띠무(格迪目),[25] 수피주의[후피예(虎非耶), 지

---

22) 위의 글

23) 마완푸(馬萬福: 1849-1934)는 똥샹족(東鄕族)사람으로 중국 이슬람교 이허와니파(伊赫瓦尼派)의 창시자이다. 깐쑤성(甘肅省) 똥샹현(東鄕縣) 꾸어위엔촌(果園村) 사람이며 이슬람교 교사(아홍)였다. 집안 형편이 가난했으며, 어려서부터 칭쩐쓰의 이슬람 경당학교의 교사였던 할아버지, 아버지의 영향을 받아 이슬람교에 대한 종교지식과 아라비아어에 능통했다. 1886년에 메카에 순례 여행을 갔다. 당시 메카에 4년 동안 유학하면서, 철저한 유일신 중심으로 복귀를 주장하는 와하비즘의 영향을 받았다. 이 영향으로 중국에 돌아와 와하비운동을 중국에 전개하기 시작하였다.

22) 위의 글, 주5) p. 348.

25) 거띠무(格迪目)는 중국 이슬람교 교파의 하나이다. 거띠무는 아라비아어 'Qadim'의 음역(音譯)이다. '옛파(老派)', '옛것을 숭상하는 파(尊古派)'라고 불린다. 현재 중국에서 가장 광범위하며, 신자수가 제일 많다. 이슬람교의 교의와 사상이 전파되고 정착, 발전되었기 때문이다. 거띠무의 특징은 다음과 같다.

첫째, 엄격하게 이슬람교의 기본신앙과 육신 오행(六信五行)을 강조한다. 둘째, 교방제(敎坊制)를 실행하였다. 교방제란 모스크를 중심으로 한 독립적이고 단일적 형태로, 상하 예속이 없는 관계를 중시하며, 모스크를 중심으로 종교, 교육, 경제생활이 이루어지는 형태를 일컫는다. 셋째, 경당(經堂) 교육을 통하여 인재를 양성했다. 중국 유교 교육 형태를 빌어 사숙(私塾) 형태로

아디린예(戛迪林耶), 져허린예(哲赫林耶), 쿠뿌린예(庫布林耶) 등 포함], [26] 시따오탕(西道堂), [27] 이허와니파(伊赫瓦尼派), [28] 사래피예파(賽萊菲耶派), [29] 이싼파(依襌派) [30] 등 6개 분파로 나뉘어 있었다. 현재까지 중국 무슬림은 대부분 수니파의 하내비파다.

한편, 회족 무슬림들과 중국의 충돌에 대해서 간략히 언급하겠다. 원래 이들은 중국 사회에서 소수로 있다가, 회족이란 민족으로 발전하면서 그 영향력과 세력이 커졌다. 청조가 쇠퇴하면서 반청(反淸) 분위기가 만연한 가운데 이들은 이슬람 폭동을 일으켰다. 당시 이들은 나취밴디 수피(Naqsh bandi Sufi)의 중국 전파와 그 영향으로 무슬림 분리, 분열 운동에 고취되었다. 중국에 져허린예파를 창시했던 마밍신(馬明心)과 그 후계자인 마화룽(馬化龍)은 회족 지방군을 조직하여

인재를 계속 교육, 양성할 수 있는 길을 열었다는 점에서 중요하다. 넷째, 유교적인 가치관과 사고관으로 꾸란과 경전을 해석하는 '이유전경(以儒詮經)' 방식으로 중국문화와 이슬람의 토착화에 힘썼다. 처음으로 중국에 이슬람교의 교의와 사상을 중국어로 역경(譯經)하는데 힘쓴 파이다. 위의 글, 주5), pp. 161-162.
　중국 이슬람교 내에 수피주의는 4개 분파로 나뉜다. 중국 수피주의는 시아파와 순니파의 양대교파 중 모두 순니파에 속한다. 중국 이슬람교의 수피즘은 후피예(虎非耶), 지아디린예(戛迪林耶), 져허린예(哲赫林耶), 쿠뿌린예(庫布林耶)이다.
　후피예(虎非耶)는 아라비아어 'Khufiyyah'의 음역어로 숨겨진, 낮은 소리라는 뜻이다. 17세기 신쟝과 아라비아에서 깐쑤, 닝샤, 칭하이 등으로 전피되어 2백여 년의 전파와 발전을 거쳐 중국문화에 융화되었다. 후피예의 교의와 특징은 다음과 같다. 첫째, 꾸란과 이의 성스러운 가르침을 신앙의 근본으로 삼으며, 육신 오행을 강조한다. 특히 경전을 읽거나 암송할 때에는 낮은 목소리로 할 것을 중요시한다. 둘째, 지도자와 사람들을 전체 3등급으로 구별을 하였다. 최고는 무이시더(穆爾希德)로 득도자(得道者)이며, 각종 기적을 행하는 자이다. 둘째, 부류는 '하리판(海里凡)'이라 불리는 무이시더의 후계자들이다. 마지막으로는 이 두 부류에 충성하는 신도들로서 무리더(穆里德)란 뜻의 추종자들이다. 셋째, 교주제(敎主制)를 실행하고 이를 하리판들에게 계승하였다. 넷째, 교방(敎坊) 조직이 발전되자 각 교방에 하리판들을 지명, 파견하여 이를 교장제(敎長制)로 다스렸다. 강력한 교주 권력집중제였다. 다섯째, 신도들이 교주에게 돈과 재물, 예물

중국 북서부와 서남부 지역에서 반란과 폭동을 일으키기도 했다.[31] 이후 회족의 무슬림 분리 운동중 대표적인 것은 윈난성(雲南省) 남서부에서 두원시우(杜文秀)가 폭동을 일으켜 이슬람 독립국을 선포하고, 자기가 술탄 술레이만(Sultan Suleiman)으로서 1856-1872년까지 통치한 경우이다.[32]

2. 신쟝의 이슬람교 기원과 발전

신쟝에 이슬람교가 들어와서 발전한 상황은 회족과 다르다. 10세기

을 봉헌하도록 하였다.

지아디린예는 다른 말로 지아부리예(賈卜利耶)라고 하는데, 아라비아어 'Jabriyyah'의 음역어 이다. 강제적이라는 의미로, 알라에 대한 절대적인 순종을 요구해서 붙여진 이름이다. 이 파를 '숙명파'라고도 하는데, 알라의 모든 이전의 가르침, 교훈에 의거하여 살아갈 것을 강조하기 때문이다.

져허린예(哲赫林耶)는 아라비아어 'Jahriyyah'의 음역어로 공개적인, 높은 소리라는 의미이다. 경전을 읽을 때 후피예와 상대된다. 16세기 중엽에 신쟝지역에 들어왔으며, 1744년에 마밍신(馬明心)에 의해 깐쑤, 닝샤, 칭하이에 전래되었다. 이 파는 지아디린예파와 나취밴디(Naqshbandi) 교단의 수도이론과 방식을 흡수, 융합하였다. 이 파는 알라와 꾸란 등 소위 정통적인 것을 중시하며 칼리프 등 지도자들의 가르침은 차등(次等)이라고 여긴다. 알라에게 절을 열 번하고, 주로 꾸란 등 경전을 외우고 찬송하면 된다고 하여 이슬람교의 교의와 예식을 단순화시켰다.

쿠뿌린예는 아라비아어 'Kubrawiyyah'의 음역어이다. 13세기 수피즘의 한 파이던 쿠부라비 교단의 이름을 딴 것이다.

꾸란을 중심으로 하며, 기도와 수도 생활을 중시한다. 신자들이 주로 깐쑤의 린샤(臨夏), 똥샹현(東鄕縣), 캉러현(康樂縣)과 란쩌우(蘭州) 등에 많다. 중국의 수피즘 4대분파에 대해 보다 구체적으로 알기 원하면 宛耀賓의 『中國伊斯蘭百科全書』를 참고하면 된다.

27) 시따오탕(西道堂)은 이름이 처음에 진싱탕(金星堂)이었으나, 후에 시따오탕으로 고쳤다. 시따오탕의 가장 큰 특성이 중국의 문화로 알라의 교리를 발양(發揚)하는데 힘썼기에 일명 '한학파(漢學派)'라고도 하였다. 20세기 초에 마치시(馬啓西)가 깐쑤성(甘肅省) 린탄현(臨潭縣)에

초에 아랍제국이 동진 하면서 이슬람교가 신쟝지역에 들어가기 시작
했다.[33] 그 전까지는 3세기부터 흥왕하기 시작한 불교가 9세기까지 전
반적으로 세력이 강해졌다. 기타 신쟝 지역에 살던 각 소수민족들은
이슬람교가 전파되기 전에 샤머니즘, 마니교, 조로아스터교, 경교(景
敎) 등을 숭배하였다.[34] 중국 내지에서 이슬람교가 정착, 발전한 양상
처럼 신쟝에서도 이슬람교가 아라비아, 페르시아 상인, 선교사들의
상업과 포교활동을 통해서 발전하기도 했으나, 신쟝에서의 이슬람교
는 이슬람의 정복전쟁인 지하드(聖戰)를 통해 신쟝의 다른 종교들을
제압하고 강제로 전파된 면이 크다. 이것이 중국 회족과 다른 점이다.

창건하였다. 시따오탕의 창건과 발전은 지도자에 따라 세 단계로 나눈다. 첫째, 마치시의 초기
창건 시기(1902-1917년). 둘째, 마밍런(馬明仁)의 발전 시기(1918-1946년). 셋째, 민쉬에청(敏學
成)의 쇠락(衰落) 시기(1947-1958년)이다. 시따오탕의 교의와 특징은 다음과 같다. 첫째, 유일신
알라 중심과 그 교훈을 중시하며, 육신 오행을 강조했다. 둘째, 교주(敎主)가 종교생활의 지도자
일 뿐만 아니라, 세속 생활도 총체적으로 통제하고 관리했다(특히 유교의 사숙 형태를 통한 문환
(門環)들을 통해 교육). 셋째, 개인생활과 집단생활이 잘 되어 있어, 의·식·주 단체 생활을 통
해 개개인의 어려움을 도왔으며 뿐만 아니라 시따오탕 신자가 번 재물도 시따오탕 본부에 내는
등 통일적으로 수입과 지출을 관리했다. 이를 통해 강한 결집력을 갖고 발전할 수 있었다. 넷째,
교육을 중시하여 여성들에게도 배움의 필요성을 인지시켰으며, 이슬람교 경당학교 등 학교 교육
을 중시하였다. 회족이 중국문화에 잘 적응 발전한 사례로 이후에 더 많은 연구가 필요한 파이
다. 위의 글, 주5), pp. 600-601.
　28) 이허와니(伊赫瓦尼)는 아라비아어 'Ikhwan'의 음역어로 곧 '형제'라는 의미이다. 다른
교파에서는 이허와니파를 신흥파(新興派)라고 부른다. 이는 위에서 언급한 중국 이슬람교 분파
인 거띠무, 후피예, 지아디린예, 져허린예, 쿠뿌린예에 비해 개혁을 강조한 신파(新派)이기 때문
이다. 19세기 말 1888년에 마완푸(馬萬福)가 메카에서 와하비파의 영향을 받고 돌아와 중국 깐
쑤성 린샤(臨夏)일대에 이허와니파를 창건하고 이슬람교의 근본주의로 돌아갈 것과 세속에 대
한 개혁을 주창하면서 발전하였다. 이들은 경당 교육을 통해 중국어와 아라비아어를 학습할 것
을 강조했으며, 이 두 가지에 능통한 인재 양성에 힘썼다. 또한 이들은 당시 중국 부녀자의 전족
을 반대했다. 위의 글, 주5), p. 654.
　29) 사래피예는 아라비아어 'Salafiyyah'의 음역어로 의미는 '존숭전현자(尊崇前賢者)'의 뜻

신쟝에 이슬람교가 정착, 발전된 과정은 이슬람교가 전파된 시기와
영향력이 확산된 것을 기준으로 하여 크게 전입시기(9세기 말?~960
년), 초기 전파시기(960~1220년), 신쟝 전지역 전파시기(1220~16세
기)로 나뉜다.[35] 첫째, 전입시기(9세기 말?~960년)의 이슬람교 발전은
875년에 최초의 페르시아계 이슬람 왕조인 사마니드 왕조의 나쓰얼
(納斯爾)왕자가 정권을 잡으려다가 실패하자 인접한 카라칸조(喀喇汗
朝)로 망명한데서부터 시작되었다. 당시 카라칸조는 지금의 키르기즈
지역 부근 티엔산(天山) 북쪽에 수립되어 바이칼호 남쪽과 신쟝 서부
지역을 통치하고 있었다.[36] 당시 동카라칸조의 카칸이었던 오고얼치
아커(奧古爾合克)는 나쓰얼을 지방관리로 배치했다. 이때 나쓰얼은
10세기 중엽에 카라칸조(940~1211년)의 3대 카칸이 된 사투크 부그라
칸(술탄 부그라칸)에게 이슬람교를 전하였다. 사투크 부그라칸은 오
고얼치아커의 조카였다. 원래 카라칸조는 불교와 마니교를 신봉했는

을 갖고 있다. 또한 예배시 손뼉을 세 번 친다하여 일명 「삼태파(三笞派)」라고 하기도 한다. 이
파를 중국에 창시하고 발전시킨 주요 인물은 마더빠오(馬得寶)로서 주로 칭하이, 깐쑤, 란쩌우,
티엔수이(天水), 시안(西安) 등에 신자가 많다. 이허와니파의 견제와 반대를 많이 받았던 파이
다. 위의 글, 주5) p. 476.
　　30) 이싼파(依禪派)는 중앙아시아와 중국 신쟝 지역에서 이슬람교의 수피즘에 대한 별칭(別
稱)이었다. 즉 지도자를 '이산(Ishan)' 이라고 존칭한 데서 유래했다. 14세기 순니파의 정통관점
을 따르고 다른 광적인 종교예식을 반대한 나취밴디 교단의 영향을 받아 생겨난 파이다. 오늘날
주로 남신쟝(南新疆)과 북신쟝(北新疆) 지역에 분포하고 있다. 위의 글, 주5), pp. 703-705.
　　31) 위의 글, 주15), p. 154.
　　32) 위의 글.
　　33) 賈光廣 等 編,『中國少數民族宗敎槪覽』(北京: 中央民族出版社, 1988), p. 102.
　　34) 劉宇生 等 主編,『新疆槪覽』(烏魯木齊: 新疆人民出版社, 1995), pp. 92-93.
　　35) 위의 글.
　　36) 苗普生 主編,『新疆歷史常識』(烏魯木齊: 新疆人民出版社, 1993), pp. 34-40.

데, 신쟝에서 처음으로 무슬림이 된 사투크 부그라칸과 나쓰얼이 연합하여 지하드를 발동해서 중앙아시아 이슬람 세력의 도움을 얻어 오고얼치아커로부터 정권을 탈취한 뒤, 신쟝에 최초의 이슬람 왕조를 세웠다.[37] 이때 카라칸조의 수도인 카슈카르가 이슬람교 전파의 중심지가 되었고, 이 지역을 중심으로 신쟝 지역에 처음으로 투르크족 이슬람 왕조가 들어섰다.

둘째, 초기 전파시기(960~1220년)의 이슬람교 발전은 960년에 카라칸조가 이슬람교를 국교로 선포한 뒤, 지하드를 통해 불교를 신봉하는 위티엔(于闐) 이씨(李氏)왕조를 40여 년 간의 전쟁 끝에 멸망시킨 후, 까오창(高昌)에도 지하드를 발동함으로 더욱 영향력을 확대하였다. 카라칸조는 계속 군대를 보내 이리강(伊利江)을 건너 투르판 지역에까지 침입하였다. 결국 까오창의 완강한 저항으로 성공하지 못했는데, 이후에 탕쿳(西夏) 지역도 지하드를 개시했으나 역시 실패하였다. 이들은 영토확장과 이슬람교 성전(聖戰)이 실패하자 무력을 통한 이슬람교 전파를 중단하고, 평화적인 교류와 상인을 통한 방법으로 전환했다. 큰 효과는 보지 못했으나 카라칸조를 통해 이슬람교가 타림분지 서부와 남부에서 확고한 지위를 갖는 종교가 된 것은 틀림없는 사실이다.[38]

셋째, 신쟝 전지역 전파시기(1220년~16세기)의 발전 양상은 다음과 같다. 14세기 1352년에는 몽고 차카타이칸국(察臺臺汗國)의 카칸인 투헤이루티무얼(투르크 티무얼이라고도 한다)이 몽고의 왕으로는 최

---

37) 위의 글.
38) 위의 글.

초로 무슬림이 되어 신쟝 전지역에 이슬람을 전파시켰다. 그는 신쟝의 이슬람화를 위해 이슬람 선교사를 파송하고, 백성들을 강제로 개종시키고, 불교 지역에서는 지하드를 발동시키는 등 각종 수단을 사용했다. 이후 이슬람교는 아커수(阿克蘇), 커쓰(喀什), 이리(伊犁), 투르판(吐魯番) 지역까지 전파되었다. 16세기에는 하미(哈密) 지역에서도 이슬람교가 우세를 차지했다.[39] 이 시기에 신쟝 전지역이 이슬람교를 신봉하게 되어 현재까지 이르고 있다.

이렇게 이슬람교를 신봉하는 제정일치(祭政一致)의 지방 왕조 형식의 신쟝 지역이 청(淸)제국의 영역에 정식으로 편입된 것은 18세기 중반 청의 건륭제(乾隆制) 때였다. 1884년 청조는 터키계 주민의 반란과 러시아의 이리 점령 등을 경계하여 이슬람교 지도자와 왕공에 의한 자치(自治)형태를 바꿔, 신쟝성(新疆省)을 신설하여 순무(巡撫)와 이리에 장군을 두고 직접 통치를 단행하였다.[40] 이후 신쟝성은 몽골, 티벳과 달리 티엔산(天山) 남북의 오아시스에는 청조 관리와 군이 배치되어 정치나 경제 모두 터키계 민족을 지배하는 체제가 되었다. 중화민국(中華民國) 시기와 공산화 이후에도 신쟝을 직접 통치하는 방식은 기본적으로 변하지 않고 현재에 이르고 있다.

한편, 신쟝 지역에서 한족(漢族) 지배와 폭압에 반대해서 일어난 대표적인 폭동은, 1933년 말 무렵에 이슬람 분리주의를 주장하여 수도를 카슈카르로 정하고 동투르키스탄공화국 성립을 선언한 사건이었다.[41]

---

39) 위의 글.
40) 히메다 미쓰요시 외, 『20세기 중국사』(서울: 돌베개, 1995), p. 84.
41) 위의 글, 주15), p. 155.

1934년까지 지속되었는데 당시 이들은 반한(反漢), 반회(反回)와 이슬람 독립국의 선포를 주장하였다. 그러나 당시의 내분으로 군사력이 약해지고 회족 지도자 마쭝잉(馬仲英)이 습격하여 6개월 만에 무너지고 말았다. 마쭝잉도 소련의 원조로 청스차이(成世才)군에게 격파되었다. 1934년에 청스차이가 신장을 제압하는데 성공하고 이 지역을 다스렸다. 그러다가 1944년 두번째 분리 독립운동 시도로 이리 지역에 위구르 동투르키스탄공화국을 건립하려고 시도했으나 실패했다.[42] 신장의 이슬람들은 중국의 중앙 통치가 약했던 근대 중화민국 시기에 위구르인이 중심이 된 위구르독립국을 소망하였는데, 중심 민족인 한족과 이슬람교를 신봉하는 민족이지만 한족화된 회족의 반대로 분리독립에 실패하고 말았다.

여기에서 회족 이슬람과 신장 지역의 위구르족을 중심으로 한 터키계 이슬람 사이에 비교적 큰 간격(間隔)과 분열이 있다는 사실을 발견할 수 있다. 이들은 이슬람교를 신봉하는 중국의 민족이라는 통합적인 공통성은 있다. 그러나 이슬람의 초기 중국정착과 그 발전에서 회족을 중심으로 한 내지의 이슬람과 신장 지역의 이슬람으로 서로 다른 발전 양태를 보이면서 생존, 적응하는 가운데 큰 간격이 생겨났다. 즉 회족은 소수로서, 유교문화 중심의 한족문화에 적응하면서 이방인이었기에 피동적으로 발전하고 적응할 수밖에 없었다. 이에 반해 신장의 이슬람은 발전 초기부터 무력을 통한 지하드 발동으로 시작하였기에, 현재까지 한족과 회족에서 벗어나 위구르족을 중심으로 한 이슬람 독립국가 건립의 꿈을 버리지 못하고 있다. 이것이 중국 무슬림

---

42) 위의 글.

을 이해하는데 선결되어야 할 부분이다.

III. 공산화 이후 현재까지의 중국 이슬람 상황

위에서 우리는 중국역사 속에서 이슬람교가 어떻게 정착, 발전되어
왔는지 내지의 회족과 신쟝 지역의 발전과정을 각각 살펴보았다. 이
제 우리의 주된 관심분야인 공산화 이후 현재까지의 중국 무슬림의
상황에 대해 연구해 보려 한다. 1949년 중화인민공화국 수립 때부터
1978년 11기 3중전회 이전인 개혁개방 시기 이전까지의 중국 이슬람
교와 무슬림의 상황과 개혁개방 후 현재까지의 상황은 중국공산당이
취한 종교정책의 변화로 그 양상이 다르게 나타나고 있다.

따라서 공산화 이후 현재까지의 중국 이슬람 상황을 크게 두 부분
으로 나누어 살펴보고자 한다. 첫째는 개혁개방 전까지의 중국 무슬
림들의 상황이고, 둘째는 개혁개방 후 현재까지 사회경제적인 변화로
인한 그들의 상황이다. 그래야만 현재 중국의 이슬람을 이해하는데
도움이 더 크기 때문이다. 글을 서술하는 방식은 위에서처럼 회족과
신쟝으로 나누지 않았다. 왜냐하면 공산주의란 전제주의적 통치 스타
일에 따라 회족과 신쟝의 이슬람의 상황은 전체주의 사회의 틀 속에
서 조명되어야 잘 이해할 수 있기 때문이다.[43]

---

43) 중국인 정치학자인 쩌우땅(鄒讜)은 현대 중국 정치의 특성을 한마디로 '전체주의
(totalism)적 특성이 사회 구석구석에 스며 있다.'고 표현했다. 전체주의란 일종의 지도 사상으로
정치기구의 권력이 그 어느때나 무제한적으로 사회 각 계층과 모든 영역에 침입하여 통제할 수

1. 공산화 이후 개혁개방 전까지의 중국 이슬람

중국 공산화 이후 중국공산당은 무슬림이 우세한 지역을 자치구화하면서 그 전에 주장하던 연방제(聯邦制)[44]를 포기하고는 소수민족 자치구제(自治區制)를 실행하였다.[45] 즉 신쟝 위구르자치구(1955년), 닝샤회족자치구(1958년) 등이다. 공산당은 자치구 내에서 소수민족들이 신봉하는 종교를 보존, 보호한다고 했으며, 한편으로는 인민해방군과 한족을 대대적으로 이주, 재배치하여 분리독립 움직임을 제지하고 여러 민족을 잡거(雜居)시켜 통일적으로 통치하였다.

중국공산당이 소수민족의 종교, 언어, 습관을 유지하는 자유를 표명했어도, 1953년의 인구 센서스 조사에서 보면 많은 무슬림들이 자기 종교를 숨긴 사실을 알 수 있다. 1938년 중화민국 정부가 발표한

있는 것을 의미한다. 또한 전체주의적 정치란 이런 지도 사상을 기치로 한 정치 사회로서 이는 정치와 사회 관계에서 어떤 특정 형식만 나타나는 것이 아니라, 사회의 정치 제도와 조직 형성에 영향을 미치지 않는 부분이 없는 것을 의미한다. 鄒讜, 『二十世紀中國政治 —— 從宏觀歷史與微觀行動角度看』(香港: 牛津大學出版社, 1994)

44) 여기서 말하는 연방제(聯邦制)란 구 소련의 민족 정책에 영향을 받은 것으로 민족연방제(民族聯邦制)를 의미한다. 중국공산당은 1930년 전중국소비에트 의회에서 통일전선을 시도하면서 연방제를 선언했는데, 당시 선언은 1949년 공산당이 중국을 통치한 후 초안을 제공하게 된다. 위의 글, 주14), p. 160.

45) 중국공산당은 1952년 2월 22일 국무회의를 통해 '중화인민공화국 민족구역자치실시강요(中華人民共和國民族區域自治實施綱要)' (이하에서는 줄여서 '강요' 라고 함)를 통과시킴으로써, 소수민족들을 정책적으로 다스리기 시작하였다. '강요' 에 보면 자치구(自治區), 자치주(自治州), 자치현(自治縣)의 성립을 제도화 하였다. '강요' 는 기본원칙으로 민주집중제(民主集中制)를 주장하므로, 각 소수민족 자치구의 독자적인 권리의 보장보다는 당중앙과 상급인민정부의 영도(領導)에 대한 절대적인 복종을 강조하는 것이 특징이다. 목준균, 「중국의 소수민족정책」 (정치학 석사학위 논문, 연세대학교 대학원, 1988), pp. 34-36.

통계에 의하면 그때 중국의 무슬림이 48,104,240명이라고 되어 있는데, 1953년 중화인민공화국의 첫번째 인구 센서스 조사에 7,827,475명으로 축소되었기 때문이다.[46]

한편 중국은 기독교에 대해 삼자애국운동위원회를 통해 통일적인 관리를 일정한 범위 내에서 종교자유를 인정하는 것처럼 이슬람교에 대해서도 중국이슬람교협회가 1952년에 준비모임을 하고, 1953년 5월 11일에 베이징(北京)에서 정식으로 성립하게 했다.[47] 중국이슬람교협회는 74명으로 구성된 제1기 전국대표회의를 갖고, 상무위원을 선출했으며 협회 규정을 제정하였다. 당시 중국이슬람교협회장에는 빠오얼한 샤시띠(包爾漢 沙希迪)가 선출되었다.[48] 중국이슬람교협회는 중국공산당인민정부와 이슬람간의 교량 역할을 하는 단체로, 애국애교(愛國愛敎)하며 정부의 종교신앙자유정책을 관철하는 기관이다. 이 단체는 꾸란을 인쇄하고, 《중국 무슬림(中國穆斯林)》이란 잡지를 발행하며, 중국이슬람학교를 운영하는 책임이 있다. 이 단체도 문화대혁명 10년 기간에 기독교 삼자애국운동위원회처럼 폐쇄되었다가, 1979년에 종교신앙자유정책으로 그 활동을 재개했다.

문자(文字)정책에 있어서는 아라비아 알파벳을 대신하여 사용했던 씨릴 알파벳이 라틴 알파벳화 즉 한어병음화(漢語幷音化)되면서, 터키 사람들의 이슬람적인 유전을 제거했다. 이는 신쟝 지역 일대의 터키인 후예인 이슬람족들의 불만을 샀다. 계속해서 1963년에 중국정부

---

46) 위의 글, 주15), p. 161.
47) 위의 글, 주5), p. 761.
48) 위의 글.

는 메카를 순례하는 하지(haji)를 금지시키고, 무슬림들이 전세계 무
슬림을 결집시키려는 이상인 움마 공동체와 접촉하는 것을 금하고,
중국 독자적인 이슬람의 발전에 더욱 박차를 기울였다.[49]

　문화대혁명(文化大革命)으로 인한 핍박은 중국의 무슬림들이 평화
와 자유를 위해 소련이나 중앙아시아로 나가게 하는 결정적인 계기가
되었다. 이 시기에 홍위병들의 파괴행위가 대단히 심각했는데, 이들
은 이슬람교의 폐지를 위해 혁명학습조를 만들어 운영했을 뿐만 아니
라 무슬림이 한족과 결혼하는 것 자체를 금했다. 모든 모스크들은 폐
쇄되었고, 이슬람교 지도자인 아홍, 이맘을 개조대상으로 삼아 노동
개조 현장으로 추방하여 강제 노동에 종사하게 했다.[50] 문화대혁명 시
기에는 꾸란을 읽는 것조차 금하였으며 할례도 금지시켰다. 또한 무
슬림들의 공휴일과 절기를 폐지했으며 모든 이슬람교 조직을 해산시
켰다. 홍위병들은 이슬람의 전통적인 화장대신 매장으로 대체하는 등
문화 풍속까지 파괴했다. 1976년 9월 9일 마오쩌뚱(毛澤東)이 사망하
였고, 10월에는 4인방이 체포되어 문혁시대가 종결되었다. 이후 1978
년 덩 샤오핑(鄧小平)의 개혁개방 정책이 추진되면서 후야오빵(胡耀
邦)이 1980년 중국 소수민족에 대한 신뢰 회복과 문혁재난으로부터
회복을 주장하면서, 다시 통전적인 소수민족 종교에 대해 관용 정책
을 펴기 시작하였다.[51]

49) 위의 글, 주15), pp. 161-162.
50) 위의 글, 주40), p. 270.
51) 위의 글.

2. 개혁개방 이후 사회 경제적 변화

개혁개방 정책 이후 중국공산당은 종교신앙자유정책의 일환으로, 수많은 칭쩐쓰를 재개방했다. 또한 칭쩐쓰 재건을 위한 수리재건비 기금을 허락하거나 정부에서 보조하였다.[52] 한편 무슬림들은 자신의 종교신앙 자유를 다시 가질 수 있었다. 또한 인쇄물은 중국어나 아라비아어로 인쇄가 가능하였다. 이때 문화대혁명 십년 간 폐쇄시켰던 이슬람 학교 8곳도 다시 재개방되었다.[53]

이 시기에 정부에서 보조하는 아랍어 학교가 닝샤회족자치구에 설립되었으며, 학생들은 이곳에서 3년간 아라비아어와 문화를 전문적으로 배우게 되었다.[54] 또한 중국의 이슬람교 교사들과 학생들은 아랍 국가로 유학갈 수 있는 기회를 가질 수 있게 되었고 외사처(外事處)에서 중동권과 외교활동을 하는데 필요한 통역요원으로 발탁 등용되기도 하였다.

1982년에 정부는 터키 무슬림들을 위해 아라비아어로 기초된 문자를 다시 도입하였다. 또 문자가 없는 다른 민족들을 위해서도 문자를 만들고, 다양한 인쇄물 발행을 허용하였다. 한편, 라디오와 텔레비전에서는 그 지방의 방언을 사용하는 것이 가능해졌다. 1985년부터 하지를 허락하여 2천 명의 순례자들이 메카를 순례하고 돌아왔다.[55]

중국정부는 계속해서 이슬람에 대한 종교정책 중 이슬람의 종교행

---

52) 위의 글, 주15), p. 161.
53) 중국의 이슬람교 학교 8개가 있는 지역은 본 글 II. 중국의 이슬람교 개관에서 밝혔다.
54) 위의 글, 주15), p. 162.
55) 위의 글.

사와 종교 절기성 공휴일을 다시 허용하고, 구제(救濟)성격을 띤 자카트 헌금도 허용하였다. 이 돈으로 이슬람교 기관, 칭쩐쓰 그리고 가난한 자들을 지원할 수 있게 되었다. 소수민족에 대해서는 한 자녀 갖기 정책에서 두 명으로 허용하였다. 결혼도 원래 결혼법으로는 남자 22세, 여자 20세가 법적인 결혼적령 나이인데, 소수민족에 대해서는 남자 20세, 여자 18세로 더 특혜를 주었다.[56] 개혁개방 이후 중국 이슬람은 경제적인 변화로 자영(自營)을 위해 사업이나 상업을 할 수 있도록 허락받음으로써, 많은 칭쩐쓰들이 호텔, 이발관, 식당, 선물점, 진료소 등을 운영하여 그 수익을 사용할 수 있게 되었다. 더나아가 개혁개방 정책이 심화되면서, 몇몇 무슬림 공동체들은 자신들의 은행을 개점하였으며, 그 재정을 무슬림을 위한 프로젝트에 사용하기도 했다.[57] 한편 이 시기에 중국정부는 중동 같은 이슬람 국가가 전기, 석탄, 미네랄 자원 등에 투자하도록 노력을 기울였다. 심지어 닝샤회족자치구 같은 곳은 이슬람의 경제특구(Special Economic Zone-SEZ)로 만들어, 이 지역의 경제발전과 중동 이슬람의 재력을 이용한 개발에 박차를 가하도록 논의했다.[58] 이처럼 경제환경의 확대는 중국 무슬림과 중국공산당, 그리고 국제적인 차원에서 중국과 이슬람권의 협력과 접촉을 증가시켰다.

중국공산당은 제3세계 국가들과의 관계를 개선하려고 많은 노력을 했다. 특히 덩 샤오핑 시대의 중국은 중동과 중앙아시아의 주요 국가

---

56) 위의 글.
57) 위의 글, 주15), p. 163
58) 위의 글.

들과 공개적으로 공공연히 관계를 가졌다. 파키스탄과는 정식으로 무
역협정을 맺었고, 중국 무슬림 친선 대표단들이 아프리카와 아시아의
여러 나라들, 이를테면 이집트, 쿠웨이트, 파키스탄, 사우디아라비아,
아랍에미리트, 예멘 등의 무슬림들을 방문하여 중국의 종교신앙자유
정책과 투자 유치를 위해 애썼다. 실제로 1985년 신장 무슬림은 아랍
에미리트에서 수출상품박람회를 개최했다.[59] 중국 무슬림 대표단이
중국으로 돌아온 뒤, 여행했던 국가의 무슬림들과 무역과 정치적인
협력관계를 더욱 돈독히 하는 역할을 했다.

1989년에는 베이징에 사우디아라비아 무역사무소가 문을 열었으
며, 1년 뒤인 1990년에는 외교부장 치엔치천(錢其琛)이 사우디아라비
아를 방문했다.[60] 그때까지 사우디아라비아는 대만을 인정해 오던 국
가였는데, 양국 간의 관계 정상화를 위한 노력의 일환으로 방문이 이
루어진 것이다. 또한 이란과의 관계 개선을 위해 중국과 이란의 고위
정부관계자들이 서로 회합하였는데, 이때 중국이 이란에 수산자원 생
산능력 기술을 제공하였다. 군사부분과 핵무기 기술협력에도 실크웜
미사일을 판매하는 등 접촉을 가졌다. 그리고 이란 대통령 라프산자
니가 1992년 3일간 베이징을 방문하여 지도자와 담화를 나누면서, 신
장의 수도인 우루무치에 철도 레일을 확장하는 건(件)과 신장을 거쳐
키르기스스탄, 타지크스탄까지 비행기 라인을 확장하도록 논의하였
다. 이때 라프산자니는 카슈카르에 있는 에트가(Etgar) 금요예배기도
에 참석하여 이슬람으로서의 동질성을 보여주기도 했다.[61]

---

59) 위의 글.
60) 위의 글.
61) 위의 글, 주15), pp. 164-165.

3. 중국 무슬림에 대한 현 중국정부의 정책과 태도

경제개혁개방 정책으로 중국 무슬림에게 경제번영의 기회와 종교 활동을 통한 신앙의 자유가 다시 제공되었다. 특별히 그 동안 열악했던 터키 무슬림들의 생활이 많이 개선되었다. 중국은 주요 이슬람 국과 중동, 서아시아 국가와 소련과도 상호 경제이익 아래 관계를 개선했다. 최근 중국이 중동과 관계 개선을 중시하는 것은, 신쟝 지역이 전체 중국 영토의 1/6에 해당될 뿐만 아니라, 이 넓은 지역에 매장된 자원의 개발 가능성 때문이다. 국제 환경의 변화, 특히 구소련의 붕괴와 몇몇 터키 사람들의 독립으로 인해 중앙아시아 국가들의 상황이 불안정해졌다. 특히 아프카니스탄, 타지크스탄, 파키스탄의 갈등 투쟁은 무슬림의 독립과 권력 요구와 연관되기 때문에, 중국의 정책은 당연히 지역 안정을 가장 기본적으로 고려할 수밖에 없는 상황이다. 따라서 이들은 중앙아시아의 지역 불안이 중국 소수민족 분리 독립 움직임을 고취시킬까봐 우려하고 있다.

위에서 언급했듯이 중국 이슬람은 순니파가 주류를 이루고 있다. 회족이든 신쟝 일대의 이슬람이든 막론하고 그들 마음의 내면에는 중동을 영적인 고향으로 여기고 있다. 중국정부는 이를 두려워하는 것이다. 한편 타지크스탄과 카자흐스탄의 급진적인 무슬림들이 신쟝에 들어와 미칠 영향을 염려하고 있다. 또한 중국정부는 확대된 경제환경과 기회를 통해 수피파의 형제단이 중국 무슬림들에게 그 영향력을 확대시키는 것을 우려하고 있다. 왜냐하면 이들이 지닌 잠재력과 급진성은 잘 통합된 중국 회족 공동체에 영향을 끼쳐 중국정부에 위협적인 요인으로 작용할 가능성이 있기 때문이다.

현재 중국정부의 중국 무슬림들에 대한 최대 관심사는 어떻게 경제, 사회, 종교 정책을 더 잘 펴서 그들로 하여금 중국에 충성하게 할 것인가?에 대한 것이다. 그런데 문제는 종교신앙자유 회복정책과 개선된 경제환경이 급진적인 수피즘과 지하의 비밀결사를 형성하도록 기회를 제공하고 있어, 어떻게 저지할 것인가이다. 중국 이슬람에 대한 중국정부의 관건적인 사항은 어떻게 해야 중국의 이슬람들에게 중국공산당의 정치적 권위를 최우선적으로 증명하며, 이들이 잘 복종하여 중국 내의 55개 소수민족으로서 존재하는 것을 받아들이고 살 것인가 하는 것이다.

방금 위에서 언급한 중국 무슬림에 대한 중국정부의 태도와 정책을 중심으로 그 동안 일어난 사건들을 보면 중국정부가 이들을 어떻게 다스리며, 현재 중국 무슬림들이 가진 기회와 위협에 대해 그때의 상황에 따라 어떻게 대처하는지를 잘 알 수 있게 해준다. 중국은 무슬림에게 강경책과 온건책을 적절히 사용하며 다스리고 있다. 한족 젊은 이들과 소수민족 민족주의자들이 1980년 4월에 신쟝의 아크수(阿克蘇)에서 충돌을 일으켰는데, 당시 수백만 명의 시민과 군인 사상자가 발생했다.[62] 중국 역사에서 신쟝이 중국에 많은 상품과 중동에 대한

---

62) 이슬람교 연구가인 도날드 맥밀렌(Donald McMillen)은 그의 보고서에서 신쟝 지역에서의 한족과 이슬람족 간의 계속적인 충돌은, 역사적으로 신쟝 지역이 중국 중앙으로부터 비교적 멀리 떨어져 서방이나 변경국가의 영향을 많이 받아온 완충지대로 존재했기 때문이라고 했다. 그러나 더욱 직접적인 원인은 오늘날 신쟝이 지닌 경제적 잠재력과 발전에 연유한다. 신쟝인들의 경제발전에 대한 기대 고조와 이에 반해 동부에서 한족들의 계속적인 유입, 거주로 인해 신쟝 지역의 자원, 이익이 한족들에게 넘어갈 뿐만 아니라, 경제발전의 주도권마저 박탈당할 것이라는 위기감에 있다고 보고 있다. 그의 이러한 견해에 필자도 기본적으로 동의한다. 왜냐하면 필자가 티벳을 방문했을 때도 라싸(拉薩)의 티벳인들이 지금 공통적으로 갖고 있는 불만은 바로 한족

아이디어를 제공해 온 것이 사실이다. 이로 인해 신장의 이권과 경제 이익을 둘러싸고, 여기에 종교적인 자유 획득을 위해 시위와 폭동이 계속되고 있다.[63] 최근 신장에서 분리 독립 움직임과 이로 인한 충돌은 1997년 1월 28일부터 2월 5일까지 있었던 소위 '2·5 폭동'이다. 이때 신장 6대 도시에서 1,500명이 체포되고 150여 명이 실종되었다.[64] 이처럼 중국정부는 중국의 통일을 위협하는 분리 독립 움직임을 여지없이 강압적인 물리력으로 원천봉쇄하고 있다.

한편 중국판 살만 루시디(Salman Rushidie)사건이 발생했는데, 이 사건은 중국 이슬람들에게는 이슬람으로서의 동질성과 그 힘을 보여준 계기가 되었다. 반면에 중국정부는 이를 통해 중국 이슬람교인들이 유익도 되지만, 직접적인 위협도 될 수 있다는 것을 다시 한 번 깨달았다. 중국정부가 이 사건을 관용적인 태도로 처리했는데, 여기서 우리는 중국 이슬람의 민감한 문제에 대하여 중국정부의 노력을 엿볼 수 있다. 즉 중국정부는 분리 독립운동은 정치 문제로, 살만 루시디 사건은 종교 문제로 분리하여 그에 따른 정책과 태도가 다른 것이다. 중국판 살만 루시디 사건은 다음과 같이 전개되어 중국 이슬람과 중국정부에 영향을 끼쳤다. 1989년 5월 12일에 천안문 광장에서 학생들이

들의 경제권, 상권 장악 때문이다. 이런 현상적인 문제에 보다 근원적인 문제로는 종교를 둘러싼 중국으로부터 독립하려는 움직임을 들 수 있다. 따라서 신장의 분리, 독립을 위한 움직임과 이로 인한 무력 충돌, 중국 측의 강경한 진압은 그 상황에 따라 앞으로도 계속될 것으로 보인다.

63) 중국공산당의 1997년 1월 24일 지역종합치안상황 보고에 의하면 1996년에 신장 위구르 자치구에서는 백여 명 이상이 참가한 시위와 폭력 소요가 총 98회 였다고 한다. 또한 1천여 명 이상이 참여한 대규모 폭력 소요는 26차례 일어났다고 보고하고 있다.

64) 한윤숙, 「신장위구르 자치구의 1997년 2·5 폭동」, 《중국과 복음》 제93호, 1997. 5-6.

민주화 운동 시위를 벌이고 있을 때, 한편에서는 약 3천 명의 중국 이슬람들이 베이징에 있는 니우가(牛街) 칭쩐쓰에서 회합을 가졌다.[65] 그곳은 베이징의 20만 이슬람들이 예배를 드리는 곳이다. 이들은 여기서 한 중국 작가가 쓴 『성풍속(性風俗)』이란 책에 대해 규탄대회를 열었다. 이유는 『성풍속』이란 책에서 이슬람의 성생활에 대해 비하하여 언급했기 때문이다.

이 책에서는 회교사원의 첨탑인 미나렛을 남근의 상징으로 언급하였을 뿐만 아니라, 또한 하지 때 종종 호모섹스나 낙타와 수간(獸姦)을 하는 일이 있다고 폭로하였다. 이에 시위자들은 정통 무슬림 복장을 갖추고, 천안문 광장에서 현수막을 들고 '중국의 살만 루시디를 죽이라.'고 외쳤다. 당시 이들의 구호는 '중국을 사랑하고, 우리 종교를 사랑한다.', '이슬람에 대한 모독을 반대한다.', '알라후 아크바르(Allahu Akbar)' 등이었다. 이날 시위에 참석한 민족은 회족, 위구르족, 키르기즈족, 카자흐족 이슬람 학생들이 대부분이다. 이후 『성풍속』약 1,300만 권 복사본이 몰수되었고, 몇몇 도시에서는 이 책을 불태워 버렸다.[66]

베이징 당국에서는 《인민일보(人民日報)》를 통해 이 사건을 천안문 학생시위, 고르바초프의 중국방문과 함께 주요 머리기사로 다루었다.[67] 이는 중국 이슬람들의 불만을 해소하고 무마시키기 위해서 였다. 더 흥미로운 사실은 중국 무슬림들이 시위를 벌이기 전에 경찰과

---

65) 위의 글, 주15), p. 166.
66) 위의 글.
67) 위의 글.

공안부가 먼저 그들의 시위 행진을 합법적으로 허락한 상태라는 점이다. 중국 무슬림들의 천안문 시위 당일에 경찰은 시위하는 무슬림을 에스코트하기도 했다. 더 나아가 정부는 관용정책의 일환으로 중국 무슬림들이 법률의 한도 내에서 지방성의 시위를 허락했다. 같은 날 깐쑤성(甘肅省)회족자치 지역에서 200명의 이슬람들이 란쩌우(蘭州)의 성(省)정부 사무실을 폭파하는 사건이 벌어졌다. 이런 일련의 시위와 사건을 연구한 어느 이슬람 연구가는 중국에서 『성풍속』이란 책으로 인해, 중국 이슬람들이 중국 내에서 이슬람 움마 공동체의 동질성과 이슬람의 지위와 입지를 고조시키는 체험을 하게 되었다면서, 이런 그들의 공동적인 체험과 운동을 중국 이슬람의 잠재력으로 보았다.[68]

이는 같은 시기에 일어났던 천안문 사태에 대한 중국정부의 강경한 태도와 진압과는 너무나 대조적이다. 중국 이슬람의 요구는 관용적인 정책으로 시위를 허용하기까지 했지만, 학생들의 데모는 6·4로 무력적인 강경 진압이었다. 중국 무슬림들은 이런 시위와 집단 경험으로 인해 자신들의 요구를 얻어내는 방법을 습득하게 되었을 뿐만 아니라, 베이징과 전세계에 이슬람의 정치참여에 대한 존중과 지원을 보여주는 기회가 되었다.

---

68) 이와 같은 주장은 리챠드 씨 디 엥젤리스(Richard C. De Angelis)의 견해이기도 하다.

IV. 중국 이슬람의 특징과 선교적 제언

본 글을 통해 중국의 이슬람은 전파과정과 정착과 발전양상이 중국 내지(內地)의 회족(回族) 이슬람과 신쟝의 이슬람으로 구분되는 것을 조망하였다. 여기서 우리가 도출할 수 있는 것은, 중국 이슬람들을 선교할 때 회족과 신쟝을 일단 구별하여 사역을 전개하고, 먼저 이들에 대한 이해가 선행되어야 한다는 점이다. 중국의 이슬람 중 회족의 가장 큰 특성은 한족(漢族) 중심의 중국이란 유교(儒敎)사회에서 오랫동안 소수(少數)의 종교, 문화로 비하되거나, 이방문화라고 멸시받아온 부분 때문에, 피동성(被動性)이라 말해도 과언은 아니다. 또한 이런 견해는 홍콩의 이슬람교 연합회 전도부 주임인 마용샹(馬永祥)도 이미 그의 글에서 밝혔던 부분이다.[69] 그는 회족을 중국의 유교문화, 한족문화에 적응한 민족으로서, 중국문화의 주류요소를 채용하여, 중국상황에 적응한 이슬람의 예(例)로 보았다.

한편 신쟝 이슬람의 가장 큰 특징은 전파과정과 발전에 있어서, 제정일치(祭政一致), 또는 정권의 강력한 권력과 지하드(聖戰)라는 무력행사를 통한 강제적인 집단 개종과 신앙강요의 면을 들 수 있다. 더구나 신쟝 지역은 위구르, 카자흐, 우즈베크, 키르기츠, 타타르족에 심지어 회족까지 포함한 여러 민족들이 함께 살아왔고, 중국공산당의 강압정책을 통해 회족과는 다른 양상을 띠고 존재하였다. 따라서 한족화한 이슬람인 회족과 여러 민족이 각각의 민족 특성을 갖고 이슬

---

69) 위의 글, 주3).

람교를 믿는 신쟝 이슬람의 경우는, 회족과 신쟝 무슬림 사이에서, 신
쟝 무슬림 중 터키계와 위구르, 다른 무슬림 사이에서, 신앙 내용과 실
천 및 중국이란 환경하의 입장 차이로 인해 이슬람이란 동질성이 비
교적 약하다. 그래서 형태상으로는 같은 중국의 이슬람들이지만, 강
력한 이슬람 공동체인 움마 공동체로서의 결집력이 다른 나라에 비해
상호간에 비교적 약한 편이다. 이것이 중국의 이슬람교를 이해하는
또하나의 열쇠이다.

현재 개혁개방은 중국의 이슬람에게 중동과 전세계 이슬람과 접촉
할 수 있는 국제적인 카드를 제공하고 있다. 그래서 중국정부는 중국
이슬람에 대해 더 관용적이고 투자유치를 위한 일환으로 활용하고 있
어, 한편으로는 중국 안에서 이슬람의 입지와 지위가 과거 어느 때보
다 강화되었다. 이런 점이 현재 전세계적으로 일고 있는 이슬람권 선
교에서, 중국의 이슬람 선교가 호기(好期)로 작용하고 있다. 즉 개혁
개방이란 면에 부합하여 이슬람교 선교사들이 들어가 일정 영역 내에
서 다른 이슬람권 보다 활발한 선교를 전개할 수 있는 것이다. 현재 중
국이 필요로 하는 인력은 비즈니스 맨, 첨단 과학기술자, 전문 경영인,
사회사업가, 컴퓨터 관련자 등인데, 이런 전문적인 인재들이 들어가
서 일할 수 있는 공간이 중국의 이슬람권이다. 다만 한 가지 주의할 것
은 중국정부가 중국 이슬람들이 다른 나라의 이슬람들과 교류, 방문
하는 기회가 많아지자, 이슬람의 움마 공동체에 대한 이상과 분리 독
립의 움직임이 고조되는 것을 두려워하여, 강경과 유화 정책을 취하
여 이를 통제하고 있는 점이다. 이 점에 유의하여 중국 정치를 위협하
며, 신쟝 지역의 분리 독립을 초래한다고 오해받는 선교방법과 행위
는 일단 선교활동 전부터도 주목받고, 선교하는 데도 어렵다는 것을

알고 지혜롭게 선교방법을 찾아야 한다. 위에서 언급한 중국정부의
중국 이슬람에 대한 정책과 태도를 숙지하여 다른 이슬람권 보다 열
려진 기회를 더 잘 활용하되, 중국 정부로부터 불필요한 오해를 받지
않도록 신중함이 요청된다.

참고문헌

《중국과 복음》제 98호, 1998. 3-4.

賈光廣 等 編, 『中國少數民族宗教槪覽』, 北京: 中央民族出版社, 1988.

공일주, 『이싸냐? 예수냐?』, 서울: 죠이선교회출판부, 1997.

國家民族事務委員會經濟司 國家統計局國民經濟綜合統計司 編, 『中國民族統計年鑑』, 北京: 民族出版社, 1995.

苗普生 主編, 『新疆歷史常識』, 烏魯木齊: 新疆人民出版社, 1993.

安土偉 審訂 鄭勉之 主編, 『伊斯蘭教簡明辭典』, 江蘇: 江蘇古籍出版社, 1993.

劉宇生 等 主編, 『新疆槪覽』, 烏魯木齊: 新疆人民出版社, 1995.

鄒讜, 『二十世紀中國政治 - 從宏觀歷史與微觀行動角度看』, 香港: 牛津大學出版社, 1994.

한윤숙, 「신쟝위구르 자치구의 1997년 2 · 5폭동」, 《중국과 복음》제93호, 1997. 5-6.

중국의 이슬람교 연구: 카자흐 종족을 중심으로

장경희*

I. 들어가는 말

흔히들 이슬람은 중동, 북아프리카, 중앙아시아, 동남아시아에 널리 퍼져있다고 생각한다. 이슬람교에 관심을 갖거나 사역자로 헌신한 사람들은 이러한 지역으로 나가기 위해 훈련을 받고 준비를 하는 것이 통례이다. 그러나 서울 인구도 아니 남한 기독교 인구보다도 더 많은 수의 무슬림이 중국에도 있다는 사실은 그다지 알려져 있지 않다. 위기와 기회의 도전 속에서 아직도 불모지로 남겨져 있는 이슬람권을 소개하는 것은 균형 있는 중국선교를 위하여 유익하리라 생각된다.

여기에서는 중국의 이슬람교를 카자흐 종족을 중심으로 소개하고자 한다. 이를 위해 먼저 이슬람교에 대한 전반적인 개관, 즉 명칭과 민족, 분포와 사용언어, 교파와 꾸란의 번역 상황, 이슬람 사원(모스

*연구원, AAP 종족과도시선교연구소

크)과 교육, 유래와 역사적 발전 과정, 현황 등을 간략하게 소개하고
자 한다. 이는 중국 이슬람의 제민족을 이해하기 위한 기본적인 밑거
름이 될 것이라고 생각된다.

다음으로 이슬람 민족의 사례로서 카자흐 종족을 소개하고자 한다.
카자흐 종족은 후이와 위구르 다음으로 세번째로 큰 이슬람 종족이
다. 그러나 후이와는 다른 지리적으로 집중적인 거주의 특징을 가지
고 있으며, 위구르와는 다른 이슬람이 이들의 정체성 형성에 큰 구심
점으로서의 역할을 점차 상실해 가고 있는 종족이다. 따라서 이슬람
의 다른 제민족에 비해 민족적으로 커다란 영적 공백기를 맞고 있으
며, 복음전파가 시급하게 요청된다. 이에 카자흐 종족의 일반적 개요,
경제, 생활 조건, 사회 구조, 교육, 종교와 기독교 현황을 소개한 후,
이들을 위한 선교 접근방법과 기도제목을 제시하고자 한다.

이 글을 통해 이슬람권에 관심을 가진 분들에게 중국 이슬람 특히
카자흐 종족을 알리는 기회가 되며 열려진 기회 속으로 헌신된 사역
자들의 적극적인 동참을 기대한다.

II. 중국의 이슬람교 개관

1. 이슬람교 현황

1) 명칭과 민족
초기의 무슬림들은 '따쓰(Tashihs, 大食)', '써무(Semu, 色目)'라
고 불렸다. 색깔 있는 눈동자를 가진 외국인 중 90퍼센트가 아랍 무슬

림들이었고, 10퍼센트가 조로아스터교인, 네스토리안이기 때문에 후에 모든 써무를 무슬림으로 본 것이다.[1] 이것이 14세기경에 오면서 '후이(Hui, 回)'로 변하게 되었다. 당시 중국과 가장 밀접하게 살았던 위구르를 비롯한 서아시아, 중앙아시아 일대의 무슬림을 부르는 통칭이 후이후(回鶻)였는데, 이것을 한어로 '후이후이(回回)'라고 불렀다. 이것이 무슬림을 통칭하게 되었다.[2] 오늘날에는 중국에 완전히 동화된 무슬림들을 망명자란 의미에서 '후이(Hui)'라고 부르며, 이들은 중국 무슬림을 대표하는 소수민족으로 존재한다. 따라서 많은 사람들이 중국의 이슬람이라고 하면 으레 후이족을 떠올린다.

그러나 중국의 이슬람은 후이만이 아니다. 후이 외에도, 위구르, 카자흐, 키르키즈, 타지크, 우즈베크, 타타르, 싸라, 동시앙, 빠오안 등 무려 10개의 소수민족이 이슬람을 신봉한다. 이들 민족 중 샤머니즘이나 라마교를 신봉하는 사람들이 일부 있으며, 반면 멍(蒙), 빠이(白), 짱(藏)족 중에서도 일부 이슬람을 신봉하는 이들이 있다.[3] 따라서 통상적으로 중국의 이슬람 인구는 위의 10개 민족을 합한 것으로 보는데, 1990년 통계에 의하면 1,760만 명 정도이다.[4] 이슬람을 신봉하는 민족과 그 인구는 위의 표와 같다.

---

1) HJ. Ibrahim T.Y.Ma, *Muslims in China*, (Islamic Da' wah Centre Ministy of Religious Affairs, 1991), pp. 36-37.

2) 胡振華(編), 『中國回族』, (銀川: 寧夏人民出版社, 1993), p. 1.

3) 李册主 (編), 『當代伊斯蘭教』, (北京: 東方出版社, 1995), p. 337.

4) 1930년 중국연감에 의하면 4천8백만 무슬림과 4만 개의 모스크가 있었다고 한다. 그러나 1951년 집계는 1천1백만으로 줄었는데 이는 공산정부 아래서 그들의 신앙을 밝히기를 꺼려한 결과였다(HJ. Ibrahim T.Y.Ma, p. 153). 현재 일부에서는 중국의 이슬람교도가 5천만 명에 이른다고 주장하기도 한다.

〈중국의 무슬림 인구의 발전과 변화〉

민족	1953년	1964년	1982년	1990년
후이(回)	3,559,300	4,773,100	7,228,400	8,603,000
위구르(維吾爾)	3,640,100	3,996,300	5,963,500	7,214,400
카자흐(哈薩克)	509,400	491,600	907,500	1,111,700
동시앙(東鄉)	155,800	147,400	279,500	373,900
키르키즈(柯爾克孜)	70,900	70,200	113,400	141,500
싸라(撒拉)	30,700	34,700	69,100	87,700
타지크(塔吉克)	14,500	16,200	26,600	33,500
우즈베크(烏孜別克)	13,600	7,700	12,200	14,500
빠오안(保安)	5,000	5,100	9,000	12,200
타타르(塔塔爾)	6,900	2,300	4,100	4,900
총계	8,006,200	9,244,600	14,613,300	17,597,300

자료: 張天路, 宋傳升, 馬正亮(共著), 中國穆斯林人口, (銀川: 寧夏人民出版社, 1991), p. 11.

2) 분포와 사용 언어

이들 가운데 후이족의 경우는 닝시아(寧夏) 회족 자치구(17퍼센트), 칭하이(靑海)성(7퍼센트), 깐쑤(甘肅)성(13퍼센트)에 전체의 3분의 1이상이 분포해 있으며, 그 외 신쟝, 허난(河南), 허뻬이(河北) 등 전국 각 성과 도시에 널리 흩어져 살고 있다. 위구르는 99.8퍼센트가 신쟝성에 거주하고 있는데, 특히 남강 지구에 그 중 82퍼센트 이상이 집중적으로 거주하고 있다. 그 외 후난(湖南), 베이징 등 성시에 흩어져 살고 있는 데, 베이징의 경우 니우지에(牛街)를 중심으로 거주하고 있다.

그 외의 카자흐, 키르키즈, 타지크, 우즈베크, 타타르 등의 민족들은 주로 신쟝성에 99퍼센트 이상이 집중적으로 거주하고 있다. 동시 앙족의 경우는 깐수성에 85퍼센트 이상, 신강에 14퍼센트 정도가 거 주하고 있으며, 싸라족의 경우는 칭하이성에 88퍼센트, 깐수와 신강 에 각각 7퍼센트와 4퍼센트 정도로 거주하고 있다. 빠오안족은 깐수 성에 92퍼센트 이상, 칭하이와 신강에 각각 4퍼센트와 3퍼센트 정도 로 분포되어 있다.[5]

따라서 이슬람 제민족들의 분포적 특징은 신쟝, 칭하이, 깐수성을 중심으로 자치구, 자치주, 자치현을 이루어 집중적으로 분포하고 있 으며, 후이족의 경우는 전국적으로 흩어져 분포한다고 할 수 있다.

후이의 경우 한어(보통화)와 중국어 문자를 사용하고 있으며, 그 외 위구르, 카자흐, 키르키즈, 타지크, 타타르, 우즈베크 등은 고유의 민 족 언어와 문자를 가지고 있으며 한어를 병용하고 있다. 그러나 동시 앙, 싸라, 빠오안의 경우는 고유의 민족 언어를 가지고 있으나 문자가 없으므로 한어와 문자를 통용하여 사용하고 있다. 일반적으로 외부와 의 접촉과 개방의 정도가 확대될수록 한어에 대한 이해도가 높다.

3) 교파와 꾸란의 번역 상황

이들의 주요 교파는 순니파의 하니피파, 시아파의 이스마엘파와 수 피파 등이다. 위구르, 카자흐, 후이, 우즈베크, 타타르 등의 대다수가 수니파이고, 위구르와 우즈벡의 일부가 수피파이다. 타지크, 키르키 즈 등은 시아파의 이스마엘파에 속한다.[6]

5) 張天路, 宋傳升, 馬正亮(共著), 『中國穆斯林人口』, (銀川: 寧夏人民出版社, 1991), pp. 13-15.
6) 王懷德, 『伊斯蘭敎敎派』, (北京: 中國社會科學出版社, 1994), pp. 86-110 참조.

〈민족자치기관표〉

행정 구획	명칭	건립시기	소재지구
자치구	新疆維吾爾自治區	1955년 10월 1일	新疆
	寧夏回族自治區	1958년 10월 25일	寧夏
자치주	昌吉回族自治州	1954년 7월 15일	新疆
	克孜勒蘇柯爾克孜自治州	1954년 7월 14일	新疆
	臨夏回族自治州	1956년 11월 19일	甘肅
	伊梨哈薩克自治州	1954년 11월 27일	新疆
	巴里坤哈薩克自治州	1954년 9월 30일	新疆
	海西蒙古族藏族哈薩克族自治州	1954년 1월 25일	靑海
자치현	大 回族自治顯	1955년 12월 7일	河北
	孟村回族自治顯	1955년 11월 30일	
	阿克塞哈薩克族自治顯	1954년 4월 27일	甘肅
	東鄕族自治縣	1950년 9월 25일	
	張家川回族自治顯	1953년 7월 6일	
	化隆回族自治顯	1953년 3월 1일	靑海
	循化撒拉族自治顯	1954년 3월 1일	
	門源回族自治顯	1953년 12월 19일	
	巴里坤哈薩克自治顯	1954년 9월 30일	新疆
	塔什庫爾干塔吉克自治顯	1954년 9월 17일	
	木 哈薩克自治顯	1954년 7월 17일	
	焉耆回族自治顯	1954년 3월 15일	
	巍山彝族回族自治顯	1956년 11월 9일	雲南
	壽甸回族彝族自治顯	1979년 12월 20일	
	威寧彝族回族苗族自治顯	1954년 11월 11일	貴州

자료: 李册主(編), 〈민족자치기관표〉, p. 340.

중국어(한어)로 된 최초의 꾸란은 한학자인 리티에쩡(李鐵錚)에 의
해서 1927년 번역되었는데, 이것은 일본어 번역본을 중국어로 옮긴
것이다. 그후 중국어 꾸란은 지금까지 10여 차례 이상 번역 출판되었
다. 1932년에 원본 꾸란에 기초한 중국어 번역본이 출판되었으며,
1988년에 아랍어와 중국어가 동시에 사용된 최초의 원문대조판으로
출판되었다. 특히 1981년 마진(馬堅)에 의해 번역되고 중국사회과학
출판사에서 발행된 꾸란이 공개발행량이 제일 많았으며 광범위한 영
향력을 행사하고 있다.[7]

소수민족어로 된 꾸란으로는 1987년 10월에 초판된 위구르어 꾸란
과 1990년 10월에 초판된 카자흐어 꾸란이 있다. 기타 소수민족은 한
어로 된 꾸란을 통용하고 있으며, 대부분의 종교지도자들과 지식인들
이 아랍어를 배워 원문으로 이해하기를 선호한다.[8]

4) 이슬람 사원과 교육과 조직

중국에서는 모스크, 즉 이슬람 사원을 가리켜 '칭쩐쓰(淸眞寺)' 라
고 한다. 이는 명청(明淸)시기에 부여된 이름으로 '칭(淸)' 은 알라의
종교는 맑고 깨끗하며, 더러움과 혼합이 없다는 뜻이고, '쩐(眞)' 은
알라는 유일하고 지존하다는 의미에서 붙여진 것이다. 1993년 전국에
약 2만7천여 개의 칭쩐쓰가 있으며, 이를 관리하는 교직원수는 3만 명
에 이른다.[9] 칭쩐쓰의 건축 양식은 다양하다. 둥근 지붕과 반달표시의

---

7) HJ. Ibrahim T.Y.Ma, p. 172-175.
　楊懷中, 余振貴(編), 『伊斯蘭與中國文化』, (銀川: 寧夏人民出版社, 1995), pp. 426-536 참조.
8) 楊懷中, 余振貴(編), 『伊斯蘭與中國文化』, (銀川: 寧夏人民出版社, 1995), pp. 536-541.
9) 李册主(編), 『當代伊斯蘭教』, (北京: 東方出版社, 1995), p. 344.

173

〈각지 이슬람교경학원 개황표〉

명칭	위치	건교시기
沈陽伊斯蘭敎經學院	선양	1982년
蘭州伊斯蘭敎經學院	란쩌우	1984년 12월
鄭州伊斯蘭敎經學院	쩡쩌우	1985년 11월
寧夏伊斯蘭敎經學院	인추안(銀川)	1985년
北京伊斯蘭敎經學院	베이징	1986년 4월
靑海伊斯蘭敎經學院	시닝(西寧)	1987년 4월
新疆伊斯蘭敎經學院	우루무치(烏魯木齊)	1987년 6월
昆明伊斯蘭敎經學院	쿤밍	1987년 11월

자료: 李册主(編), p. 345.

전통적 아랍양식이 있는가 하면, 마치 불교 사원인 것으로 보이는 중국식 전통 양식도 있다. 아랍 양식으로 된 크고 대표적인 칭쩐쓰를 이들은 몹시 자랑스럽게 여긴다. 대부분의 시골지역 칭쩐쓰는 중국 양식으로 지어져 있는데, 이는 중국식 이슬람을 대표하는 부분이기도 하다.

중국의 전통 이슬람 교육은 주로 칭쩐쓰에서 이루어지며, 경당교육 또는 사원교육이라고 일컬어진다. 경당교육은 명(明)대에 최초로 시작되었으며, 초기에는 선생이 가정에 제한된 수의 학생을 모아 수업하는 방식의 사숙교육이었다. 이것이 후에 칭쩐쓰 내에서 행하는 경당교육으로 발전되었다. 보통 소학부와 대학부로 나뉘어지며 이슬람교의 각종 경전과 관련 과목을 학습시켜 종교 신앙 활동에 필요한 인재를 충원하고 있다. 소학부에서는 아랍어, 기초 종교지식, 잡학 등을 배우며 대학부에서는 아랍어 외에 페르시아어, 인주학(認主學), 교법학(敎法學), 꾸란(古蘭經) 등을 배운다.[10] 현재 전국에 5년제로 공식 운영되는 8개의 경학원이 있으며, 이러한 경학원 외에도 각종 형식의 독경반, 훈련반, 진수반 등이 있어서 아훙(阿訇)과 모라(毛拉) 등의 전문적인 종교인을 배출해 내고 있다.

이슬람교의 조직으로는 1952년에 7월에 조직되어, 1953년 5월에 정식 건립된 중국이슬람교협회가 있다. 1993년까지 6차에 걸쳐 전국 성대표회의를 소집했으며, 각 지방의 성, 시, 자치구, 자치현의 협회도 300여 개나 된다. 이러한 조직들은 무슬림 군중과 밀접한 관계를 맺으면서, 종교 문화활동 및 이슬람교의 학술연구를 조직하며, 경학원을 운영할 뿐만 아니라, 나아가 국외의 무슬림들과의 관계와 활동을 관장한다.[11]

2. 이슬람교의 유입과 발전과정

1) 유입 경로

그렇다면 중국의 이슬람은 언제 어떤 경로를 통해서 유입된 것일까? 중국의 이슬람 유입 시기에 대한 학설은 다양하다. 빠른 경우 수나라 개황(開皇, 587년)때부터, 당나라 영휘(永徽, 651년)시기, 당나라 대종(代宗, 762-766년)때에 전래되었다는 것과 15세기로 보는 경우도 있다. 일반적으로는 651년이 통설이다.[12]

---

10) 今源, 『中國的伊斯蘭敎』, (銀川: 寧夏人民出版社, 1994), pp. 178-190 참조.
11) 李册主(編), 앞의 책, pp. 341-344.
12) 본고에서 제시된 참고문헌 등 대다수의 중국 자료들은 이 견해를 지지하고 있다.

　이슬람의 전파 경로는 크게 두 가지로 구분될 수 있는데 이 구분에 따라 민족적인 특성도 함께 공유하게 된다. 첫째, 해안 지역을 통한 전파이다. 이는 복건성, 광동성의 해안을 통해 중국으로 전파되었다는 설이다. 당제국시대(618-905년), 광동성의 광주, 복건성의 몇 도시에 외국인 특별지구가 설립되어 있어서, 이곳을 통해 중국과 무역하도록 했다. 아랍인이 주를 이루었고, 소수의 페르시아인, 유대인, 크리스천 들이었다. 당말 송초에(880-990년) 이러한 이민자들은 12만 명을 넘어서고 있었고 그 중 80퍼센트가 아랍인들이었다. 시간이 지남에 따라 이러한 외국인 거주 지역의 규율이 없어지거나 느슨해져서 이들 외국인들은 양쯔강을 따라 점차 북쪽이나 다른 지역으로 이주하게 되었고 장안, 개봉 등지에까지 이르렀다. 또한 원명시대부터 서역에서 계속적으로 내지로 들어온 무슬림도 그 숫자가 확대되어 기존의 집단에 합류하게 되었으며, 중국 봉건사회의 상황에 적응하여 독특한 중국 내지의 이슬람 문화를 형성하기에 이르렀다. 이들 대다수가 한족, 몽골 등의 민족과 통혼하게 되어 후이(回)족의 조상이 되었다. 현재의 후이, 동시앙, 싸라, 빠오안 등이 이러한 전파경로에 의해 형성된 내지의 이슬람 민족들이다.

　둘째, 서부 지역을 통한 전파이다. 주로 승려들의 포교 활동, 상인들의 상업활동과 정복전쟁(지하드)을 통해 중앙아시아를 거쳐 이슬람이 중국으로 전파된 경로이다. 사실 중국과 아랍은 기원전 2세기 한(漢)나라가 서역을 평정한 이후부터 교류가 시작되었다. 이것이 실크로드의 기원이며, 바로 이 실크로드가 이슬람 전파의 중요한 통로가 되었던 것이다.

　8세기 말엽 중앙아시아가 페르시아계의 사만조의 지배에 들어가면서, 상인들에 의해 투르크계에 점진적으로 이슬람이 전파되다가 9세기 말엽부터 본격적으로 이슬람이 전해지기 시작했다. 특히 10세기 초 커라칸조(喀喇汗朝, 카룰룩과 위구르족이 연합하여 세운 나라)의 3대 왕이 이슬람으로 개종하면서 커라칸조의 수도인 카쉬카르는 이슬람교 전파의 중심지가 되었다. 그로 인해 커라칸조의 20만 투르크족들이 일시에 무슬림이 되었다. 그러나 이 시기까지는 이슬람의 세력은 불교에 비해 그다지 강하지 않았다. 그후 13세기에 몽고 차카타이 칸국의 투르크 티무얼 왕이 무슬림이 되어 16만의 몽고인들이 일시에 무슬림이 되면서 이슬람의 세력과 영향권이 확대되기에 이르렀다. 16-19세기에, 초기의 난장(南疆) 중심에서 전체 신쟝으로 확대되었으며 티엔샨(天山) 이북의 이리지구와 중앙아시아 초원 유목지대까지 확대되었다. 현재의 위구르, 카자흐, 키르키즈, 우즈베크, 타타르, 타지크 등의 이슬람 민족이 이러한 전파경로에 의해 형성되었다.[13]

이상의 두 경로를 통해 중국의 이슬람은 7세기 중엽부터 13세기에 이르는 6세기에 걸쳐 북서부의 통치 종교로 자리잡게 되었다.

2) 역사적 발전 과정[14]

그후 이슬람은 중국 역사와 함께 부단히 변화를 거듭하면서 발전과정을 거치게 된다.

---

13) HJ. Ibrahim T.Y.Ma, pp. 9-17.
　楊懷中, 余振貴(編), 앞의 책, pp. 592-633.
　李册主(編), 앞의 책, pp. 332-335; 수源, 1-25 등을 참조하라.
14) 余振貴, 『중국역대정권과 이슬람교』, 中國歷代政權與伊斯蘭敎, (銀川: 寧夏人民出版社, 1996)를 참조하라.

당송시대, 무슬림은 중국에서 제일 부유한 사람들이었다. 비공식적으로 수출입 무역을 장악하고 있었으며, 중요한 해외 사업의 이익을 차지하고 있었다. 원대, 몽골족의 통치자들은 거대한 중국의 통치를 위해 다루하치와 같은 서아시아 무슬림을 정치적 고문으로 초빙할 정도로 이슬람에 관대했다. 무슬림들은 중국의 문화와 이름을 널리 전파하는 데 크게 공헌하였으며, 관료, 과학자 저명한 문필가 등도 많았다. 이때 많은 몽골인들이 이슬람을 받아들이게 되었으며 현재의 닝시아와 주변 지역으로 이슬람이 전파되었다. 이는 오늘날 내몽골에 수많은 무슬림이 존재하게 된 배경이 된다. 원명시대에 이르러 이주해 온 무슬림과 본토 무슬림은 '모든 무슬림은 형제들이다'라는 구호 아래 조화를 이루면서 함께 살기 시작했다. 회심한 한족 무슬림과 이슬람에 매료된 한족으로 인해 결국 무슬림은 한족과 중국문화에 동화되었고, 이로 인해 이슬람은 중국에서 깊이 뿌리내리게 되었다.

청대에 이르러 이들의 운명은 큰 변화를 맞이했다. 서북 지역과 서남 지역에서 20~30년간 한 번 꼴로 크고 작은 반란이 계속되었으며 많은 무슬림들이 죽음을 맞았다. 이는 이들이 청나라 즉 만주정권의 통치를 받아들이기를 거부했기 때문에, 정권에 동조하는 한족에 의해 압박과 억압을 당했다. 특히 신쟝, 산시, 깐쑤, 윈난에 살았던 많은 무슬림들이 크게 고통을 겪었다. 게다가 한족에 대한 반감으로 인해 교육은 등한시되고 특히 한어교육은 더욱 뒤쳐지게 되었다. 그러나 이 시기 실제적인 무슬림의 수는 배가되었고 칭쩐쓰의 수도 증가되었다. 정치적인 지위는 약화되었으나 마을 속으로 이슬람이 전파되었으며, 대중들에게 널리 퍼져 강한 세력을 갖게 되었다.

이로 인하여, 중화민국이 들어서면서 이슬람은 중국에 있는 대표적인 다섯 민족 중의 하나로 인식되었으며,[15] 현대식 교육시설과 국가적 차원의 연합체들이 설립되기에 이르렀다. 그러나 이러한 동화정책에도 불구하고, 신장지역에서는 계속적인 내전이 있었다. 1933~1934년간 위구르를 중심으로 동투르크공화국이라는 이슬람국을 설립했다가 실패했으며, 1944년에도 이러한 시도가 계속되었다.[16]

공산화 이후 개혁개방 이전까지는 중국정부는 무슬림들을 위한 자치 지역을 창설하면서,[17] 보호를 내세웠지만 실제적으로는 모든 종교를 말살해 갔다. 이슬람 또한 예외일 수는 없어 이슬람 사원의 폐쇄, 연합회 폐지, 순례금지, 꾸란 낭독 금지, 전통 이슬람 장례식 폐지 등을 강요당했다. 그러다가 개혁개방과 더불어 서서히 종교적 활동을 풀어주고 있다. 일례로 1985년에는 약 2천 명에게 메카순례를 허락했다.[18] 이슬람 종교 실천사항에 관한 제한이 여전히 존재함에도 불고하

---

15) 중화민국의 국기는 오색으로 표현되어 있으며, 이것은 각각 한족(적색), 만주족(노란색), 몽골(청색), 후이족(흰색), 티벳족(검정색)을 의미한다(HJ. Ibrahim T.Y.Ma, pp. 120-121).

16) Richard C. De Angelis, *Muslims and Chinese Political Culture*, The Muslim World, vol. LXXXVII, No.2, Aprill, 1997, p. 159. 사실상 위구르를 비롯한 터키계 무슬림과 후이와는 지역적, 문화적으로 큰 차이가 있었다. 후이는 오랜 기간 한족과 동화되면서 확대되어 왔기 때문에 크게 이질감 없이 중국문화에 뿌리를 내릴 수 있었다. 그러나 위구르의 경우는 문화적으로 중앙아시아와 연계된 상태로 이들의 특성을 지닌 채 뒤늦게 중국으로 유입되어 왔기 때문에 중국화되기에 쉽지 않았다. 이 때문에 이슬람 민족들을 하나로 묶으려는 정부의 동화정책에도 불구하고 이들 내에는 계속된 불화가 있었으며, 위구르족은 자신들만의 독립된 국가를 세우기를 소망했던 것이다. 1990년대 이래 중앙아시아의 여러 민족들이 독립하게 되면서, 후이 보다는 중앙아시아의 여러 민족과 더 깊은 동질성을 느끼는 위구르족은 독립에 대한 열망을 더 강렬히 표방하고 있다. 근래 신장에서 일어나는 정치적인 갈등과 긴장은 이러한 연장선 위에서 이해될 수 있을 것이다.

17) 앞에서 제시된 〈민족자치기관표〉를 참조하라.

18) *Ibid*, p. 162.

고, 현재 중국 무슬림들은 최대의 자유를 누리고 있는 것으로 보인다. 변화하는 국제 정세 속에서 중국정부는 이슬람을 하나의 국제관계를 위한 카드로 활용하고 있는 것이다.

3. 변화에 직면한 이슬람과 열려진 기회

그렇다면 이슬람을 신봉하는 소수민족들의 실제적인 상황은 어떠한가? 과연 이슬람은 부흥을 맞고 있는가?

현재 중국의 구석구석이 그렇듯이 이슬람의 세계도 변화를 맞이하고 있다. 한편으로는 개혁개방 이후 이슬람의 부흥이라는 새로운 국면을 반가이 맞고 있으면서도 다른 한편으로는 경제적인 낙후성을 탈피하기 위해 전면적인 노력을 기울이고 있다. 즉 종교적 회복과 경제적 발전이라는 두 마리 토끼를 잡으려고 시도하고 있는 것이다. 두 마리 토끼를 다 잡는다는 것은 쉽지 않은 일이다. 이들은 혼란의 위기에 직면하고 있다.

사실, 싸라, 동시앙, 빠오안 등이 아직 개방되지 않았거나 개방의 초기에 있는 민족들 내에서 이슬람은 여전히 이들의 강한 구심점이 되고 있다. 위구르의 경우도 정치적인 독립을 위해 이슬람을 중심으로 결집력이 강하게 작용하고 있어서 여전히 쉽지 않은 상황이다.

가장 기본적으로는 중국의 이슬람이 특성상 오랜 역사를 통해서 문화적 종합체의 성격을 띠고 있음을 주목해야 한다. 이슬람은 중국의 오랜 문화적 전통과 융합되면서 중국 특색의 이슬람 문화를 형성시켰는데, 특히 중국 유가(儒家)의 가치관과 민족 고유의 샤머니즘을 흡수하여 토속적인 형태의 이슬람 문화를 형성시켰다. 이것은 종교신앙,

제도, 도덕과 철학, 교육, 법률, 과학, 예술, 음악, 건축, 풍속 등 각 방면의 문화에 깊고 풍부한 영향을 끼쳐 하나의 커다란 종합체로서 존재하고 있다.[19] 따라서 비록 겉모습으로 이들이 이슬람의 다섯 기둥을 철저히 지키지 않고 변화하는 것처럼 보일 수 있지만, 실제로 이슬람은 이들의 민족성에 뿌리깊게 자리잡고 있어서, 단시일 내에 종교의 변화를 기대하기는 어렵다.

그럼에도 불구하고 외부 세계와의 접촉과 개방정도가 높을수록 이슬람을 중심으로 한 구심점은 점점 약화되고 있는 듯하다. 특히 후이를 비롯한 대부분의 민족들이 경제적인 발전과 변화를 더 열망하고 있는 것으로 보인다.[20] 일례로 1985년 건립된 인추안(銀川)에 있는 닝샤이슬람교경학원은 전국에서 제일 큰 규모이다. 초기에 이 경학원은 국가의 보조아래 운영되었으며, 학생도 몇백 명에 이르렀다. 그러나 1997년에는 국가의 보조가 줄어들어 학생들이 직접 학비를 내야하며, 학생 수 또한 50-60명으로 줄어들었다. 대다수의 젊은이들은 이제 경학원에서 공부하는 것보다 돈을 벌기 위해 기술학교로, 도시로 가기를 더 선호한다. 깨진 유리창이며, 손질이 안된 외관만 보더라도 퇴락해 감을 느낄 수 있었다. 방문객에게 2원(인민폐, 한화 약 300원 정도)씩의 입장료를 받고 있어서, 이곳을 경제적인 수익처로 삼는 것을 볼 수 있었다. 수익사업을 위해 호텔, 이용원, 음식점, 선물의 집, 진료소

---

19) 楊懷中, 余振貴(編), 앞의 책, pp. 547-550.
20) 필자는 97년 여름 한 달여 동안 북서부 지역을 돌보면서 이슬람을 신봉하는 제민족들을 방문 조사했다. 이하는 당시의 인터뷰 등을 토대한 자료임을 밝힌다.

등을 칭쩐쓰 내에 설치한 곳도 있다고 했다.

또한 카자흐의 경우 이들은 변화와 갈등을 겪고 있다. 목축 중심의 산간지방에서는 여전히 강한 영향력을 지니고 있으나, 도시나 농촌 지역 특히 젊은이들 사이에서 이슬람은 그 영향력을 잃어가고 있다. 그들은 전통적으로 이슬람을 받아들이고 있지만, 그들의 이슬람에 대한 이해는 극히 저조하며, 그것이 이들에게 삶의 의미를 가져다 주지 못하고 있다. 카자흐족의 청년들은 '우리는 꾸란을 읽을 줄도 모르고 꾸란을 가지고 있지도 않다. 단지 1년 한두 차례 칭쩐쓰에 갈 뿐이다' 라고 했다.

따라서 중국의 이슬람은 그 허점을 드러내고 있으며, 복음의 접촉을 기다리고 있다고 할 수 있겠다. 경제발전을 위하여 도시로 타지로 이동하면서 종교적 전통에서 점점 멀어지고 있는 이들에게 복음을 전할 수 있는 기회가 주어지고 있는 것이다.

그러나 현재까지 이들에 대한 한국 교회의 관심과 사역은 아주 미비한 상황이다. 전통적으로 이슬람으로 알려진 후이족, 요즘 한참 인기를 끌고 있는 위구르족은 다른 민족에 비하면 그나마 나은 상황이다. 우루무치, 시닝, 란쩌우, 인추안을 중심으로 몇 가정이 사역을 준비하거나 사역에 들어갔지만, 전체 인구에 비하면 사역자가 턱없이 부족한 실정이다. 동시앙족을 위한 성경번역 사역이 진행 중에 있고 이를 위하여 한 가정이 인근 지역에서 사역하고 있다. 싸라족의 경우 한 가정이 관심을 가지고 있는 상황이고, 얼마 전 한 정탐대가 정탐을 하고 돌아왔다. 그 외 다른 민족들은 국내에도 잘 알려져 있지 않은 상황이다.

다시 말하지만 지금 중국은 사회, 정치, 문화적으로 변화에 직면해 있으며 중국의 이슬람 역시 변화를 맞고 있다. 중동을 비롯한 다른 이슬람 세력들은 정치와 밀접한 관계를 맺고 있어 사회변동이 일어난다 하더라도 전체적으로 큰 변화를 겪기까지는 시간이 걸릴 수 있다. 그러나 중국은 상황이 다르다. 이들 이슬람 세력들은 소수민족으로 분리되어 있으며, 역사를 거듭해 오면서 정부의 정책에 따라 심한 변동을 겪어 왔다. 이제 다시 한 번 선교의 기회를 맞이하고 있는 이들에 대하여 더 깊은 관심과 연구 그리고 중보 기도가 일어나야 할 때다.

III. 사례 연구: 카자흐 종족[21]

1. 일반적 개요

1) 위치와 환경
카자흐 종족은 중국의 신장[22]과 칭하이(靑海) 두 성에 자치구 또는

---

21) 이하의 자료는 1997년 7월 14일~24일간 AAP 카자흐 정탐팀의 정탐보고서를 토대로 작성된 것이다. 당시 필자를 비롯한 5명의 스테프 및 훈련생들은 우루무치, 알타이시 그 주변의 농촌 지역, 천산 천지 등지의 카자흐 종족을 중심으로 조사했다. 자세한 내용은 「카자흐 종족 정탐보고서(AAP 미간행 자료)」를 참조하라.

22) 신장(新疆)성은 동경 73°~96°, 북위 34°~49°에 위치하고 있으며, 중국의 서북 지역에 자리잡고 있다. 몽고, 러시아, 카자흐스탄, 키르키즈, 타지크스탄, 아프가니스탄, 파키스탄, 인도 등 8개국과 접경을 두고 있다. 면적은 164만7천㎢로 남한의 17배 한반도의 8배에 달하며, 직할시 3개, 자치구 5개, 지구 8개, 현급시 15개, 현 64개, 자치현 6개의 행정으로 구분되어 있다.

신장성은 대륙성 건조 및 반건조 기후 지역에 속하며, 연평균 강수량이 북쪽 지역(北疆)은 200㎜, 남쪽 지역(南疆)은 50㎜이다. 남북 지역의 기온차가 심하여, 북쪽 지역 1월 평균기온은

자치현에 주로 분포되어 살고 있다. 신쟝 내 13개 종족(정부공식 발표) 중에 세번째로 큰 규모를 가진 이들은 신쟝(新疆)의 서북부지역 이리 (伊犁) 카자흐 자치주 소속의 이리, 타청(塔城)과 알타이(阿勒泰)지구, 창지(昌吉)회족 자치주의 무레이(木壘) 자치현, 그리고 하미(哈密) 지구의 빠리쿤(巴里坤) 카자흐족 자치현에 집중적으로 거주하고 있다. 그 외 우루무치의 남부 티엔산(天山) 부근, 그리고 감숙성과 청해성의 몇 자치현에 흩어져 살고 있다.

2) 종족명

'카자흐' 란 명칭의 기원에는 크게 네 가지의 설이 있다. 첫째, '중국소수민족(中國少數民族)', '중국소수민족간황(中國少數民族簡況)', '카자흐간사간지합편(哈薩克簡史簡志合編)' 등에 따르면 '카자흐' 란 명칭은 15세기에 이르러 처음으로 나타나며, 그 뜻은 '피난자', '이탈자' 라고 한다. 이는 15세기경 왕위쟁탈전 중 '보라칸' 이란 지도자를 따라 20만 명의 추종자들이 중앙아시아에서 중국 쪽으로 도망

-20℃, 7월 평균기온은 20℃이며, 남쪽지역 1월 평균기온은 -10℃, 7월 평균기온은 25℃이다. 사막기후로 연평균 일교차가 12℃로 아침과 저녁 온도 변화가 심하다. 연평균 일조시간이 2,600~3,400시간으로 면화, 식용유 곡물, 사탕무, 각종 채소와 과일의 성장에 유리한 조건을 제공하고 있으며, 면화 생산량은 중국에서 1위이다.

1천6백5만 명(94년통계)의 인구를 지니고 있으며, 49개의 민족으로 구성되어 있다. 이 중 주요민족은 13개이다. 민족별 인구수와 비율을 보면 위구르족(748만, 46.7퍼센트), 한족(616만, 38.4퍼센트), 카자흐족(118만, 7.4퍼센트), 회족(72만, 4.5퍼센트)의 순이다. 그 외 키르키즈족(15만), 몽고족(14만), 시버족(3.6만), 타지크족(3.5만), 만주족(1.8만), 우즈베크족(1.2만), 러시아족(0.84만), 따우얼족(0.57만), 타타얼족(0.41만), 기타 36개 소수민족(7.2만) 등이 있다.

나와서 스스로를 카자흐라고 칭하고 '카자흐한국'을 건립한 사건에
기원을 둔 것이다. 둘째, 『삭방비승(朔方備乘)』제3권『오손부족고(烏
孫部族考)』, 『서역민족신고(西域民族新考)』등에 따르면 '카자흐'란
'오손'의 표기상의 다른 이름이라고 한다. 셋째, 『야율초재서유록지
리고증(耶律楚材西遊彔地理考証)》에 따르면 '카자흐'는 『당서(唐書)』
에서 말하는 '커싸(可薩)', '커싸(曷薩)'의 다른 이름이라고 한다. 넷
째, 『백조의 전설(白天鵝的傳說)』에 따라, 백조를 뜻하는 'kaz(天鵝)'
와 희다는 뜻의 'ak(白)'가 연결되어 이루어진 말이다. 이는 카자흐
종족이 백조를 숭배하기 때문에 얻게된 것이다. 이외에도 'kaz'라는
단어에 '자유적, 독립적인 사람들' 또는 '진실되고 용감한 용사'라는
뜻이 있어 '광활한 초원 위에서 자유롭게 옮겨 다니는 대담하고 용감
한 자유인'이란 의미로 해석되기도 한다.[23]

3) 역사

카자흐 종족은 기원전 2세기경 오손(烏孫)이라는 부족을 그 기원으
로 하며, 역사의 발전에 따라 알타이어계 돌궐어족의 제부족과 부락,
그 외 일련의 몽골부락이 융합되어 형성된 민족이다. 기원후 2-3세기
까지는 중앙아시아와 러시아의 스텝지역, 중국에 이르기까지 넓게 흩
어져 흉노족, 선비족, 유연족, 돌궐족, 계단족 등과 융합되어 살았다.
부락연맹체의 형태로 살아오던 이들은 1456년 카자흐한국(哈薩克汗

---

23) 蘇北梅(著), 『哈薩克族文化史』, (新疆大學出版社, 1989), pp. 29-30.
　　新疆維吾爾自治區民族事務委員會(編), 『新疆民族辭典』, (新疆人民出版社, 1995) p. 274.
　　田衛疆, 許建英(編), 『哈薩克族』, (新疆美術攝影出版社, 1996), pp. 6-8. 등을 참조하라.

國)이란 독립국을 세우면서 '카자흐' 란 이름으로 역사의 현장에 등장하게 되었다.[24]

1520년대 최고의 번영시기를 누렸던 카자흐한국은 17세기 초 통치집단 내부의 정권쟁탈로 크게 세 개의 지방정권으로 분열되었다. 이들 세 지방정권은 1762년 이후 청조(淸朝)에 귀속되어 청조와 무역관계를 맺으면서 19세기 초까지 그 명맥을 유지해 왔다. 1815-1822년 짜르 알렉산더 1세의 러시아 확장정책에 의해 1823년에 러시아에 완전히 합병되어 멸망했다. 이때 일부의 카자흐인들이 현재의 알타이산, 빠리쿤 초원, 이리강 상류의 유목지로 이주하게 되었다. 1864년 중국과 러시아의 협약에 의해 타청(塔城) 지역을 중심으로 국경이 정해지면서 이들은 중국에 속하게 되었다.[25]

1884년 신쟝성이 건립된 후, 대부분의 카자흐 종족은 성정부의 관할 아래로 들어가게 되었으며, 1935년에 이르러 신쟝성 정부는 정식으로 카자흐종족을 신쟝 내 14개(당시) 민족 중의 하나로 인정했다. 1955년 신쟝성이 위구르 자치구로 명명된 후, 차례로 이리(伊犁) 카자흐 자치주, 무레이(木壘) 자치현 그리고 빠리쿤(巴里坤) 자치현이 건립되어 오늘에 이르게 되었다.

4) 인구
중국 내 카자흐 종족 인구는 118만 명이다(94년 통계).
이리 카자흐 자치주에 95만 이상 집중적으로 거주하고 있으며, 세

---

24) 新疆維吾爾自治區民族事務委員會(編), pp. 270-273.
25) 新疆維吾爾自治區民族事務委員會(編), pp. 307-311.

부적으로는 이리지구에 46만 명(지구내 총인구 200여만 중 23퍼센트), 타청지구에 22만 4천명(80여만 중 28퍼센트), 알타이 지구에 27만 명(54만중 50퍼센트)이 살고 있다. 그리고 창지 회족 자치주내 무레이 카자흐 자치현을 중심으로 11만7천여 명(140만 중 8.4퍼센트)이 거주하고 있고, 뻐러타라(博樂塔拉) 몽고 자치주 내에 3만7천 명(36,7만 중 10퍼센트) 정도가 살고 있다. 또한 하미 지구의 빠리쿤 카자흐 자치현에 다수, 우루무치의 천산구에 4만2천 명(140만 중 3퍼센트) 정도가 살고 있다. 이 외에도 감숙성과 청해성의 몇 자치현에 흩어져 살고 있다.[26] 참고로 카자흐스탄에 650만 이상이 살고 있으며 몽골에 12만 명 정도가 살고 있다.

5) 언어

카자흐어는 우랄 알타이어계 돌궐어족에 속한다. 주로 카자흐스탄과 중국 신쟝의 위구르 자치구에서 사용되고 있지만 몽고와 아프카니스탄에서도 찾아볼 수 있다. 카자흐종족이 역사상 몽고의 영향을 받았기 때문에 몽고어를 다량 융합하고 있는 것으로 알려져 있다. 위구르어, 카얼크스, 우즈베크, 타타르어와도 가깝다. 카자흐어는 명사, 대명사, 수사 등 7개의 격이 있으며 같은 어족의 언어에 비해 한 개의 '조격(造格)'이 많다.

16~17세기때 아랍자모를 병음하여 사용한 카자흐 문자가 보편적으로 사용되기 시작했다. 총 32개의 자모를 가지고 있으며 9개의 모음과

---

26) 伊筑光, 永福(編), 『新疆民族關係研究』, (新疆人民出版社, 1996), p. 50.

23개의 자음으로 구성되어 있다. 1959년 중국 정부는 문자 개혁을 통해 라틴자모에 기초한 신문자방안을 설계하여, 1960년 시험 시행했다가 1964년 정식으로 사용하기 시작했다. 80년대 초 카자흐족의 요구로 아랍자모에 기초한 옛문자를 부활 사용하게 되어 오늘날에까지 이르고 있다. 한편 카자흐스탄이나 몽골에서는 시릴(Syrillic)문자를 사용하고 있어서 중국 내의 카자흐 종족의 문자와 다르다.[27]

기본적으로 이들은 카자흐어로 의사소통을 하며 종족 내에는 방언이 없고 서로 언어소통이 가능하다. 지역에 따라 소학교 1학년 또는 3학년부터 한어를 배우기 때문에, 교육을 받은 이들의 경우에는 한어(보통화)를 말할 수 있다. 그러나 상당수가 한어를 말할 줄 모르며 사용하지 않는다.

6) 주요 종교[28]

현재 카자흐족은 후이, 위구르 다음으로 중국에서 제일 큰 무슬림집단으로 알려져 있다. 그러나 이들 대부분은 명목상 순니파 이슬람교도들이다.

2. 경제, 생활조건, 사회구조, 교육

1) 경제적 상황
● 직업과 주업

---

27) 新疆維吾爾自治區民族事務委員會(編), p. 307.
28) 좀더 세부적인 내용은 본고의 하반부에 다시 언급될 것이다.

전통적으로 카자흐 종족은 목축업에 종사해 왔다. 청조 말기와 민국 초기, 자연재해와 전쟁 등으로 목축민을 잃게되어 농업을 시작하게 되었다. 아직도 이들의 50퍼센트 정도가 목축에 종사하고 있어서, 목축업이 주를 이루기는 하지만 농업이 경제생활에서 점점 큰 비중을 차지하고 있다. 또한 상업, 수공업, 공업 등에 종사하는 이들도 늘고 있다.

● 소득원과 소득 정도

목축 중심의 삶을 사는 이들에게 있어서 양과 말과 소는 중요한 소득원이다. 빠리쿤현에서 3백여 마리의 국가 소유의 양을 목축하는 가정의 경우, 가족당 한 달 수입이 2백 원 내지 3백 원 정도이며, 알타이시의 한 가정은 여섯 명의 가족이 종업원 없이 식당을 운영하여 한 달에 4백원 정도의 순수입을 얻는다. 농업이나 관광업 등 부차적인 수익이 있는 경우에는 이보다 조금 나은 형편이지만, 한족이나 회족 등 다른 종족에 비하면 소득수준이 매우 낮은 상황이다.

● 생산물, 공예품과 천연자원

주로 양고기와 유제품이 생산된다. 주요 농작물로는 밀, 옥수수, 쌀, 수수, 기장 등이며 하미지구의 하미과, 일리의 사과 등도 유명하다. 신쟝지역에서는 납, 아연, 구리, 텅스텐의 천연자원이 생산되며, 높은 산출량을 자랑하는 타림분지의 유전도 있다.

카자흐 종족 주요 거주지의 하나인 알타이지구에는 약용식물 200여 종을 비롯하여 야생동물이 400여 종, 84종이 넘는 탄광자원이 있다. 이 지역의 경우 매장량이 전국 1위인 광물은 리(鉀), 은(銀), 백운모(白雲母) 등이다. 특히 황금개발대가 있으며 이곳의 황금은 순도가 높기로 유명하다. 또한 카나스호를 비롯하여 관광자원도 개발 중에 있다.

2) 생활 조건

● 음식과 식습관

육류 특히 양고기와 면류를 주식으로 한다. 아침식사를 위해 동그란 모양의 '낭'이라는 빵과 나이차(奶茶)를 먹는다. 나이차는 우유에 찬물을 부은 후 약간의 버터를 녹여서 마시는 차를 말한다. 추운 날씨 속에서 몸을 따뜻하게 해 주는 좋은 음료가 된다. 점심이나 저녁에는 '빤미엔'이라는 볶음면을 먹는다. 손님 대접 또는 간식용으로 밀가루를 튀긴 과자나 사탕을 먹기도 한다.

산간지방에 사는 사람들의 경우에는 채소를 구하기가 어려워 육류와 면이 주요 음식이 되고 있다. 이들은 가끔(1~2주에 한 번) 산에서 내려와 시장에서 채소를 사서 가곤 하지만 섭취량은 극히 적다.

● 의복

복장은 주로 생축의 가죽을 사용하며 흔히 양가죽으로 만든 외투를 입는다. 처녀들은 수놓은 꽃무늬 바지를 즐겨 입고 은제품으로 치장하는 것을 즐긴다. 목축지를 중심으로 깊은 산 속에 사는 소수의 사람들이 전통 의상을 입고 생활한다. 그러나 현재는 대부분이 자유로운 현대식 복장을 입기 때문에 의복만으로 카자흐족을 구별해 내기는 어렵다.

● 주거

이들의 전통 가옥 형태는 중앙아시아의 유목민들에게 공통적인 둥근 모양의 '빠오'이다. 이는 소나 양의 가죽과 대나무를 이용해 만든 천막형태이다. 계절별로 풀을 찾아 이주하는 경우 이동이 쉽도록 지어졌다. 원형의 실내에 보온을 위하여 난로가 중앙에 놓여있다. 문을 열고 들어서면 바닥이 나무로 돋우워져 있어 신발을 벗고 들어갈 수 있도록 되어 있다. 바닥 위는 화려한 카페트나 천으로 덮으며, 둥근 지붕을 받치고 있는 대나무 사이사이를 물건을 꽂는 공간으로 사용하기도 한다. 빠오의 외부에 따로 흙으로 만든 아궁이가 부엌이며 그 옆에 물항아리를 두고 사용한다.

농촌에서 정착하는 사람들이 늘어남에 따라 이제는 집을 지어 영구적으로 거주하려고 한다. 주로 돌을 기초로 하여 그 위에 흙과 짚을 섞어 쌓아 만든다. 지역에 따라 여름과 겨울용으로 집을 따로 짓기도 한다. 춥고 바람이 많은 지형적인 영향으로 겨울집의 경우 외부의 치장은 거의 없으며 창문은 하나 정도이다. 마당 한구석에 낭을 굽는 화덕이 있다. 또한 목축을 겸업하는 경우 집 옆에 양이나 소의 우리가 있다. 집 주위로 채소 재배용 밭이 둘러져 있다.

그 외 도시 지역의 사람들은 일반적으로 개인주택이나 아파트 형식의 가옥에 거주한다.

● 보건위생과 의료혜택

의료상황은 매우 열악하다. 알타이시에 카자흐 종족만을 위한 병원이 하나 있으며 주로 약초를 사용한 카자흐 전통 민간요법을 사용하고 있다. 환자들은 대부분 산지에서 내려온 사람들이다. 가벼운 진찰의 초진인 경우 20원-30원(한화 2-3천 원 정도)이며, 입원의 경우 천원(10여만 원)의 예치금이 필요하다. 물론 의료보험제도는 없다. 20여명의 의사가 근무하고 있으며 대부분이 신장중의학원이나 우루무치에 있는 중의학원 출신이며 상해의과대학 출신도 있다.

기본적으로 국가정책의 영향으로 시골 지역까지 진료소가 있으나 의료상황은 매우 열악하다. 이들의 주요 질병은 고혈압과 심장병으로 주 원인은 육류를 많이 섭취하는 데 있다. 또한 추운 산지에 거주하는 경우 관절염과 류마치스를 앓는 사람들이 많다.

● 식수, 연료와 교통수단

기본적으로 수도시설과 관개시설은 미비하다. 산지나 농촌 지역에서는 물항아리를 이용하여 하천이나 샘에서 길어다가 식수나 조리용으로 사용한다.

도시 지역에서는 석탄이 주요 연료로 사용되며 농촌이나 산지에서는 나무나 가축의 분뇨가 주요 연료로 이용한다.

전통적으로 말과 달구지가 주요 교통수단이다. 농촌에서는 아직까지도 말이 주요 교통수단이며, 한 가정당 1마리에서 많게는 5마리의 말이 있다. 시대의 변화에 따라 개발이 진행된 지역에서는 자전거, 오토바이, 버스, 택시 등이 이용되고 있다.

3) 사회구조

● 가족제도

몇몇 유목민들이 가까운 혈통관계를 기초로 결합하여 유목부락 '아오니(부락 조직의 기본단위)' 를 이룬 이들은 역사상 부락공동체였다. 성씨 개념이 따로 없고 '부락' 이 이를 대치하고 있다. 그러나 직업이나 교육의 기회로 이동이 늘어감에 따라 같은 '부락' 에 속한다 하더라도 흩어져 거주하는 경우가 많게 되었다. 이들은 처음 만나 인사할 때 서로의 부락을 소개하며 같은 부락일 경우 매우 반가워한다. 부락아래 가족이 위치하기 때문이다. 기본적으로 확대가족의 형태를 지니고 있어서 연장자들을 공경한다. 도시거주자의 경우 핵가족의 형태도 있다.

● 인근 부족과의 관계

종교와 언어면에서 위구르족과 유사하다. 그러나 위구르족이 이슬람을 중심으로 독립을 시도하고 있는 반면 카자흐족은 그러한 정치적인 시도를 감행하지 못하고 있다.

카자흐스탄의 카자흐와는 기본상 같은 종족이다. 그러나 1864년 러시아와 중국의 국경이 확정됨에 따라 이들은 분리되었다. 카자흐스탄의 카자흐족은 러시아어를 사용하며 시릴자모에 기초한 그들의 문자를 가지고 있어서 중국의 카자흐와는 구별된다. 현재 신장 북부의 몇 지역을 중심으로 이들은 서로 자유무역 형태로 왕래를 하고 있다.

● 혼인풍습

같은 부락의 사람들과는 결혼할 수 없으며 결혼식에는 친구들이 축하해 준다. 전통결혼은 화려한 전통의상을 입고 여자집과 남자집에서 두 번 거행된다. 여자집에서 결혼식이 끝나면 말이나 수레로 생활품을 싣고 신부와 함께 남자 집에서 예식을 한번 더 한다. 그러나 지금은 많이 변해 가고 있으며 간단하게 하길 원하는 사람들이 늘어나고 있다.

● 장례의식

먼저 깨끗한 물로 시신을 씻고 흰 천으로 싸서 묻는다. 한족과는 달리 화장을 하지 않는다. 무덤은 사각형의 벽돌을 쌓고 위쪽에 카자흐 문양으로 꾸민 후 초생달 모양의 장식을 꽂는다. 죽은지 7일, 40일, 1년이 되는 날에 음식을 같이 나누며 죽은 사람을 기념한다.

● 손님접대

세계의 다른 유목민과 마찬가지로 카자흐족 역시 손님접대에 남다르다. 이웃과 멀리 떨어져 산지에서 목축에 종사했기 때문에 손님을 귀하게 여기는 전통이 형성되었다. 이들에게 있어서 양고기는 주식이자 귀한 음식이다. 이들은 아무리 식량이 없어도 마지막 한 조각의 양고기를 언제 찾아올지 모르는 손님을 위해 항상 남겨 둔다고 한다.

손님이 찾아오면 낭(빵의 일종)과 각종 과자류와 사탕 등을 차려 나이차와 함께 대접하고, 특별히 양고기를 삶아 내 놓는다. 먹기 전에 양손을 펼쳐 주인이 먼저 손님에게 축복의 말을 건내면 이에 대해 손님은 주인의 가정을 위해 축복의 말로 화답하는 것이 이들의 전통이다. 또한 주인은 준비한 물과 수건으로 손님이 손을 닦도록 봉사해 주는데, 이때 손님은 손을 털지 말고 얌전히 수건으로 닦아야 한다. 주인은 먼저 양머리를 손님께 드림으로 손님에 대한 존중함을 표시한다.

이때 손님은 칼로 양머리 오른편의 살을 잘라서 연장의 주인에게 드리고 또 양의 한쪽 귀를 떼어 주인집의 아이나 여인에게 주고 그 다음 자신은 마음대로 고기 한 덩어리를 먹는다. 그 후 주인은 손님이 먹기 알맞게 양고기를 잘라 대접한다.

오늘날에도 이러한 전통은 살아있어 도시에서도 특별한 손님이 찾아올 경우에는 양고기를 대접하기도 한다. 변화와 갈등, 좌절을 겪고 있는 이들이지만 이들의 가슴속에는 사람을 사랑하는 민족적 특성이 여전히 있음을 볼 수 있다.

• 문화적 변화

전통적으로 카자흐 종족은 산지에서 양, 말, 소, 낙타 등을 기르거나 방목했다. 그러나 현재 이들 대부분 고생스런 목축업을 좋아하지 않으며 전통을 버리더라도 더 나은 삶을 위해 현대화를 바라고 있다. 따라서 목축지나 농촌을 떠나 직장을 찾아 도시로 이주하는 사람들이 늘어나고 있다. 그러나 도시로 이동한 경우 적절한 직업을 얻기가 어려워 좌절하게 되고 소망을 잃고 두려움 가운데 있게 된다. 급기야는 알코올 중독으로 생을 마감하기도 한다.

● 꾸냥추이(姑娘追)

'꾸냥추이'란 목축에 종사했기 때문에 누구나 말을 탈 수 있었던 민족적 특성에서 비롯된 카자흐 종족의 전통오락이다. 특히 젊은이들에게는 오락과, 일생의 배필을 발견하는 공개적인 자유연애의 장이기도 하다.

축제기간에 부락 또는 직장에서 선발된 남녀가 한 팀이 되어 출발선에서 지정된 거리를 왕복하여 말을 타고 달리는 경기이다. 먼저 화려하게 치장한 젊은 남녀들은 말을 타고 출발선에서부터 정해진 지점으로 나란히 간다. 이때 남자는 여자에게 자신의 사랑하는 마음을 표현하는 말을 하거나 심지어는 접촉을 할 수도 있다. 이때 여자는 남자의 말이나 행동이 지나치더라도 경청해야 하며 화를 내거나 자신의 마음을 표현할 수 없다. 반환점을 통과한 후 남자는 말을 돌려 출발지로 도망가듯 달려가고 여자는 힘을 다해 남자를 쫓아간다. 남자를 따라잡았을 경우 여자는 남자를 채찍으로 때릴 수 있다. 이때 남자는 절대로 반항할 수 없다. 만약 여자가 남자의 말을 받아들이고 그를 좋아한다면, 채찍을 허공에 돌리거나 상대방의 등을 가볍게 친다. 그러나 여자가 남자의 말에 상처를 받았거나 싫다면 사정없이 채찍으로 남자를 때린다. 이들이 출발지점으로 되돌아오면, 두번째 쌍의 남녀가 계속해서 경기를 진행하게 된다. 경기를 통해 마음을 주고받은 이들은 본격적으로 결혼을 준비하기에 이른다.[29)]

지금까지도 산간 지역의 경우에는 이러한 오락을 통해 짝을 찾기도

---

29) 蘇北梅(著), 앞의 책, pp. 548-550.

하며 1년에 한차례 공식적인 경기도 열린다. 이제 꾸냥추이는 카자흐
종족의 전통적인 오락의 일종으로, 젊은이들뿐만 아니라 성인남녀들
도 참여하는 체육활동으로 자리잡고 있다.

● 공예미술

공예미술은 매우 다채롭다. 부녀자들은 빠오(천막으로 만든 이동가
옥), 카펫, 직물과 의복을 만들고 남자들은 목기, 철기와 골기 등을 만든
다. 특히 금, 은, 옥석으로 만든 장식품의 조형예술 수준은 매우 높다.

4) 교육

카자흐 종족에게 있어서 교육은 신분상승과 안정된 삶을 위한 큰
통로이다. 이 때문에 어려운 여건 가운데서도 교육받는 젊은이들이
늘어나고 있다. 목축지의 경우, 아이들은 소학교(초등학교) 4학년 때
부터 가족과 헤어져 학교 기숙사에 머물면서 공부하기도 한다.

이들의 경제수준에서는 힘에 겹게 1년에 2천 원 정도의 학비를 조
달하여 고등학교를 진학하기도 하고, 4~5천원 이상을 들여 대학교에
진학하기도 한다. 그러나 막상 교육의 장을 떠날 즈음 이들을 맞이할
일터는 제한되고 있다. 그나마 대학 졸업자에 한하여 국가가 직장을
배정해 주던 정책이 스스로 직장을 찾아야 하는 제도로 변한 이후, 직
장의 좋은 자리는 거의 한족이 차지하게 되었다.[30] 직장을 얻기가 더

---

30) 중국은 공산화 이후 '직장배분제'를 기본적인 정책으로 취했는데, 이는 담당 노동국의
재량에 따라 인력을 배치하는 정책이었다. 일단 직장이 배치되고 나면 노동자들은 작업성과에
관계없이 평생직장을 갖게 되었다. 이러한 특성이 노동력의 유동성을 마비시키고 경제적 비효
율성을 초래하는 중요한 원인으로 인식되면서, 1970년대 후반부터 노동국의 직장배분 독점권에
대한 비판이 제기되었다. 이를 극복하기 위한 개혁의 시도로, 1983년에 '노동계약제'가 도입되

욱 힘들어지게 된 것이다.

산 속 목축의 현장 또는 농촌의 고달픈 노동의 현장을 떠나기 위해 공부했지만, 갈 곳이 없는 젊은이들은 다시 고향으로 돌아가야만 한다. 이를 보고 있는 부모뿐만 아니라, 무엇보다 본인들 스스로 깊은 갈등과 좌절로 희망을 잃고 방황하고 있다.

3. 종교와 기독교 현황

1) 이슬람교

10~12세기 커라칸왕조에 의해 이슬람이 카자흐 종족에게 광범위하게 전파되었고, 15~16세기에 이르러 카자흐 종족은 기본적으로 이슬람화되었다. 그러나 유목생활을 위주로 생활하여 늘 옮겨다니며 거주지가 일정하지 못했던 이들이 이슬람의 교리와 규정을 완전하게 지키는 것은 불가능했다. 이 때문에 이슬람의 영향 또한 그다지 깊지 못했고 제한적일 수밖에 없었다. 소수의 종교인사들을 제외한 일반 카자흐 유목민들은 이슬람 사원이 없었으며 종교의 자유가 어느 정도 인정되었다. 이러한 영향으로 이들은 자연, 동식물, 조상 숭배 또는 샤머니즘이 결합된 형태의 이슬람 전통을 가져왔다. 예를 들어 말, 소, 양, 낙타 등을 주관하는 각각의 신이 있다고 믿기 때문에 가축이 병이 났

었으며, 1986년에 이르러 제도화되었다. 노동자들은 고용조건과 고용계약 기간에 대해 관리자와 협상하도록 된 것이다. 또한, 이전에 국가에 의해 직장이 배당되었던 대학생들의 경우, 1993년 이후로 대부분 각자 스스로 자신의 직장을 찾아 나서도록 제도가 바뀌게 되었다. 이러한 변화로 인하여, 기존의 좋은 관계가 형성되어 있지 못한 소수민족의 경우에는 직장을 구하기가 더욱 힘들어 지게 된 것이다(이근), 『중국경제구조론』, (서울대학교 출판부, 1994), pp. 121-124.

을 때 그 신에게 병을 치료하도록 구했다.[31]

카자흐족은 후이, 위구르 다음으로 중국에서 제일 큰 무슬림집단으로 알려져 있음에도 불구하고, 이들은 명목상 순니파 이슬람교도들로 남아있다. 이슬람교를 신봉하는 타종족과 마찬가지로, 종교 지도자 아홍이 종교 방면의 일체의 사무를 관장하고 군중들에게 경전을 읽어주는 역할을 하고 있다. 젊은이들은 사원을 1년에 두세 번 정도 방문하고 여자들은 가지 않는다.

오늘날에는 그나마 있던 이슬람의 문화적 전통마저도 그 빛을 잃어가고 있고 더 이상 이들 속에서 삶의 의미를 부여하지 못하고 있다. 특별히 젊은이들의 경우에는 꾸란을 읽지도 심지어는 꾸란을 가지지 않은 이들이 태반이다. 이들은 스스로 말하기를 종교에는 자유가 있다고 한다. 이들은 영적인 공백기를 맞고 있으며 뭔가 새로운 것을 갈망하고 있다. 지금이 복음이 전해져야 될 시기이다. 이들의 영적 공백을 채워줄 메신저와 메시지가 절실히 요청된다.

2) 기독교 역사와 현황

20세기 초기에 스웨덴 선교협회와 중국내지선교회(CIM)에서 사역을 시도했으나 그 열매는 극히 저조했다. 그나마 있던 초창기 교회도 1930년도에 일어난 무슬림에 의해 대량학살 당했다. 1933년경에 사역자들이 복음전도자로서 그들과 합류하였지만 곧 무슬림들이 공격해 왔을 때에 그만두지 않을 수 없게 되었다. 1946년경에 모든 선교사들

---

31) 田衛疆, 許建英(編), 『哈薩克族』, (新疆美術攝影出版社, 1996), pp. 56-61.

이 정치적인 이유로 중국에서 추방됨에 따라서 복음 전도 활동이 중단되었다.

1820년에서 1910년사이 그들의 언어로 된 신약성경이 있었지만 중국 내의 카자흐족에게 아랍 문자가 강요된 이후에 절판되어 얻을 수 없게 되었다. 1983년까지 성서의 일부가 더해졌다. 성서의 새 번역이 진행중이라는 보고가 있다.[32]

현재 어떤 시에 15년 전부터 기도로 준비해 온 서양사역자들 세 명을 제외하고는 카자흐 종족만을 위한 사역자는 없다. 이들은 지난 3월부터 전통문양을 이용한 공예품 합작 제작을 시작하고 있으며, 이를 통해 카자흐 종족에게 복음을 전할 것을 계획하고 있다.

이들에 의하면, 한족을 통해서 몇 명의 카자흐 신자가 있다는 것을 들은 적이 있지만 확인되지 않았다고 한다. 한 카자흐 가정이 예수필름을 봤으며 우루무치와 이리지역도 관심이 있는 자가 많이 있다고 한다. 특히 우루무치에서 사역하고 있는 D선교사의 가정을 통해 카자흐 몇 사람이 복음을 접하게 되었으며, 이들의 진지한 질문과 깊은 관심에 격려를 받았다고 한다. 그 중 한 자매는 복음에 거의 접근된 상태라고 한다.

그러나 실제로 현재까지 알려진 카자흐 신자는 한 명도 없다. 이들을 위해 사역하고 있는 한국인 선교사 또한 한 명도 없는 상황이다. 지금이야말로 한국 교회가 이들에게 다가갈 시기임에 틀림없다.

---

32) AAP 소장 카자흐 종족 프로파일을 참조하라.

4. 선교접근 방법과 기도제목

1) 가능한 접근방법들

① 중국인과의 합작사업을 통해 사역의 기회를 만들 수 있다. 신장 지역은 무한한 자원의 보고지이다. 알타이지구만 보더라도 토지, 수리, 삼림, 야생 동·식물, 수생자원, 탄광과 관광자원 등 합작이 가능한 자원이 무궁 무진하다. 전문인 사역자들을 통한 이러한 합작사업은 초기 단계에서 좋은 사역의 터전을 제공할 것이다.

② 도시 지역에서 공부하고 있는 학생들을 위한 사역이 요청된다. 이들은 공부하는 동안 고향을 떠나 전통과 단절된 상태에 처하게 되어 복음에 대해 더욱 수용적인 상태가 된다. 특히 민족대학이 있는 신쟝성의 우루무치와 깐수(甘肅)성의 란주를 통한 사역은 매우 효과적일 것이다.

③ 육류(양고기) 중심의 식생활을 하기 때문에 카자흐인들은 고혈압, 간에 관련된 질병으로 고생하고 있다. 그리고 추운 산악지대에서 살아가는 영향으로 관절염을 앓는 사람들도 많다. 알타이시에 있는 카자흐 전통병원과 한국병원이 협력하여 장단기 의료사역을 개발하는 것도 필요하다. 예를 들어, 의학교육 프로그램을 개발하거나 세미나 개최, 또는 단기 의료팀을 파송할 수 있을 것이다.

④ 카자흐스탄에 있는 카자흐인들을 이용하여 중국의 카자흐 종족을 복음화하는 전략이 요청된다. 현재 카자흐스탄에서는 카자흐 신자들이 늘어나고 있으며, 선교사역 또한 중국보다 자유롭고 개방적이다. 이들 카자흐스탄의 신자들은 자유무역의 형태로 신쟝의 북부 지역을 통과하여 왕래할 수 있다. 이들을 통한 사역개발이 시급히 요청

된다.

⑤ 목축을 주로 하는 산지의 카자흐 종족이 도시 근처에 살고 있음에도 불구하고, 서양 선교사들의 경우 이들에게 접근하는 것은 쉽지 않다. 외모상 눈에 쉽게 띄어 허가증이 없이는 불가능하기 때문이다. 그러나 한국인의 경우 중국인과 유사한 외모적 특징을 가지고 있다. 특히 카자흐 종족의 경우는 몽고계의 영향을 받아 한국인과 더욱 유사한 면이 있다. 이들을 위한 한국인 사역자들이 시급히 요청된다.

2) 기도제목

① 이슬람 신앙이 와해되어 가고 있으며 이들은 영적 공백기를 맞고 있다. 또한 목축지에서 농촌으로 혹은 도시로 이동하는 가운데 소망을 잃고 두려움 가운데 좌절하고 있다. 두려워하는 이들을 향하여 용기를 북돋우고 영적 공백기를 채워줄 사역자들이 한국 교회에서 일어나도록 기도하자.

② 이들은 손님대접을 즐겨하며 서로 돕기를 좋아한다. 마음 밭이 준비되어진 사람들인지도 모른다. 카자흐족의 손님접대 전통이 복음을 받아들이는데 준비된 마음으로 작용하도록 기도하자. 이들의 마음에 복음의 씨앗이 뿌려지고 그것이 백 배로 결실되도록 기도하자.

③ 젊은이들을 위해서 기도하자. 도시 지역에서 공부하고 있는 학생들이 공부하는 동안 복음을 들을 수 있는 기회를 갖도록, 직장을 구하지 못하고 목축과 농사의 현장으로 돌아가는 젊은이들이 복음 안에서 소망을 가질 수 있도록, 특별히 젊은이들을 위한 사역자들을 속히 보내주시도록 기도하자.

④ 진행중인 사역과 사역자들을 위해서 기도하자. 1997년 3월부터

시작된 공예품 합작제조 사업이 성공적으로 운영될 수 있기를 기도하며, 이러한 통로를 통해 더 많은 사역자들이 들어가서 일할 수 있도록 기도하자. 또한 외국인이 거의 없는 그 땅에서 이들은 늘 주시의 대상이 되어진다. 이들의 안전을 위해서 기도하자. 그리고 현재 이들과 동역 중인 중국인들을 위해 기도하자. 특히 임시계약직으로 고용된 카자흐 여성 직원을 위해 기도하자. 이러한 사역을 통해서 2천 년까지 카자흐 종족의 모임이 시작될 수 있도록 기도하자.

Ⅳ. 나오는 말

이상에서 중국 이슬람교의 개관과 카자흐 종족에 대하여 살펴보았다. 7세기 중엽부터 두 개의 경로를 통해서 유입되기 시작한 이슬람교는 역사적 발전과정과 더불어 중국 내에서 중국적 이슬람으로 뿌리를 내리게 되었다. 현재 이들은 서울 인구보다도, 아니 남한 기독교인구보다도 훨씬 더 많은 수인 1천8백만 명 정도로 기록되고 있다.

통상적으로 이슬람으로 대표되는 후이(回)족은 전체 무슬림의 절반에도 못미치며, 나머지 절반은 위구르를 위시한 9개의 소수민족들 속에서 발견된다. 개혁과 개방의 여러 변화에 직면하면서, 이슬람은 전통적인 구심점을 상실해 가고 있다. 특히 카자흐 종족의 영적인 공백은 새로운 사상에 대해 개방적으로 작용하고 있는데, 이때야말로 복음이 전해져야 될 적기이다. 그러나 후이나 위구르를 제외한 제민족들에 대한 자료는 국내에 그다지 알려져 있지 않다.

성경은 이르기를 "그런즉 저희가 믿지 아니하는 이를 어찌 부르리요 듣지도 못한 이를 어찌 믿으리요 전파하는 자가 없이 어찌 들으리요 보내심을 받지 아니하였으면 어찌 전파하리요 기록된 바 아름답도다 좋은 소식을 전하는 자들의 발이여(롬 10:14-15)"라고 했다. 복음의 불모지로 남겨져 있는 중국 이슬람의 제민족에게 좋은 소식을 전하는 자들의 발이 닿도록 하기 위해서는 이들에 대한 자료를 연구하고 소개하는 것이 선행되어야 한다.

앞으로 이슬람의 제민족들이 하나 하나 잘 연구되고 소개되어 복음 전파의 밑거름이 되고 이 자료들이 헌신자들의 마음에 다가가서 그들의 발을 움직이도록 작은 역할을 감당하기를 소망한다.

참고문헌

H · J., Ibrahim T.Y.Ma, *Muslims in China*, Islamic Da'wah Centre Ministy of Religious Affairs, 1991.

Richard C. De. Angelis, *Muslims and Chinese Political Culture*, The Muslim World, vol. LXXXVII, No.2, Aprill, 1997.

今源,『中國的伊斯蘭教』, 銀川: 寧夏人民出版社, 1994.

馬洪眞(編),『中國穆斯林民居文化』, 銀川: 寧夏人民出版社, 1995.

番夢陽,『伊斯蘭和穆斯林』, 銀川: 寧夏人民出版社, 1996.

楊懷中, 余振貴(編),『伊斯蘭與中國文化』, 銀川: 寧夏人民出版社, 1995.

余振貴,『中國歷代政權與伊斯蘭教』, 銀川: 寧夏人民出版社, 1996.

新疆維吾爾自治區民族事務委員會(編),『新疆民族辭典』, 新疆人民出版社, 1995.

伊筑光, 永福(編),『新疆民族關係研究』, 新疆人民出版社, 1996.

李冊主(編),『當代伊斯蘭教』, 北京: 東方出版社, 1995.

蘇北梅(著),『哈薩克族文化史』, 新疆大學出版社, 1989.

王懷德,『伊斯蘭教教派』, 北京: 中國社會科學出版社, 1994.

張天路, 宋傳升, 馬正亮(共著),『中國穆斯林人口』, 銀川: 寧夏人民出版社, 1991.

田衛疆, 許建英(編),『哈薩克族』, 新疆美術攝影出版社, 1996.

胡振華(編),『中國回族』, 銀川: 寧夏人民出版社, 1993.

「카자흐 종족 프로화일」, AAP 미간행 자료.

「카자흐 종족 정탐보고서」, AAP 미간행 자료.

[서평]

Gustave E. Von Grunebaum의
Medieval Islam: A Study in Cultural Orientation

  1946년 시카고대학 출판부에서 출판된 이 책은 중세 이슬람의 문화
적인 성향에 대해 분석하는 데 초점을 맞추고 있다. 이슬람학에 있어
서 고전적인 위치를 확보한 이 책은 중세기뿐만 아니라 현대에 있어
서도 무슬림 세계의 문화적인 역학에 대해 이해하는 데 중요한 실마
리를 제공한다. 저자는 특별히 이슬람의 문화적 전통주의, 독창성과
수용성의 긴장 관계, 유럽 문명과의 교류 등에 대해 일관된 관심을 가
지고 객관적인 논증을 이끌어가고 있다.

  저자는 이슬람 문화의 표면적인 획일성에도 불구하고 그 안에 존재
하는 다양한 요소들에 대해 지적하고 있다. 즉 이슬람 문화의 기저에
는 이슬람적 요소들, 혹은 아랍적 요소들 외에도 비이슬람적 요소, 비
아랍적 요소들이 흐르고 있다는 것이다. 그러나 무슬림들은 이렇게

* (사)한국해외선교회 한국선교연구원(KRIM) 실장

이질적인 요소들을 수용하는 데 있어서 선택적이었다. 이슬람의 전통을 수호하는 데 방해되는 요소들은 배제함으로써, 아랍 정신을 근본적으로 바꾸는 것을 용납하지 않았다. 그렇게 함으로써 민족을 초월한 종교적 위상을 확보하고 그 가운데 지적인 통일성을 유지하려고 했다. 저자는 또한 이슬람 문화가 이질적인 요소들을 수용하는 데 항상 성공적이지는 못했고, 때로 이질적인 요소들이 용해되지 않은 채 생경한 모습 그대로 남아 있는 현상을 지적한다. 이러한 모습은 이슬람의 문화적인 전통주의와 밀접한 관계가 있다.

저자에 의하면 이슬람은 긍정적으로는 현실적이지만, 부정적으로는 현실 안주적이라고 할 수 있다. 즉 이슬람은 문화적인 변화에 대해 소극적이다. 이러한 태도의 배후에는 이질적인 요소들을 너무 많이 수용하면 이슬람 문명이 미지의 세계의 영향을 받게 되고 끝내는 이슬람 문명 자체가 분열되고 말 것이라는 두려움이 작용하고 있다. 이러한 이슬람 전통주의(traditionalism)는 진보에 대해 확신을 가지지 못하게 하였다. 이것은 인간의 지혜를 믿지 못할 뿐만 아니라 세계를 파악하는 데 있어서도 정적(static)이어서, 서구 사회처럼 미래를 위해 현재를 희생하는 모험을 감행하지 못하게 하였다. 무슬림 인간관의 핵심은 '인간은 하나님의 심판의 때를 기다리는 존재로 안전하게 살기 위해서는 순종해야 한다'는 것이다. 그래서 새로운 것을 향한 열정과 모험심이 탐욕으로 이해되기 쉽고, 스스로를 부정으로부터 정결케 해야 한다는 명령 앞에 굴복하고 만 것이다.

저자는 안정성, 품위, 균형 등의 문화적인 미덕에도 불구하고 전통의 먹구름이 이슬람 문명과 학문을 덮고 있는 현상을 지적하고 있다. 권위에 대한 존중, 구체적으로 무슬림 학자들의 지도력에 대한 경외

감이 기존의 이론 체제에 대항할 자신감을 빼앗아 버리고 마는 현상
은 인문학보다는 자연과학에서 더욱 심각하였다. 중세 무슬림들은 신
학, 시학, 언어학에서와 같은 관심을 자연과학 분야에는 기울이지 않
았다. 즉 삶의 물질적 여건을 점진적으로 통제할 목적으로 천연 자원
을 활용하고자 하는 체계적인 노력이 없었다는 것이다. 이러한 경향
은 정치·경제적으로도 마찬가지여서 정치적인 반대가 건설적인 힘
이 된다는 민주적인 개념이 뿌리내리지 못하게 했다.

　저자에 의하면 이슬람 전통주의는 이슬람의 독창성에 대한 확신과
관련이 있다. 이슬람은 유대-기독교적 전통과 페르시아 전통뿐만 아
니라 헬레니즘의 영향을 받기도 했다. 헬레니즘의 영향은 대체로 페
르시아 전통을 통해 전달되었는데, 사변적이면서도 의식(ritualism)적
인 면을 전수했다. 한편 인도적인 전통은 무슬림 정신에 상상적인 차
원과 함께 도덕적인 의식을 불어넣었다. 이렇듯 이슬람 문명은 페르
시아를 통해 동양적인 특성과 서양적인 특성을 함께 전수받은 것이
다.

　이슬람이 외래적인 것에 관대한 태도를 취한 것은 독창성을 결여한
듯한 인상을 준다. 그러나 이슬람의 창의성은 이질적인 요소들을 이
슬람의 필요에 맞추어 수용하고, 수용 불가능한 것은 거절하면서 재
창조하는 데 있다. 이러한 적용 능력은 이슬람의 사고 유형이나 감정
적인 경험을 독창적으로 만들지만, 헬라인들이 기원전 5세기나 4세기
에, 혹은 서구인들이 르네상스 이후에 창의적이었던 모습은 보여 주
지 못하는 것이다. 저자 그루네바움은 헬라 용어들 가운데는 그 기원
을 의심받지 않고 그대로 아랍적인 것으로 수용된 것들도 있었음을
지적하고 있다.

　이슬람의 빈약한 독창성에 대해 중세의 무슬림들은 충분히 인식하지 못하였다. 초기의 무슬림 경건주의자들은 아랍어 꾸란에 외래어들이 있다는 데 무척 당황했다. 심지어 꾸란에 아랍어 외에 다른 어떤 것이 있다고 생각하는 것 자체가 신성모독이라고 생각하기도 했다. 그래서 이슬람은 더러 외래적인 요소들을 고의적으로 숨기기도 했는데 이런 가운데 무슬림 문명의 획일성은 강화되었다. 결국 무슬림들은 독창성에 대한 확신이 부족함에 따라 이질적인 요소들을 수용하는 데 소극적일 수밖에 없었고, 이것이 근본적인 변화와 도전 앞에서 전통을 수호하는 선택을 할 수밖에 없는 이슬람 문명의 한계를 나타낸다는 것이다.

　이슬람 전통과 서구 문명은 헬레니즘과 함께 유대교적인 유일신 사상이라는 공통점을 가지고 있다. 자연과학에 있어서의 전반적인 부진에도 불구하고 인문학에서 발전된 모습을 보인 이슬람 문명은 서구 전통을 전반적으로 풍요롭게 했다. 저자는 무슬림의 서술적이고 시적인 이미지, 대담한 신비주의적 특성 외에도 연금술, 천문학 등에서 중세 유럽에 긍정적인 영향을 주었다고 지적한다. 그러나 중세 유럽이 아랍의 학문을 통해 고대 사상을 상당 부분 전수 받는 등 이러한 교류 속에서 성장하고 부흥을 경험한 반면, 이슬람 문명은 자연과학적인 영역에서의 부진과 경제적인 쇠락과 함께 전반적인 답보 상태를 면하지 못하게 된다. 그루네바움은 이슬람 문명의 이러한 모습을 전통주의의 극명한 예로 설명하고 있는 듯 하다.

　이슬람 문명이 유럽에 준 영향에 대해서도 저자는 그 영향이 근본적인 구조를 변경하는 것이었다기 보다 유럽의 과거 전통을 일깨우는 촉매 작용을 한 것이었다고 설명한다. 무슬림 사상이 서구 사상에 영향을 주기는 했지만 서구 사상을 주도하지는 못했다는 것이다. 다시 말하면 서구는 동방의 전통과 긴밀한 관계를 유지하기는 했지만 영적인 독립성을 잃지는 않았다는 것이다. 이러한 주장은 14세기 이후 두 문명이 점점 더 분리되기 시작하였고, 16세기에 들어와서는 유럽의 학계에서 아랍주의가 종말을 고하였으며, 19세기 초까지 겨우 명맥만 유지할 정도였다는 사실로 뒷받침되고 있다.

저자 그루네바움은 중세 이슬람 문명을 평가하면서 이슬람이 우주적인 주장을 펴는 데 성공하지는 못했지만, 신자들에게 하나의 교화되고 고상한 삶의 형태를 제공하는 데 성공했다고 보고 있다. 이러한 덕목은 이슬람의 내세지향성에서 나온 것이라고 보면서, 저자는 내세지향적인 이슬람 문명은 현존하는 부패와 부조리에 대해서도 항거하지 못하게 하는 권위주의를 조직적으로 비호하는 한계를 안고 있다고 지적한다. 무슬림 문명은 이질적인 요소들에 대해 대체로 관대하게 성장했지만 그 다양성이 완전히 통합되지 않았고, 그 결과 온전한 독창성을 보이지 못했다고 보고 있다. 결국 아랍의 지적인 토대는 과거의 유산을 통일시키기에는 너무 뿌리가 얕았다는 것이다.

저자는 중세 이슬람을 평하면서 그 기원이 조잡한 것과는 달리 실용적인 성과는 이례적인 것이었다는 평가를 내리고 있다. 이러한 그루네바움의 평가는 한 문명의 모습을 단편적으로 보지 않고 다양한 면모를 동시에 보려고 하는 균형 잡힌 시각의 일단을 보여 준다. 종교학적인 연구에 있어서 흔히 범할 수 있는 오류는 한 종교 체제에 대해서 충분히 이해하려는 노력을 기울이기 전에 어느 한 면만을 가지고 섣부른 주장을 하는 것이다. 이것은 자신의 신앙적인 배경과 전통에 대한 헌신과 열정이 지나치게 작용하기 때문이다. 저자는 이 책에서 중세 이슬람 문명 대해 학문적인 논의를 진지하게 이끌어 가고 있다. 그루네바움은 신앙적 열정에 좌우되지 않는 학문적 침착성의 한 좋은 본이 된다고 하겠다. 실제로 무슬림 학자들은 서구 학계의 이슬람에 대한 무지와 단편적인 가치 평가에 대해 불만의 목소리를 높여 왔다. 그러한 불만은 또한 기독교 전통에 있는 서구 사회에 대한 반감과 투쟁적인 태도를 악화시킨다는 점에서 이슬람 선교에도 도움이 되지 않는다고 할 것이다. 이런 점에서 타종교에 대한 선교학적인 접근에 있어서 우리는 보다 더 서술적(descriptive)으로 될 필요가 있다.

서구의 이슬람에 대한 태도는 이슬람의 기원의 문제, 즉 생경한 독창성에 대한 문제 제기에 집중되어 왔다고 해도 과언이 아니다. 그 때문에 이슬람 문명이 가진 실용적인 가치와 규범적인 성격에 대해서는 충분한 관심을 가지지 않았다. 그루네바움은 이 두 문제를 분리하면서 이런 오류를 시정하려는 노력을 보여주고 있다. 이것은 경전에 기록된 공식종교(formal or high religion)만을 연구의 대상으로 하는 것이 아니라, 실제로 사람들이 실천하는 민간종교(folk or popular religion)의 모습을 보려고 하는 최근 학계의 노력과도 일맥상통하는 것이다. 무슬림의 경우도 다른 종교에서와 마찬가지로 일반 추종자들은 종교적인 엘리트들과는 달리, 교리의 사실성보다는 실천 사항들의 실용성이 더 중요한 문제로 인식되기 때문이다.

그루네바움의 신중한 필치는 더러 모호함으로 느껴지기도 한다. 특별히 이슬람 문명의 독창성에 대한 논의에 있어서 꾸란 형성과정 등 역사성에 대한 규명을 사실상 포기하고 이슬람의 독창성을 실용적인 가치로만 평가하려는 의도를 내비치고 있다. 이러한 신중한 태도는 긍정적인 면을 가지고 있지만, 진리에 대한 확실한 규명과 표현을 두려워한다는 부정적인 면을 내비치고 있는 것이다. 종교다원주의가 모호성을 앞세워 상대주의를 옹호한다면 그것은 진리에 대한 학자적 양심을 포기하는 것이 되고 만다. 이것을 공식종교와 민간종교의 관련 속에서 풀이한다면, 이 둘 사이에 존재하는 연관성(interplay)에 주목해야 한다고 말할 수 있을 것이다. 그러기 때문에 비교종교학적 연구가 현상학적 접근(phenomenological approach)에서 머물 수 없으며 존재론적 사고(ontological reflection)로 나아가야 한다는 것을 말한다. 더군다나 선교학적인 관점에서는 타종교나 타문화를 이해하는 데서 그치지 않고 그들의 사고구조(frame of reference)를 이해한 다음 그 체제의 허점을 대체할 복음적 답변을 제시하는 데까지 나아가야 할 것이다.

이 책에서 그루네바움의 관심은 중세 이슬람 문명에 초점을 맞추었다. 오늘날 우리는 포스트모더니즘과 포스트포스트모더니즘을 경험하면서 이슬람 문명이 어떻게 새로운 사조를 수용하면서 변화하는가에 관심을 가지고 있다. 본 저서는 현대 이슬람 연구를 위해서도 중요한 통찰력과 접근법을 제시할 만큼 고전적인 위치를 점하고 있다.

이슬람연구소 활동상황

이슬람강좌

● 이슬람 연구소 창립기념 이슬람 세미나(1992년 9월 25일)

강사: 전재옥 교수, 권형기 교수, Vivienne Stacey 선교사

내용: 이슬람교의 기독론, 이슬람교의 원리주의 동향, 이슬람권 선교와 실제

● 제1차 이슬람강좌(1992년 11월 14일~2월 19일, 매주 토요일, 6회)

강사: 전재옥 교수, 권형기 교수

내용: 이슬람교의 형성사, 이슬람교의 교리, 이슬람교의 기독론, 이슬람권의 문화와 복음, 이슬람교의 여성관, 이슬람교의 현대 부흥운동

● 제2차 이슬람 강좌(1993년 3월 27일~5월 29일, 매주 토요일, 10회)

강사: 전재옥 교수, 권형기 교수, 김정위 교수

내용: 무함마드의 생애와 사상, 이슬람교의 초기역사, 이슬람교의 교리, 이슬람의 원리주의, 이슬람의 신비주의, 이슬람의 기독론, 이슬람의 여성관, 이슬람권에서의 기독교의 위치, 아프리카에서의 이슬람교 전개

● 이슬람 공개강좌(1993년 5월 22일)

강사: Andrew Walls(Edinburgh대학교 선교학교수)

제목: 아프리카의 이슬람교 전개—역사적 관점에서

● 제3차 이슬람강좌(1993년 9월 25일~11월 27일, 10회)

강사: 전재옥 교수, 권형기 교수, 김정위 교수, 최영길 교수

내용: 무함마드의 생애와 사상, 이슬람교의 초기 역사, 이슬람교의
     교리, 이슬람의 원리주의, 이슬람의 신비주의, 꾸란의 이해,
     이슬람권에서의 기독교의 위치, 이슬람교의 기독론, 민속 이
     슬람, 이슬람의 여성관

● 이슬람 공개강좌(1994년 2월 5일)

강사: 김종도 박사

제목: 민속 이슬람

● 제4차 이슬람강좌(1994년 3월 26일~5월 28일, 매주 토요일, 10회)

강사: 전재옥 교수, 권형기 교수, 김정위 교수, 최영길 교수, 공일주
     교수, 김종도 박사

내용: 무함마드의 생애와 사상, 이슬람교의 초기 역사, 이슬람교의
     교리, 이슬람의 원리주의, 선교언어로서의 아랍어, 꾸란의 이
     해, 민속 이슬람, 이슬람교의 기독론, 이슬람의 신비주의, 이
     슬람의 여성관

●이슬람 공개강좌(1994년 8월 18일, 부산)

강사: Dr. J. Dudley Woodberry(Fuller 신학교 교수)

주제: 이슬람권 선교

●이슬람 공개강좌(1994년 8월 20일, 서울)

강사: Dr. J. Dudley Woodberry

주제: 이슬람권 선교

●제5차 이슬람강좌(1994년 9월 3일~11월 12일, 매주 토요일, 10회)

강사: 전재옥 교수, 권형기 교수, 김정위 교수, 최영길 교수, 공일주 박사, 김종도 박사, 유왕종 박사, 송영근 교수, 이영민 연구원, 이원삼 교수

내용: 알라의 이해, 이슬람의 신조, 꾸란의 이해, 이슬람의 지하드 사상, 이슬람권 선교의 현황과 전망, 이슬람의 관습, 샤리아 법, 순니와 쉬아, 동남아시아의 이슬람, 파키스탄의 이슬람

●제6차 이슬람강좌(1995년 3월 25일~5월 27일, 매주 토요일, 10회)

강사: 전재옥 교수, 공일주 박사, 김정위 교수, 서재만 교수, 최영길 교수, 조희선 교수, 지인식 목사

내용: 이슬람의 최근 동향, 이슬람 세계, 민속 이슬람, 계시—꾸란의 이해, 이슬람의 문화와 복음, 무슬림 여성, 이슬람과 기독교 선교와의 관계, 국내 무슬림 취업자들을 위한 선교 활동, 이슬람권 선교사 사례연구

● 이슬람 공개강좌(1995년 5월27일)

강사: Patrick Johnstone

제목: 미래의 이슬람권 복음사역(The Future Missionary Work in Islam)

● 제7차 이슬람강좌(1995년 9월 16일~11월 18일)

강사: 전재옥 교수, 공일주 박사, 이종택 교수, 김동문 연구원, 김종 도 박사, 황병하 교수

내용: 이슬람의 교리와 실천, 이슬람의 최근 동향, 이슬람권 교회, 선교현장 연구, 이슬람권 선교의 실제, 이슬람 가족제도, 이슬람 사상가 연구, 이슬람 종파, 선교사 개별 연구

● 제8차 이슬람강좌(1995년 11월 1~3일)

강사: Colin Chapman, 전재옥 교수, 이태웅 목사

주제: 이슬람 선교의 이상과 실제

● 이슬람 공개강좌(1995년 11월4일)

강사: Colin Chapman

주제: 십자가와 초승달

● 제9차 이슬람강좌(1996년 2월 12~14일)

강사: 전재옥 교수, 공일주 박사, 안동기 연구원, 이병구 목사, 김동 문 연구원, 민요섭 연구원

내용: 이슬람권의 미전도 종족 선교, 꾸란과 무함마드, 이슬람 문화

와 무슬림에 대한 태도, 이슬람 선교에 대한 신학적 문제, 여섯 믿음과 다섯 기둥, 이슬람 선교실제, 교회 내의 이슬람권 선교사 발굴과 훈련

● 제10차 이슬람강좌(1996년 10월 3~5일)

강사: Vivienne Stacey, 전재옥 교수, 정경철 선교사, 공일주 박사, 민요섭 연구원, 김형익 선교사, 이병구 목사

내용: 중동을 중심으로 한 이슬람 세계의 동향, 무슬림 여성, 축제와 탄생, 죽음 의식을 통한 복음 증거, 파키스탄 무슬림 선교실제, 아랍의 참 모습과 그리스도인의 증거, 이슬람권 선교사의 자질과 준비, 이슬람권 선교사의 생활과 사역, 성경과 꾸란에서의 인간 · 죄 · 속죄

● 제11차 이슬람강좌(1997년 3월 15일~5월 24일)

강사: 홍성민 교수, 최영길 교수, 이원삼 교수, 김종도 박사, 조희선 교수, 공일주 박사, 지인식 목사, 이주화 사무차장(이슬람사원), 전재옥 교수, 정형남 선교사

내용: 이슬람 세계의 경제, 꾸란, 이슬람의 신조, 이슬람의 가족제도, 이슬람의 여성, 민속 이슬람, 국내 무슬림 사역 상황, 한국내 이슬람사원, 이슬람의 예수이해, 이슬람권 선교실제

● 이슬람연구소 창립 5주년 기념 세미나(1997년 10월 2일)

강사: 이두선 교수, 최바울 박사

내용: 성서 속의 아랍어, 중앙아시아의 전문인 선교

● 제12차 이슬람강좌(1998년 3월 14일~5월 16일)

강사: 김대성 교수, 김정위 교수, 김종도 박사, 송경숙 교수, 이원삼
　　　교수, 이종화 박사, 전재옥 교수, 조희선 교수, 최바울 박사,
　　　최영길 교수

내용 : 이슬람의 역사, 꾸란과 하디스, 이슬람의 종파, 이슬람의 문
　　　화와 가족, 이슬람의 문학 이해, 북부아프리카의 이슬람, 이
　　　슬람의 여성들, 1990년대 이후의 이슬람 세계, 이슬람과 기
　　　독교의 비교, 이슬람권 교회와 선교현장

● 이슬람연구소 창립6주년 기념세미나(1998년 9월 25일)

강사: 강승삼 교수

내용: 이슬람 상황 속에서의 아프리카 선교

아랍어 강좌

1993년 9월 25일~11월 27일	아랍어 강좌	강사: 조희선 교수
1994년 5월 12일	아랍어 강좌	강사: 공일주 박사
9월 3일~11월 12일	아랍어 강좌	강사: 공일주 박사
1995년 1월 16일~1월 20일	기초 아랍어	강사: 공일주 박사
1월 21일~3월 25일	아랍어 문법반	강사: 공일주 박사
3월 20일~4월 4일	기초 아랍어	강사: 공일주 박사
4월 28일~5월 12일	기초 아랍어	강사: 공일주 박사
5월 31일~6월 14일	기초 아랍어	강사: 공일주 박사
8월 1일~10월 26일	아랍어 문법반	강사: 공일주 박사

8월 1일~11월 9일	아랍어 강좌	강사: 공일주 박사
10월 21일~12월 16일	아랍어 강좌	강사: 공일주 박사
1996년 7월 6일~8월 24일	아랍어 초급반	강사: 공일주 박사
1997년 3월 22일~4월 26일	아랍어 초급반	강사: 임희봉
3월 16일~5월 18일	아랍어 중급반	강사: 조경남
1997년 7월~8월	아랍어 초급반	강사: 정재선
1998년 4월	아랍어 초급반	강사: 정재선
7월	아랍어 초급반	강사: 정재선

이슬람선교모임 (매월 두번째 목요일 오후 6시 30분)

1994년 12월 8일	이란의 이슬람	강사: 이영민 연구원
1995년 1월 12일	필리핀의 이슬람	강사: 유왕종 연구원
2월 16일	방글라데시의 이슬람	강사: 남진선 연구원
3월 16일	아랍 에미리트의 이슬람	강사: 정실라
4월 13일	인도의 이슬람	강사: 장종갑 연구원
5월 18일	이집트의 이슬람	강사: 김동문 연구원
6월 15일	중앙아시아의 이슬람	강사: 안동기 연구원
7월 27일	한국 내 이슬람 근로자를 위한 선교	강사: 박남선 연구원
8월 17일	감비아의 이슬람	강사: 이용남 목사
9월 14일	파키스탄의 이슬람	강사: 전재옥 교수
10월 12일	수단의 이슬람	강사: 최종국 목사
11월 16일	이슬람권 대학생 사역	강사: 신영숙 선교사
12월 12일	터키의 부인 선교사 사역	강사: 송자네트 선교사

1996년 1월 14일	여성과 무슬림	강사: 전재옥 교수
2월 22일	중앙아시아의 이슬람	강사: 최바울 박사
3월 14일	터키의 이슬람	강사: 김대성 교수
4월 18일	이슬람의 경제	강사: 홍성민 교수
5월 9일	이슬람의 신조	강사: 이원삼 교수
6월 13일	수단의 이슬람	강사: 탁수연 선교사
7월 11일	튀니지의 이슬람	강사: 정연주 선교사
8월 22일	영국의 이슬람	강사: 권성희 선교사
9월 12일	이스라엘의 이슬람과 유대교	강사: 신원식 선교사
11월 7일	방글라데시의 이슬람에 대한 선교	강사: 권병희 선교사
12월 12일	빠딴족의 무슬림 선교	강사: 정경철 선교사
1997년 2월 13일	이슬람 사회의 여성1	강사: 전재옥 교수
3월 13일	이슬람 사회의 여성2	강사: 전재옥 교수
4월 10일	이슬람 사회의 여성3	강사: 전재옥 교수
5월 15일	이슬람 사회의 여성4	강사: 전재옥 교수
6월 19일	중국 위그르족의 이슬람	강사: 한윤숙 연구원
7월 24일	우즈베키스탄의 이슬람	강사: 박새벽 선교사
8월 23일	21세기를 향한 한국교회의 선교	강사: 한정국 목사
9월 11일	중국 이슬람 회족	강사: 장경희 연구원
10월 9일	한국의 이슬람	강사: 전재옥 교수
11월 일	일본의 이슬람	강사: 김영남 연구원
1998년 2월 13일	인도네시아의 이슬람	강사: 최종국 선교사
3월 12일	파키스탄의 이슬람 선교	강사: 전재옥 교수
4월 9일	키르키즈스탄의 이슬람	강사: 장금주 선교사

5월 14일	코카서스의 이슬람	강사: 장인관 선교사
6월 11일	S국의 이슬람	강사: 기드온 선교사
10월 9일	파키스탄의 현재동향	강사: 정경철 선교사
11월 12일	아랍에미리트의 이슬람	강사: 근바나바 선교사
12월 10일	북인도의 이슬람	강사: 단이열 박사

단행본과 번역서

1995년 1월 이슬람연구1 『무슬림은 예수를 누구라 하는가?』, 예영커뮤니케이션

1996년 1월 이슬람연구2 『이슬람의 이상과 현실』, 예영커뮤니케이션

1996년 1월 번역서 『가서 너도 이같이 하라(You Go and Do the Same)』, 죠이출판사

1997년 7월 이슬람연구3 『무슬림 여성』, 예영커뮤니케이션

정기간행물
《이스마엘우리형제》
1992년 12월(제1호) ~ 1998년 11월(제37호) 격월 간행

이슬람연구소를 섬기는 분들

이사장
전재옥

이사진
강승삼, 김문희, 나선희, 두상달, 박재형, 안동규, 원종근, 옥한흠, 이기덕, 이동휘, 이두선, 이정규, 이형자, 전재옥, 정영관, 홍순영, 홍승민, 홍정길, 황방남

책임연구원
김아영, 김주찬, 남진선, 문상철, 민요섭, 심대섭, 안동기, 이영민, 조용성

국내외 연구원
김건우, 김동문, 김병선(홍은희), 김영대, 박남선, 상영규, 유왕종, 이만석, 이현경, 전병희, 정순성, 정경철, 정준모, 정형남, 조양덕, 탁수연

총무서리
김영남

행정연구원
도미영, 박성은, 유미선, 이현경(영국 유학)

회원과 후원자

● 자료회원

감신대도서관, 강경택, 권현정, 김대옥, 김동윤, 김신미, 김윤정, 김채숙, 김철규, 김철봉, 김현, 김훈, 문미선, 박정숙, 백성칠, 성명옥, 양선영, 여의도 선교국, 유병학, 윤덕순, 이동환, 이선주, 이성형, 이순복, 이은숙, 이용훈, 이정순, 이창훈, 이혜진, 인치용, 임부자, 장동우, 장옥, 장우영, 장윤희, 전상호, 정상혁, 정운조, 정준택, 정혜연, 채소룡, 최은형, 태일, 허남숙, 홍경은, 홍미숙

● 일반회원

강신원, 고정, 광신대 도서관, 계현숙, 김경주, 김명윤, 김성자, 김연숙, 김영숙, 김영애, 김진숙, 김채순, 김현정, 김호영, 나수진, 노선희, 박금희, 박도석, 박재현, 박경례, 박성주, 이동주, 이보욱, 이복희, 이영숙, 임재성, 장지연, 전필립, 조정현, 한봉희, Global Ministries

● 특별회원

강얀, 김대섭, 김민정, 김성필, 김안배, 김유선, 김태옥, 김혜은, 박금옥, 송희천, 신미수, 여수제일교회, 이석봉, 이승희, 전세갑, 정성희, 진방주, 최종국

● 평생회원

고석영(전재숙), 공일주, 구자영, 김지헌, 다락방전도협회, 박동우(윤해옥), 박재형, 백남일, 신경하, 아현감리교회 선교부, 이성복, 이중화(유숙자), 이혁, 장해남, 전재옥, 조정해, 홍순영, 홍승민, 홍향희

● 후원교회

광명교회, 대신교회, 문래동교회, 사랑의 교회, 안디옥교회, 아름다운교회, 안양일심교회, 영세교회, 온누리교회, 우이교회, 원주제일교회, 의림교회, 임마누엘선교교회, 주는교회, 중앙교회, 평택제일교회, 하예성교회

● 재정후원자

고선희, 김은혜, 오혜련, 윤순화, 이강락, 이경식, 이영애, 이중화(파키스탄 선교회), 이태웅(한국선교훈련원), 전재옥, 주미정, 홍동희, 외대신자회, 인터 서브선교회

● 협력선교단체

다락방전도협회, 아랍선교회, 이화가족기도회, 인터서브선교회, 인터콥선 교회, 중동선교회, 파키스탄선교회, 한국외국어대학교교수신우회, 해외협력 선교회, 호프

이스마엘우리형제 1~37호 목차

제1호(1992.12)
　　연구발표　　이슬람교에 대한 역사적 이해　　　　　　전재옥
제2호(1993.2)
　　연구발표　　이슬람교에 대한 역사적 이해2　　　　　전재옥
제3호(1993.4)
　　연구발표　　이슬람교에 대한 신학적 이해 1　　　　　전재옥
　　서평　　　　오리엔탈리즘　　　　　　　　　　　　　권형기
제4호(1993.6)
　　연구발표　　이슬람교에 대한 신학적 이해 2　　　　　전재옥
　　서평　　　　아라비안나이트　　　　　　　　　　　　권형기
제5호(1993.9)
　　연구발표　　이슬람교에 대한 문화적 이해 1　　　　　전재옥
제6호(1993.11)
　　연구발표　　이슬람교에 대한 문화적 이해 2　　　　　전재옥
제7호(1994.1)
　　연구발표　　이슬람교와 한국 기독교와의 만남, 대화 및 공존1　전재옥
제8호(1994.3)
　　연구발표　　이슬람교와 한국 기독교와의 만남, 대화 및 공존2　전재옥
제9호(1994.5)
　　연구발표　　이슬람의 원리주의 1　　　　　　　　　　권형기
　　번역후기　　중세 이슬람의 국가와 정부　　　　　　　김정위
　　연구원칼럼　Henry Martin Institute　　　　　　　　　남진선
　　　　　　　　세계의 이슬람연구소 CSIC

제10호(1994.7)

연구발표	이슬람의 원리주의 2	권형기
인물소개	무슬림권 최초의 선교사 레이먼드 럴	공일주
연구원칼럼	CISC (영국 이슬람연구소)	남진선

제11호(1994.8)

연구발표	이슬람의 원리주의 3	권형기
	이슬람권에 선교사를	공일주
공개강좌	하나님의 손 1	Woodberry

제12호(1994.9)

권두언	여기 들어오는 모든 이에게 평화를	전재옥
공개강좌	하나님의 손2	Woodberry

제13호(1994.11)

권두언	사랑의 감사	전재옥
연구발표	민속이슬람	공일주
공개강좌	하나님의 손3	Woodberry

제14호(1995.1)

권두언	선교와 언어	전재옥
연구발표	이슬람권 선교	전재옥
	하디스(무함마드 언행록)의 수집에 관한 고찰	공일주
기도정보	라마단과 영적 훈련	공일주

제15호(1995.3)

권두언	무슬림 여성	전재옥
연구발표	이슬람의 여성관1	전재옥
	아랍문학에 나타나 자힐리야 시대의 여성상	조희선
선교전략	무슬림 복음전도	공일주
서평	무슬림은 예수를 누구라 하는가	이태웅
기도정보	세계 이슬람권 소식	

제16호(1995.5)

권두언	복음과 문화	전재옥
연구발표	이슬람의 여성관2	전재옥
	이슬람의 축일/ 희생제와 금식종료일	공일주
선교전략	꾸란은 성경에 대해 뭐라고 말하는가?	공일주
해외선교연구소	WEC International (그리스도의세계복음화선교회)	

제17호(1995.7)

권두언	이슬람과 세계	전재옥
연구발표	이슬람의 여성관3	전재옥
	이슬람의 다섯 기둥과 여섯 믿음1	공일주
공개강좌	미래의 이슬람권 복음사역	Patrick Johnstone

제18호(1995.9)

권두언	선교와 돈	전재옥
선교지방문	이슬람권에서의 한국선교사의 자아상	전재옥
	이슬람권 선교전략	공일주
연구발표	이슬람의 다섯 기둥과 여섯 믿음2	공일주

제19호(1995.11)

| 연구발표 | 파키스탄 국가와 교회1 | 전재옥 |
| | 수피즘 | 공일주 |

제20호(1996.1)

권두언	기도	전재옥
연구발표	십자가와 초승달	Colin Chapman
	파키스탄 국가와 교회2	전재옥
	이슬람과 여성	공일주
선교모임	터어키의 부인선교사 사역	자네트

제21호(1996.3)

| 권두언 | 기쁨과 기도 | 전재옥 |
| 연구발표 | 동아프리카 무슬림과 스와힐리 사람들 | 김철수 |

이슬람 선교에 대한 신학적 문제　　전재옥

이슬람의 문화　　　　　　　　Colin Chapman

제22호(1996.5)

　권두언　　선교와 개종　　　　　　　　　전재옥

　연구발표　무슬림에 대한 편견에서 벗어나 Colin Chapman

　　　　　인도의 이슬람　　　　　　　　장종갑

　　　　　말레이시아-이슬람과 다민족정책　안동기

　　　　　이슬람원리주의와 그리스도인의 태도　공일주

　　　　　압다라만의 울음1(번역)　　　　이현경

제23호(1996.7)

　권두언　　가난과 선교　　　　　　　　　전재옥

　연구발표　기도하는 무슬림 그리고 무함마드Colin Chapman

　　　　　이슬람 미전도종족을 생각하며　　전재옥

　　　　　아랍교회 현황연구1　　　　　공일주

　　　　　압다라만의 울음2(번역)　　　　이현경

　　　　　아랍어 용어 · 우르드어 용어

제24호(1996.9)

　권두언　　찬양과 선교　　　　　　　　　전재옥

　연구발표　꾸란과 민속이슬람　　　　Colin Chapman

　　　　　정교회권 선교　　　　　　　전재옥

　　　　　아랍교회 현황연구2　　　　　공일주

　　　　　압다라만의 울음3(번역)　　　　이현경

　　　　　아랍어 용어 · 우르드어 용어

제25호(1996.9)

　권두언　　선교와 추수　　　　　　　　　전재옥

　연구발표　이슬람세계, 중동의 최근 경향 Vivienne Stacey

　　　　　무슬림 여성선교　　　　　　공일주

　　　　　내가 만나 본 이슬람 여인들　　권성희

태국내 말레이 무슬림에 대한 선교전략

제26호(1996.11)

권두언	96년을 보내고 97년을 맞이하면서	전재옥
연구발표	무슬림 여성생활과 관련된 초자연적 숭배와 능력대결	Vivienne Stacey
	무슬림 여성과 사회변화	전재옥
	방글라데시의 이슬람	권병희

제27호(1997.1)

권두언	초생달과 십자가	전재옥
연구발표	축일을 통한 이슬람 여성과의 대화	Vivienne Stacey
	이슬람 사회의 여성1	전재옥
	방글라데시의 이슬람과 선교적 노력	권병희
	라마단(번역)	박성은

제28호(1997.3)

권두언	왕의 딸들	전재옥
연구발표	무슬림 여성과 성경	Vivienne Stacey
	꾸란이 인류에게 미친 영향과 비평	최영길
	오공여행기	조용성
	이슬람 사회의 여성2	전재옥

제29호(1997.5)

권두언	와보라	전재옥
연구발표	기도를 통한 크리스찬과 무슬림의 만남	VivienneStacey
	파티마 메르니시의 이슬람 이해	전재옥
	이슬람의 회생: 근원과 반응	Woodberry
	무슬림과 중국 정치문화1(번역)	김영남

제30호(1997.9)

권두언	5주년을 맞으면서	전재옥
연구발표	우즈베키스탄 소수민족	인터콥
	무슬림과 중국 정치문화2(번역)	김영남

모세오경과 꾸란에 나타난 여성(번역)　김영남
교회의 GCQ　　　　　　　　　McQuilken
서평　Whose Promised: Israel or Palestine　김건우
LBC 이슬람연구소
이스마엘우리형제 1-29호(목차)

제31호(1997.11)
권두언　신뢰하기를 선택하는 삶　　　전재옥
연구발표　지중해 세계에서의 무슬림 여성과 기독교 여성의 개종
　　　　　　　　　　　　　　　안나 반잔
　중앙아시아 현상과 기독교 선교　　최바울
　민다나오의 선교 전략1　　　　　상영규

제32호(1998.1)
권두언　축복의 기대　　　　　　　전재옥
케리그마　선교사건스탄 소수민족　　　전재옥
연구발표　성경에 나타난 아랍어　　　이두선
　민다나오의 선교 전략2　　　　　상영규
　이슬람의 Dawa와 기독교의 Mission
　　　　　　　　엘리자베스 스켄틀베리
　일본 이슬람　　　　　　　　　김영남
선교사칼럼　살람의집 체류기　　　　　정기철

제33호(1998.3)
권두언　가난함 가운데 풍요로움　　　전재옥
연구발표　세계 이슬람의 분포와 현황　　김영남
　꾸란의 상황화-한 아랍 기독교인의 관점Mitri Raheb
이슬람지역　군부의 개입과 터어키 내 이슬람의 역학　ㅇㅈㅎ
　걸프지역에 대한 미국의 이해관계
연구원칼럼　파키스탄 여행기　　　　　박성은
신착도서 목록

제34호(1998.5)

권두언	선교와 경제	전재옥
케리그마	하나님의 신비로운 도우심을 받는 비결	정영관
연구발표	소수민족 분포도	이종화
	선교정책의 역사1	R.Pierce Beaver
	종교인가, 계시인가, 그리스도인가?	Tite Tienou
이슬람지역	인터넷 이슬람 지역 뉴스	

제35호(1998.7)

권두언	파수꾼의 아침을 기다리며	전재옥
케리그마	IMF, 돈 그리고 윤리	안동규
연구발표	이슬람의 역사	김대성
	현대 아랍 문학과 이슬람	송경숙
	선교정책의 역사2	R.Pierce Beaver

제36호(1998.9)

권두언	둘러싸인 허다한 증인들	전재옥
연구발표	이슬람과 기독교의 비교 이해	전재옥
	1990년이후 이슬람 세계의 동향	김정위
	북부 아프리카(마그립)의 이슬람	이종화

제37호(1998.11)

권두언	선교로서의 화목의 의미	전재옥
케리그마	하나님의 능력	이정규
연구발표	이슬람 상황 속에서의 아프리카 선교	강승삼
	기독교와 이슬람	제레미존스
	영국의 이슬람	니일슨

이슬람연구소 소장도서 목록

강성광, 『중국은 지금』, 죠이선교회, 1995

공일주, 『아랍문화의 이해』, 대한교과서, 1996

공일주, 『아랍어문법』, 예영커뮤니케이션, 1995

글린 마이어스, 『세계를 품는 그리스도인이 되려면』, 죠이선교회, 1992

김대섭, 「이슬람교의 예수이해와 무슬림 선교전략」, 서울신학대학교 신학
　　　대학원, 1995

김상복 편저, 『구소련선교핸드북』, 횃불, 1992

김아영, 「꾸란의 예수이해」, 이화여대 대학원, 1993

김영호, 『천년의 미소 인도네시아』, 정보여행, 1995

김인영, 「민속이슬람 선교전략에 관한 연구」, 총신대학교 신학대학원,1995

김종두, 『만화로 보는 세계기도정보上』, 죠이선교회, 1996

김주홍, 「나왈 알-사으다위 Nawal al-Sa'dawi의 페미니즘 글쓰기를 통해
　　　서 본 이집트 여성 문제」, 명지대학교대학원, 1995

노먼 루이스, 이숙희역, 『최우선 과제, 하나님은 무엇을 원하시는가?』, 죠
　　　이선교회, 1992

노봉린, 『미전도종족 선교정보 2집』, 횃불, 1995

노오만 앤더슨, 민태운역, 『세계의 종교들』, 생명의 말씀사, 1992

「논문집」제2집, 한국성서신학교 선교문제연구소, 1994

데쓰나오 야마모리, 이현모 역, 『미전도종족 이렇게 접근하라』, 죠이선교
　　　회, 1994

데이비드 보쉬, 전재옥 역, 『세계를 향한 증거』, 두란노 신학시리즈13, 1993

데이빗 애드니, 『중국선교 교회의 대장정』, IVP, 1992

데이빗 형제, 『왕명도 -중국』, 모퉁이돌 신서1, 예영커뮤니케이션, 1994

데이빗 브라이언트, 『기도합주회』, 죠이선교회, 1993

돈 해밀톤, 정진환 역, 『자비량선교사들은 이렇게 말한다』, 죠이선교회, 1991

라민 싸네, 전재옥역, 『선교신학의 이해』, 대한기독교서회, 1993

레나 테일러, 정민영역, 『선교현장 이야기』, 한국기독학생회, 1991

로버트 콜만, 임태순역, 『오늘의 전도 어떻게 볼것인가?』, 죠이선교회, 1993

로빈 톰슨, 이득수역, 『세계선교출발』, 한국기독학생회, 1992

로저스티어 쉘라 그로브, 조은혜역, 『사랑으로 가능한 길』, 죠이선교회, 1995

마저리 휘일, 유경애역, 『영광스러운 상처』, 죠이선교회, 1993

모리스 뷔까이유, 이석훈 역, 『성경과 꾸란과 과학』, 신지평, 1993

무함마드 깐수, 『신라 · 서역교류사』, 단국대학교 출판부, 1992

무함마드 아따울 라힘, 이석훈 역, 『예수 신의 예언자』, 신지평, 1993

문애희, 「나지브 마흐푸즈의 소설 연구」, 한국외국어대학교 학위논문, 1994

『민족과 문화』, 한양대학교 민족학연구소, 1993

박영지, 『종교학개설』, 기독교문서선교회, 1993

박영지, 『하나님과 함께 하는 삶』, 성광문화사. 1994

박종상, 「아프카니스탄을 향한 선교전략」, 장로회신학대학교 신학대학원, 1995

버나드 루이스, 김호동 역, 『이슬람문명사』, 이론과 실천, 1994

봅 쇼그렌, 이숙희역, 『마침내 드러나다』, 죠이선교회, 1995

브라더 앤드류, 이숙희역, 『하나님의 마음을 움직이는 기도』, 죠이선교회, 1995

사이애드 아불 아알라 마우두디, 압바스 홍순남 역, 『이슬람의 이해』, 한국 이슬람교 중앙연합회, 1990

『선교사 기도정보 자료집』, 대한예수교장로회 총회선교부, 1996

『선교정탐훈련 표준강의안』, 한국세계선교협의회 미전도종족입양본부,
    1996
선교한국94, 『모든 족속마다 교회를! 모든 사람에게 교회를!』, 1995
세르게이 토카레프, 『세계의 종교』, 한국종교연구회역, 사상사, 1991
셔우드 링엔펠터 마빈메이어스, 왕태종역, 『문화적 갈등과 사역』, 죠이선
    교회, 1995
송경숙 · 이종택, 『표준 아랍어 문법』, 외대 · 명지대 아랍어과, 1989
송경숙, 『아랍단편선』, 한국외국어대학교 출판부, 1984
송인규, 『디아스포라의 현주소 -미주한인교회의 실상과 공동체적 비전』,
    예영커뮤니케이션, 1994
쉐이크 빌키스, 박양미 역, 『어느 이슬람여인의 회심』, 임마누엘, 1992
심석윤, 「인도 수피이슬람 종교사상과 그에 대응하는 한국교회의 선교전
    략」, 아세아연합신학대학원 석사학위 논문, 1987
아부드 알파디, 최진희역, 『코란과 복음서에 나타난 예수』, 죠이선교회,
    1994
안점식, 『세계관과 영적 전쟁』, 죠이선교회, 1995
앤쿠퍼, 『우리형제 이스마엘- 이슬람교에 대한 성경적 고찰』, 두란노 선교
    시리즈12, 1992
에일린 빈센트, 『C.T.스터드와 프리실라』, 죠이선교회, 1994
엘리자벤 자일러, 박혜경역, 『부르신 자는 인도하신다 -중국』, 무실, 1992
『예배입문』, 한국이슬람 중앙회 선교위원회, 1991
중동문제연구소, 『요르단과 한국의 정치~경제모형에 관한 비교연구』, 외
    국학종합연구센터, 1992
유부웅, 『아프리카 기독교는 아프리카를 구원하고 있는가?』, 미션월드,
    1992
유정준, 「모로코의 언어상황에 관한 연구」, 한국외국어대학교 대학원,
    1996
이광호, 『세계선교의 새로운 과제들』, 예영커뮤니케이션, 1998

이계연, 「아랍어 무역서한의 번역연구」, 한국외국어대학교 통역대학원, 1994

이동은, 「칼릴라와 딤나」, 한국외국어대학교 대학원, 1995

이동주, 『아시아 종교와 기독교, 기독교문서선교회, 서울, 1998

이병구, 『중동 이슬람세계를 선교하기 위한 선교단체의 선교전략』, 1995

이븐 할둔, 김용선 역, 『이슬람사상』, 삼성출판사, 1992

이소벨 쿤, 전재옥 역, 『추구 -중국』, 생명의 말씀사, 1992

이슬람연구소, 『무슬림은 예수를 누구라 하는가?』, 예영커뮤니케이션, 1995

이슬람연구소, 『이슬람의 이상과 현실』, 예영커뮤니케이션, 1996

이승수, 『미전도지역 무슬림세계를 향한 선교』, 예루살렘, 1992

이영민, 『추적놀이를 합시다』, 예루살렘, 1995

이종택, 『표준아랍어-한국어사전』, 명지대학교 아랍어과

이태웅, 『한국선교의 이론과 실제』, 한국해외선교회, 1994

이희수, 『한 · 이슬람 교류사』, 문덕사, 1992

『잊혀진 땅 -터어키』, 중동지역 선교를 위한 소책자1, 중동선교회, 1992

자네트 발렌트 화이트, 전재옥 편역, 『에스더 꺼마르 -파키스탄』, 두란노, 1992

잭버드, 중동선교회 역, 『이슬람이란 무엇인가』, 예루살렘, 1992

전재옥, 『타문화권 선교이해』, 충현교회 세계선교연구원

전재옥, 『파키스탄 나의 사랑』, 두란노 선교시리즈11, 1993

정선숙, 「기독교와 이슬람교의 구원관 비교연구」, 명지대학교 대학원, 1994

정영섭, 「이슬람분파 연구와 선교적 제안」, 총신대 신학대학원, 1994

제임스 F. 엥겔, 정진환역, 『당신의 메세지는 전달되고 있는가?』, 죠이선교회, 1992

조나단 루이스, 『열방을 향하여』, 한국해외선교회, 1994

조석만, 『삶을 말한다』, 잠언, 1995

조성범, 『기능인 세계선교』, 하늘기획, 1992

조지 오티스 2세, 『마지막 대적』, 죠이선교회, 1995

조지 오티스 주니어 & 마크 부룩맨, 『10/40 창문에 비쳐진 견고한 진』, 예수전도단, 1996

존 엘더, KTM 편집부 역, 『무슬림을 향한 성경적 접근』, 퍼내기, 1992

「중동연구」제11-16호, 중동연구소, 1997

『중동학문헌록』, 중동문제연구소, 한국외국어대학교 외국학종합연구센터, 1992

『총회선교사 행전』, 대한예수교장로회총회 선교부, 1994

최영길, 『꾸란해설』, 송산출판사, 1988

최정만, 『한국 개신교 선교토착화의 역사적 전개』, 한국복음주의 선교신학회, 1990

『최찬영이야기』, 죠이선교회, 1995

칼빈 베이스너, 조은혜역, 『친구를 위한 작은 변증』, 죠이선교회, 1995

캘시피니, 『윌리암캐리』, 김명회역, 죠이선교회, 1995

『코란, 한글번역본』, 이슬람 국제출판국, 1988

콜린 채프만, 『가서 너도 이와 같이 하라』, 이슬람연구소 감수, 죠이선교회, 1995

쿠르쉬드 아흐만 편저, 이석훈 역, 『이슬람 그 의의와 메시지』, 우리터, 1993

크리스틴 말루히, 『미니스커트 어머니 그리고 모슬렘』, 예수전도단, 1996

테리 헐버트, 『오늘의 세계선교』, 생명의 말씀사, 1979

토마스 헤일, 박재형 역, 『의료선교의 모험과 도전』, 건생, 1996

티모씨 워너, 안점식역, 『영적 전투』, 죠이선교회, 1994

패트릭 존스톤, 『세계기도정보』, 죠이선교회, 1995

페이스 베일리, 『버마선교사 져드슨의 생애』, 생명의 말씀사, 1981

폴린 해밀톤, 전재옥 편역, 『다른 행진곡 -중국』, 죠이선교회, 1994

필파샬, 이숙희 역, 『십자가와 초승달』, 죠이출판사, 1994

하버트 케인, 민명홍역, 『세계를 품는 그리스도인 왜 되어야 하는가?』, 죠
　　　이선교회, 1994

하 지사브리, 『하디스』, 한국 이슬람교 중앙연합회, 1978

『한국과 아랍』, 한국아랍친선협회, 1994. 4-

한국선교사 및 선교단체 편람』, 한국해외선교회 출판부, 1992

『한국선교총람』, 한국기독교선교단체협의회, 1996

『한국선교핸드북』, 한국해외선교회출판부, 1996

「한국성서신학교 선교문제연구소」, 논문집 제2집, 1994

『한국세계선교지도자주소록』, 한국세계선교회, 1996~1998

『한국이슬람학회논총 제1-5집』, 한국이슬람학회, 1990~1994

「한국중동학회논총」 창간호, 9호, 12호, 15호, 1995

한제호, 『그리스도의 속죄의 완전성』, 한국신학총서1, 예영커뮤니케이션,
　　　1994

함무다 압달라티, 『이슬람의 실상』, 한국 이슬람교 중앙연합회, 1990

『현대아랍어』, 이슬람연구소, 1995

홍성민, 『중동경제론』, 명지출판사, 1992

「횃불선교센터 해외선교국, 아시아의 상황과 기독교 선교」, 국가선교정보
　　　자료집 3집, 횃불, 1998

K.P. 요하난, 안진원 김명희 역, 『무너진 성벽을 막아서라』, 죠이선교회,
　　　1992

------, 조은혜 역, 『다가오는 세계선교의 혁명』, 죠이선교회, 1995

김철수, *Missiolgical Understanding of the Swahili Muslims in Zanzibar,*
　　　Michigan: UMI, 1995

손윤경, *Islam in Korea,* Michigan: UMI, 1993

Abdallah Frangi, *The PLO and Palestine,* translated by Paul Knight,
　　　London: Zed Books, 1983

ABD Al-masih, *Holy War in Islam,* Villach: Light of Life

------, *The Great Deception,* Villach: Light of life, 1995

------, *The Occult in Islam*, Villach: Light of Life

------, *The Person of Christ*, Ricon: The Good Way, 1986

------, *What Do You Think about Christ?*, Ricon: The good way

------, *Who is Allah in Islam?*, Villach: Light of life

------, *Why is Difficult for a Muslim to Become a Christian*, Villach: Light of Life

------, *World Muslim Population Growth 1970~2000*, Villah: Light of Life

AbdulWahid Hamid, *Islam the Natural Way*, London: MELS, 1989

Abdiyah Akbar Abodul-Haqq, *Sharing Your Faith with a Muslim*, Minnesota: Bethany House Publishers, 1980

Abdul Rahman Dimashkiah, *Let The Bible Speak*, Saudi Arabia : International Islamic Publishing House

Abun-Nasr. Jamil Mr, *A History of the Maghrib in the Islamic Period*, Cambridge Univ. Press, 1987

Albert Nolan, *Jesus Before Christanity*, London: Darton, Longman & Todd, 1992

Adam, *Islam--The Religious of All Prophets*, Begun Aishabawany Waqf, Pakistan, 1990

Ahmed Hassanein Mona Kamel, *Let's chat in Arabic,* The American University in Cairo

Alhaj A.D.Ajijola, *The Myth of the Cross*, Lahore: Islamic Publications, 1975

Allama Saiyid Sulaiman Nadwi, *The Holy Prophet Muhammad*, Begun Aishabawany Waqf, Pakistan, 1977

Al-Sayyid Marsot. Afaf Lutfi, *A Short History of Modern Egypt*, New York: Cambrdige Univ. Press, 1985

Aleksandr Belenitsky, *Central Asia*, Geneva: Nagel publisher, 1968

Andrew and Janet Person, *Sudanese Colloquial Arabic for Beginners,*

England: Summer Institute of Linguistics

Anne cooper, *Ishmael My Brother,* Tunbridge Wells: MARK Monark Publication, 1993

Anthony de Mello, S. J, *Call to Love*, Anand: Gujarat Sahitya Prakash, 1993

------, *One Minute Nonsense,* Anand: Gujarat Sahitya Prakash, 1992

------, *One Minute Wisdon,* Anand: Gujarat Sahitya Prakash, 1989

A Pocket Guide To Islam, West Sussex: FFM, 1992

Arabica, Paris: E.J.Brill, 1993

Attar Chand, *Islam and the New World Order,* New Delhi: Akashdeep Publishing House, 1992

Bassam M.Madany, *The Bible and Islam,* The Back to God Hour, 1992

Bennigsen Alexandre & Wilmbush S. Enders, *Muslims of the Soviet Empire,* Indianapolis : Indiana Univ. Press, 1986

Betty Maher, *Woman Journeying,* Dubin: The Columba Press, 1994

Bienvenido S. Tudtud, *Dialogue of Life and Faith,* Quezon: Claretian Publications, 1988

Bill & Amy Stearns, *Catch the Vision 2000,* Minnesota : Bethany House Publisher, 1991

Bill Musk, *Passionate Believing,* Tunbridge Wells: MARK, 1984

------, *The Unseen Face of Islam,* Tunbridge Wells: MARK, 1989

------, *Touching the Soul of Islam,* Crowborough: MARC , 1995

Bowen. John R, *Muslim through Discourse,* New Jersey: Princeton Univ. Press, 1993

Boyros Deif A. Abedalla, *The Biblical Concept of Salvation in the Contemporary Context of Aigupton,* 1995

Byignaz Goldziher, *Introduction to Islamic Theology and Law,* New Jersey: Princeton Univ. Press, 1981

C. Goden Olson, *What in the World is God Doing?*, Cedar Knolls: Global Gospel Publisher ,1994

C. G. Pfander, *Balance of Truth*, Villach: Light of life, 1986

C. G. Peter, D. D, *No Distortion the Tora and the Gospel*, Rikon: The Good Way

------, *How Can We Know the True Religion? 1-3*, The Good Way

C. Peter Wagner, *Engaging the Enemy*, California: Regal Books, 1991

Charles Amjad-Ali and Christine Amjad-Ali, *But the Spirit Gives Life*, Rawalpindi: Christian Study Centre, 1993

Christians in Chains, Villach: Light of Life

Christina Lamb, *Waiting for Allah*, New Delhi: VIking, 1991

Colin Chapman, *Cross and Crescent*, Leicester: Inter-Varsity Press, 1995

------, *You Go and the Same*, Church Missionary Society, 1983

Cyril Glasse, *The Concise Encyclopedia of Islam*, Harper San Francisco, 1991

David Sungin Han, *Jendela Firman*, Seoul: Yayasan Misi Lituratur Korea Untuk Daeah Islam, 1993

De Lacy O' leary, D.D, *Arabia Before Muhammad*, New York : E.P.Dutton Co, 1927

E. J. Brill, *Die Welt Des Islams*, 1993

Doug Cozart & Won Sul Lee, *Haggai Vision Action, Singapore* : Haggai Center for Advanced Leadership, 1994

Do You Know? God' s Salvation is Ready for You!, Stuttgart : Call of Hope

Easter Sangster, *The Torn Veil*, London: Marshall Pickering, 1984

Edward Westermarck, *Pagan Survivals in Mohammedan Civilisation*, Amsderdan : Philo Press, 1933

Emir Rishawi, *A Struggle that Led to Conversion*, Villach : Light of Life,

1993

Ernest Gellner, *Muslim Society*, London: Cambridge University Press, 1981

Ernest Hahn, *Jesus in Islam*, Pasadena: Good Shepherd Ministries, 1991

Ernest Halm, *How To Share Your Christian Faith With Muslims*, Messages of God' s Love Multilingual, 1993

------, *Jesus in Islam*, Indea : Henry Martyn Institute of Islamic Studies, 1991

Eva Isaksson, *Women and the Military System*, New York : St. Martin' s Press, 1988

Eve Brook & Ann Davis, *Women, the Family and Social Work*, New York : Tavistock Publication, 1985

F. A. Klein, *The Religion of Islam*, London Curzon press, 1985

Fatima Mernissi, *Hidden from History Forgotten Queens of Islam*, Lahore : ASR, 1993

Fazlur Rahman, *Islam*, Chicago : Chicago University Press, 1979

Foster and Richard, *Churches that Obey Taking the Great Commission Seriously*, Carisle : OM Publishing, 1995

Frances Iliff, *Salam Alekum!*, London : Interserve, 1995

Gaudenclo Rosales, D. D. & C. G. Arevalo, S. J, *For all the peoples of Asia*, Quezon : Claretian Publication, 1992

General Mac Munn, *Afghanistan*, Quetta : Nisa Traders, 1979

George Ford, *Life of Christ 1-7*, Stuttgart : Call of Hope

------, *The Light of the World*, Ricon : The Good Way, 1988

Gerhard Nehls, *Christisans Answer Muslims*, Bellville : SIM International/Life Challenge, 1988

Ghulam Masih Naaman, *My Grace is Sufficient for You*, Ricon : The Good Way, 1980

Greg Livingstone, *Planting Churches in Muslim Cities*, Michigan : Baker Book House, 1993

Gunter, Michael M, *The Kurds in Turkey A Political Dilemma*, San Francisco : Westview Press, 1990

James Batal, Assignment : Near East, Freindship Press, 1950

Hamid Henry, *National Christian Heroes and Heroines*, Makta-e-Anaveem Pakistan, Pakistan, 1977

Hamran, *God has chosen for me Everlasting Life*, Ricon : The Good Way

Ishak Ersen, *Jesus Christ in the Tradition of Islam*, Villach : Light of Life

Iskander Jadeed, *Did God Appear in the Flesh?*, Recon : The Good Way

------, *For the Sake of Truth*, Rikon : The Good Way, 1991

------, *How to Share the Gospel with Our Muslim Brother?*, Villach : Light of Life

------, *Sin and Atonement in Islam and Christianity*, Recon : The Good Way

------, *Test Everything, Hold on to the Good*, Ricon : The Good Way, 1980

------, *The Infallibility of the Torah and the Gospel*, Ricon : The Good Way

------, *Victory of the Truth*, Ricon : The Good Way

------, *What must I do to be Saved?*, Stuttgart : Call of Hope

Islam and Christian Muslim Relation, Oxfordshire: Carfax, 1995

Islamic Law and Society,

E.J.Brill, 1994.1

J. Christy Wilson, *More to be Desired than Gold*, South Hamilton : Gordon-conwell theological seminary, 1994

J. D. Kraan, *Religious Education in Islam*, Lawalpindi : Christian Study Centre, 1984

Jean P. Sasson, *Princess*, London : Bantam Books, 1997

John L. Esposito, I*slam in Asia*, Oxford university Press,1987

J. Paul Rajashekar & H. S. Wilson, *Islam in Asia*, Geneva : Lutheran World Faderation, 1992

J. Samuel Hofman, *Mission Work in Today's World*, California : William Carey Library, 1993

J. Dudley Woodberry, *Muslims & Christians on the Emmaus Road*, Monrobia : MARC, 1989

Jacob D. H. Lee, *China's 55 Ethnic Minorities*, Watsom : Youth With a Mission, 1995

Jaemahn Suh, *Korea an Middle East in Changing World Order*, Seoul : Institute of Middle East Studies, 1996

James Batal, *Assignment : Near East*, Freindship Press, 1950

Jens Christensen, *The Practical Approach to Muslims*, The North Africa mission, 1977

Jens Enevoldsen, *Selections from Rabman Baba*, Denmark : Poul Krisrensen, 1977

John Gilchrist, *The Christian Witness to the Muslim*, Republic of South Africa: Jesus to the Muslims, 1988

-----, *Al-Masihu-Isa : The Glory of Jesus the Messiah*, 1986

-----, *An Analytical Study of the Cross and the Hurah,* 1986

-----, *Millat-A-Ibrahim : The True Faith of Abraham*, 1986

-----, *Origins And Sources of the Gospel of Barnabas*, 1985

-----, *The Christian Witness to the Muslim*, 1988

-----, *The Love of God in the Qur' an and the Bible*, 1986

-----, *The Temple, The Ka;aba, and The Christ*, 1986

-----, *The Textural History of the Qur' an and the Bible*, 1990

-----, *The Titles of Jesus in the Qur' an and the Bible*, 1986

-----, The Uniqueness of Jesus in the Qur'an and the Bible, 1986

-----, What Indeed Was the Sign of Jonah?, 1985

John Haggai, Lead on!, Dallas, Word Publishing, 1986

John Rooney M. H. M, Into Deserts, Rawalpindi : Christan Study Centre, 1986

-----, On Heels of Battles, Rawalpindi : Christan Study Centre, 1986

-----, On Rocky Ground, Rawalpindi : Christan Study Centre, 1987

-----, Symphony on Sands, Rawalpindi : Christan Study Centre, 1988

-----, The Hesitant Dawn, Rawalpindi : Christan Study Centre, 1984

-----, Symphony on Sands, Lawalpindi : Christian Study Centre, 1988

John Rooney M. H. M, St, Thomas and Taxila, Pakistan christan history 1, Lawalpindi : Christian Study Centre, 1988

Joseph Schacht, An Introduction to Islamic Law, Oxford : Clarendon Press, 1964

Journal of Arabic Literature XXIV-1993, Leiden : E. J. Bril, 1993

Joyce Moss. George Wilson, The Middle East and North Africa, Detroit : Gale Research Inc, 1992

Julla Leslie, Roles and Rituals for Hindu Women, Delhi : Motilal Banarsidass Publishers, 1992

Justice Syed Shameem Hussain Kadri, Creation of Pakistan, Lahore : Wajidalis, 1982

Khalid Hasan, The Umpire Strikes Back People & Politics in Pakistan, Lahore : Vanguard Books, 1988

Khalid Mahmud, Pakistan's Political Scene 1984~992, Lahore : Rhotas Books, 1992

Khawar Mumtaz & Farida Shaheed, Women of Pakistan, Lahore : Vanguard Books, 1987

Larry G. Lenning, Blessing in Mosque and Mission, Calrifornia : William

Carey Library, 1980

Larry W. Caldwell, *Missions and You*, Metro Manila : OMF, 1994

Laurits Vemmelund, *The Christian Minority in the North West Frontier Province of Pakistan*, C.S.C. series 6, Rawalpindi : Ferozsons, 1973

Lewis, *World Mission*, Pasadena : William Carey Library, 1994

G.S.Hodgson, *The Venture of Islam 1, 2, 3*, Chicago: Chcago Univ. Press, 1974

Louis Bahjat Hamada, *Understanding the Arab World*, Nashville : Tomas Nelson Publishers, 1990

Lt. Ceneral sir George Macmunn, *Afghanistan*, Quetta : Nisa Trades, 1979

M. A. Wani, *Maintenance Rights of Muslim Women*, New Delhi : Genuine Publications, 1987

M. Geijbels & J. S. Addleton, *The Rise and Development of Urdu and the Importance of Regional Languages in Pakistan*, Lawalpindi : Christan Study Centre

M. Geijbels, *Muslim Festivals and Ceremonies in Pakistan*, Lawalpindi : Christian Study Centre, 1989

M. Hanif Raza, *Culture Caravan of Pakistan*, Islamabad : Colorpix

Michael Nazir Ali, *Islam-A Christian Perspective*, Exeter The Paternoster Press, 1983

M. Yusuf Islahi, *Etiquettes of Life in Islam*, Lahore : Islamic Publication, 1993

Marwan Ibrahim Al-Kaysi, *Morals and Manners in Islam*, Wiltshire : The Islamic Foundation, 1986

Mattew Lederle, S. J, *Christian Painting in India*, Anand : Gujarat Sahitya Prakash

Maurice B. Salib, *Spoken Arabic of Cairo*, The Amarican University in Cairo Press, 1989

Maurice Bucaille, *The Quran and Modern Science*, Educational Press, Karachi

Menes Abdul Noor, *Love Never Fails -1 Corinthians of Love,* Stuttgart : Call of Hope, 1994

------, *Miracles of Christ*, Stuttgart : Call of Hope, 1995

Mirza Ghunam Ahmad, *The Teaching of Islam*, London : Darf Publishers, 1984

Mohammad Zia Ullah, *Islamic Concept of God*, London : Kegan Paul Inc, 1984

Montgomery Watt, *Islamic Philosophy and Theology*, Edinburhg : The University Press, 1987

------, *What is ISLAM?*, Longman London : Librarie du Liban, 1979

Moojan Momen, *An Introduction to Shi' i Islam*, New Haven: Yale University Press, 1985

Mufti Muhammad Shafi, *Distribution of Wealth in Islam*, Karachi : Begum Aisha Bawany Wakf, 1994

Muhammad Ata ur-Rahim, *Jesus A Prophet of Islam*, Karachi : Begum Aisha Bawany Waqf, 1979

Muhammad Faiz Almath, *1100 Hadits Terpilih*, Jakarta : Gema insani Press, 1994

Muhammad Imran, *Ideal Women in Islam*, Lahore : Islamic Publications, 1993

Mumtaz Shah Nawaz, *The Heart Divided*, Lahore : ASR, 1957

Nawal El Saadawi, *Woman at Point Zero*, Lahore : ASR Publications, 1994

Neil T. Anderson, *The Bondage Breaker,* Eugene : Harvest House Publisher, 1990

------, *Victory Over the Darkness*, Ventura : Regal Books, 1990

News from the Country Pakistan 1980-84, Lawalpindi : Christian Study

Centre, 1985

Nicola Yacoub Ghabril, *Din alimleri tartisiyor,* Ricon, isvicre : Esenlik Yolu

------, *Themes for the Diligent,* Ricon : The Good Way

Nigbat Said Kban, *Voices within,* Lahore : ASR, 1992

Norman L. Geisler and Saleeb, *Answering Islam,* Michigan : Baker Books, 1993

Nurul Zaman Ahmad Auj, *Christian Land and People,* Maltan Cantt : Caravan Book, 1991

P.Lewis, Pirs, *Shrines and Pakistani Islam,* Lawalpindi : Chrtistian Study Centre, 1985

Parry. V. J, *A History of the Ottoman Empire to 1730,* New York : Cambridge Univ. Press, 1976

Paul G. & Frances F. Hibert, *Case Studies in Missions,* Michigan : Baker Book House, 1989

Peter Clarke, *The World's Religions Islam,* London : Routledge, 1988

Peter Gordon Gowing, *Muslim Filipinos-Heritage and Horizon,* Quezon city : New Day publishers, 1979

Phil Parshal, *Bridges to Islam,* Michigan : Baker Books, 1983

------, *Inside the Community,* Michigan : Baker Books, 1994

------, *New Paths in Muslim Evangelism,* Michigan : Baker Books, 1980

Profiles of Islamic Countries, Tehran : Islamic Propagatic Organization

R. Arthur Mathews, *Born for Battle,* Wheaton : OMF book Harold Shaw publishers, 1993

R.J.Raja S. T, *You are Free,* Bangalore : NBCLC, 1993

Rafiullah Shahab, *Muslim Women in Political Power,* Lahore : Maqbool Academy, 1993

------, *Rights of Women in Islamic Shariah,* Lahore : Indus Publishing

House, 1986

Rank Kaleb Jansen, *An Inquiry Into The Progress of World Evangelization Toward Anno Domini 2000*, The Peoples of the World 1 · 2, Adapt-A-People Clearinghouse 1 · 2

S. Abul A' la Haudui, *Islamic Law and Constitution*, Lahore : Islamic Publications, 1992

S. Abul A' la Maududi, *Purdah and the Status of Women in Islam*, Lahore : Islamic Publications, 1993

S. D. Islahi, *Islam at a Glance*, Lahore : Islamic Publications, 1994

Safia Iqbal, *Woman and Islamic Law*, Lahore : Islamic Publication, 1989

Samar Attar, *Modern Arabic*, Beirut : Librairie du Liban, Typo Press, 1988

Samuel M. Zwemer, *The Muslim Christ*, Oliphant, Birmingham : Anderson & Ferrier, 1912

------, *The Moslem Doctrine of God*, American Tract Society, 1905

Sayyid Abul A' la Mawdudi, *Let Us Be Muslims*, Lahore : The Islamic Foundation, 1982

Seyyed Hossein Nasr, *Islam and the Plight of Modern Man*, Lahore : Suhail Academy, 1988

Sherwood G. Lingenfelter, *Transforming Culture*, Michigan : Baker Book House, 1992

Sibte Hasan, *The Battle of Ideas in Pakistan*, Karachi : Pakistan Publishing House, 1989

Sister Gulshan Esther, *Beyond the Veil*, London : Marshall Pickering, 1992

------, *The Torn Veil*, London : Marshall Pickering, 1984

Sweet Firstfruits, *An Account of Christian Converts in Syria*, Ricon: The Good Way, 1993

Sydney Nettleton Fisher, *The Middle East*, McGraw-Hill, 1990

Syed Jalal-Ud-Din Omri, *Women and Islam*, Lahore : Islamic Publication,

1990

T. W. Arnols, M. A, C. I .E, *The Preaching of Islam -A History of the Propagation of the Muslim Faith*, London : Darf Publisher, 1986

Tanzilur Rahman, *Essays on Islam*, Lahore : Islamic Publications, 1988

Tapper. Richard, *Islam in Modern Turkey*, London : I. B. Tauris, 1991

Tehmina Durran, *My Feudal Lord*, Lahore : Intikhab I Jadeed Press, 1991

The Muslim World 1995. 6~1998. 4, Hartford seminary: The duncan black macdonald center

The True Guidance 1, 3, 4, 5, Villach : Light of Life, 1994

The United Arab Emirates 1993, *Ministry of Information & Culture*, Abu Dhabi Uxi Mufti, Documentation of Performing Arts & Crafts in Asia and Computer Retrival Systems, Islamad : Lok virsa Voll.

John Obert & Sarah Potts, *The Sudan*, Colorado : Westview Press, 1985

Understanding The Sects of Islam, West Sussex : FFM, 1992

Viggo Sogaard, *Media in Church and Mission*, Pesadena : William Carey Library, 1993

Virginia Stevens Maurice Salib, *Dictionary of the Spoken Arabic of Cairo*, English-Arabic, The Amarican University in Cairo Press, 1981

------, *Submitting to God*, Hodder & Stoughton : London, 1997

------, *Women in Islam*, London : Interserve, 1995

W. St. Claier Tisdall, *Christian Reply to Muslim Objections*, Villach : Light of Life, 1980

------, *The Sources of Islam*, Edinburgh : The Message for Muslims Trust, 1900

Wali Khan, *Facts* Are Facts, The Untold Story of India's Partition, New Delhi : Vikas Publishing House, 1988

Wilbert R. Shenk, *The Transfiguration of Mission*, Ontario : Herald Press, 1993

William G. Young, *Days of Small Things?*, Rawalpindi : Christian Study Center, 1991

------, *Patriarch Shah and Caliph*, Lawalpindi : Christian Study Centre, 1974

William J. Saal, *Reaching Muslims for Christ*, Chicago : Moody Press, 1991

Yameema Mitha, *Another Form of Stoning Women at the Quarries*, Lahore : ASR, 1989

Your Muslim Guest, West Sussex : FFM, 1991

Youssef M. Choueiri, *Islamic Fundamentalism*, London : Pinter Press, 1990

Yusuf Al-Qardawi, *The Lawful and the Prohibited in Islam*, Lahore : Islamic Publications, 1993

국회도서관 이슬람관련 도서목록

고흥근, 『인도 종파주의에 대한 연구 : 장기화된 사회분쟁이론에 의한 분석』, 부산외대부산국제포럼, 1996

권형기, 『이슬람교 원리주의; 기원과 본질』, 서울대종교학연구, 1994

김영경, 『이슬람의 신관』, 서강대종교신학연구, 1996

김용선, 『초기 이슬람 시대의 국가 통치권과 종교 움마 칼리프 샤리아를 중심으로, 한국외대중동연구』, 1996

김용선, 『꾸란의 이해』, 서울 : 민음사, 1990

김용선 역주, 『성꾸란 : 이슬람경전 상·하』, 서울 : 박영사, 1983

김용선 저, 『아랍 문화사』, 서울 : 한국외국어대학교출판부, 1986

김정위, 『이슬람사상사』, 서울 : 민음사, 1987

김정위, 장병휴, 홍순남 공저, 『국제정치와 이슬람원리주의 운동』, 서울 : 민맥, 1994

깐수 무함마드, 『사막의 신기루처럼 나타난 이슬람』, 전망, 1994

법무부 법무실, 『중동제국의 법규 해설』, 과천 : 법무부 법무실, 1985

Power Carla, 『변화 추구하는 미국 속의 이슬람』, 뉴스위크, 1998

산업연구원, 『이슬람 세계의 경제관과 상관습』, 서울 : 산업연구원, 1986

서울대학교 종교학과 종교문화연구실 편, 『전환기의 한국 종교』, 서울 : 집문당, 1986

송민호, 『중동정치론』, 서울 : 진선미출판사, 1992

시전민부 편; 교양사 편집부 역, 『정치와 종교』, 서울 : 교양사, 1988

신용철 외저, 『동양의 역사와 문화』, 서울 : 탐구당, 1993

심의섭, 홍성민 공저, 『이슬람 경제학』, 서울 : 마루, 1985

심의섭, 홍성민 공저, 『현대 이슬람 경제론』, 서울 : 집문당, 1987

양승윤, 「말레이시아 이슬람 부흥운동의 역사적 배경에 관한 고찰」, 한국
　　외대논문집, 1993

외무부외교안보연구원, 『이란 혁명이 중동 정세에 미치는 영향과 한국의
　　대책』, 서울 : 외무부 외교안보연구원, 1983

윤이흠 외저, 『한국인의 종교』, 서울 : 문덕사, 1994

이정영, 『이란 이슬람혁명과 원리주의 성향』, 1996

이종택, 「Hamas의 정치사적 배경과 이념」, 한국중동학회논집, 1994

이희수, 『터키사』, 서울 : 대한교과서주식회사, 1993

이희수, 『한 · 이슬람 교류사』, 서울 : 문덕사, 1991

인남식, 『중동지역의 지배 · 전환 이데올로기에 관한 연구 : 아랍민족주의
　　와 이-』, 1996

전재옥, 『이슬람교의 기독론; 꾸란의 예수 이해를 중심으로』, 이화여대한
　　국문화연구원논총, 1993

중도의웅, 삼영 공저; 이이영 편역, 『중동의 도전』, 서울 : 동도문화사, 1980

『중동 · 인도 · 바그다드의 건축』, 서울 : 창국사, 1989

최영길, 『16억 이슬람인의 역사와 문화』, 서울 :송산출판사, 1996

최영길, 『꾸란 특성 연구 : 꾸란에 대한 비평과 꾸란이 끼친 영향을 중심으
　　로』, 한국중동학회논총, 1996

최영길, 『이슬람의 생활규범』, 서울 : 명지대학교출판부, 1985

최한우, 『중앙아시아』, 서울 : 펴내기, 1992

하경근, 『현대중동정치론 : PLO를 중심으로』, 서울 : 법문사, 1985

하병주 저, 『아랍 사회와 문화』, 부산 :부산외국어대학교 출판부, 1996

한국민족학회 편, 『문화론. 하나』, 서울 : 문덕사, 1995

한국외국어대학교부설 중동문제연구소, 「연구논총. 1983-19840」, 서울 :
　　한국외 국어대학교 중동문제연구소, 1984

한국외국어대학교부설 중동문제연구소, 「국가연구: 이란」, 서울: 한국외국
　　어대학교 중동문제연구소, 1989

한국종교사회연구소 편, 『한국종교연감. 1994(제2권)』, 서울 : 고려한림원, 1994

행일출남, 선전간부, 관강일성 공저; 이도업 역, 『종교의 역사 : 불교 · 그리스도교 · 이슬람교 · 신도』, 서울 : 경서원, 1992

홍성민, 『중동경제론』, 서울 : 명지출판사, 1991

황병하, 『메디나 시기 지하드 JIHAD의 과정과 의의』, 조선대외국문화연구, 1996

황병하, 『쉬아 이스마일파의 기원과 교리 연구』, 한국외대중동연구, 1997

황병하, 『이슬람사상에서 무으타질라의 영향』, 조선대외국문화연구, 1995

Ann K. S. Lambton 저, 김정위 역, 『중세 이슬람의 국가와 정부』, 서울 : 민음사, 1992

Arnold J. Toynbee 저, 강기철 역, 『현대 서구 문명의 실험』, 서울 : 범우사, 1975

Barthilet, Jeffrey, 『솔로몬왕도 해결 어려운 성지 쟁탈전』, 뉴스위크, 1995

Bernard Lewis 저, 김호동 역, 『이슬람 문명사』, 서울 : 이론과 실천, 1994

Denise Lardner Carmody 저; 강돈구 역, 『여성과 종교』, 서울 : 서광사, 1992

Dickey. Christopher, 『유럽에 회교도 이민 몰린다』, 뉴스위크, 1995

Frederick B. Artz 저, 홍성표 역, 『중세 유럽의 문화유산』, 서울 : 보진재, 1993

H. A. R. Gibb 저; 최준식, 이희수 공역, 『이슬람-그 역사적 고찰』, 서울 : 문덕사, 1993

H. Kraemer 저, 최정만 역, 『기독교 선교와 타종교』, 서울 : 기독교문서선교회, 1993

Henry Corbin 저, 김정위 역, 『이슬람 철학사』, 서울 : 대광문화사, 1986

J. B. Noss 저, 윤이흠 역, 『세계종교사 상』, 서울 : 현음사, 1986

Jack Budd 저, 중동선교회역, 『이슬람이란 무엇인가? : 이슬람 신앙의 개

요』, 서울 : 예루살렘, 1992

Joseph M. Kitagawa 저, 이진구, 신광철, 이욱 공역, 『동양의 종교』, 서울 : 사상사, 1994

Leonardo Benevolo 저, 윤재희, 지연순, 전진희 공역, 『세계도시사』, 서울 : 세진사, 1991

Maxime Rodinson 저, 김종철 역, 『마호멧』, 서울 : 두레, 1983

MUZAFFAR CHANDRA, 『이슬람과 인권 그리고 동아시아』, 사상, 1996

Walter T.Stace 저, 강건기, 정 륜 공역, 『신비사상 : 동·서양의 풍부한 신비체험을 분석·정리』, 서울 : 동쪽나라, 1995

Wilfred Cantwell Smith 저, 길희성 역, 『종교의 의미와 목적』, 칠곡군 : 분도출판사, 1991

Adeed Dawisha, *Islam in foreign policy*, Cambridge : Cambridge Univ. Pr., c1983

Ahmed Rashid, *The resurgence of Central Asia : Islam or nationalism*, Karachi : Oxford Univ. Pr., c1994

Akbar S. Ahmed, *Living Islam : from Samarkand to Stornoway*, New York :Facts on File Pub., c1994

Akbar S. Ahmed, *Resistance and control in Pakistan*, London : Routledge, c1991

Akhtar A. Awan, *Equality, efficiency, and property ownership in the Islamic economicsystem*, Lanham : Univ. Pr. of America, c1983

Akira Goto, *A Prophet or a Messenger of God-the Case of Muhammad*, 한국중동학회논총, 1996

Alexandre Bennigsen, S. Enders Wimbush, *Muslims of the Soviet empire : a guide*, Bloomington : Indiana Univ. Pr., c1986

Ali Banuazizi, Myron Weiner, *The state, religion, and Ethnic Politics : Afghanistan, Iran, and Pakistan*, Syracuse : Syracuse Univ., Pr., c1986

Amir Taheri, *Holy terror : Inside the World of Islamic Terrorism*, Bethesda : Adler & Adler, c1987

Amy Whittier Newhall, *The Patronage of the Mamluk Sultan Qu' it Bay 872-901/ 1468-1496*, Ann Arbor : U. M. I., c1987

Anis Chowdhury, Iyanatul Islam, *The Newly Industrialising Economies of East Asia*, London : Routledge, c1993

Anita M. Weiss, *Islamic Reassertion in Pakistan : the Application of Islamic Laws in a Modern State*, Syracuse : Syracuse Univ. Pr., c1986

Ann ElizabethMayer, *Islam and Human Rights : Tradition and Politics*, Boulder : Westview Pr., 1995

ARS Orientalis : the Arts of Islam and the East, Smithsonian Institution. Dep. of the history of art, Univ.of Michigan, 1979

Ayesha Jalal, *The State of Martial Rule : the Origins of Pakistan's Politicaleconomy of Defence*, Cambridge : Cambridge Univ. Pr., c1990

Azizur Rahman Khan, Rehman Sobhan, *Trade, Planning, and Rural Development : Essays in Honor of NurulIslam*, New York : St. Martin's Pr., c1990

Barry M. Rosen, *Iran since the Revolution : Internal Dynamics, Regional Conflict and the Superpowers*, New York : Columbia Univ. Pr., c1985

Bassam Tibi; trans. by Clare Krojzl, *Islam and the Cultural Accommodation of Social Change*, Boulder : Westview Pr., c1990

Bernard Lewis, *Islam and the West*, New York : Oxford Univ. Pr., c1993

Catherine EllaBlanshard AsherAnn, *The Patronage of Sher Shah Sur : A Study of Form and Meaning in 16th-century Indo-Islamic Century*

Architecture, Arbor : U. M. I., c1984

Cheryl Benard, Zalmay Khalilzad, *The Government of God : Iran's Islamic Republic*, New York : Columbia Univ. Pr., c1984

Christopher Harrison, *France and Islam in West Africa*, 1860-1960, Cambridge : Cambridge Univ. Pr., c1988

Cornelis Van Dijk, *Rebellion under the Banner of Islam : the Darul Islam in Indonesia*, Leiden : Koninklijk Instituut voor Taal-, Land- en Volkenkunde, [19-]

DanielPipes, *The Long Shadow : Culture and Politics in the Middle East*, New Brunswick : Transction, c1989

David E. Ingersoll, Richard K. Matthews.- 2nd ed., *The Philosophic Roots of Modern Ideology : Liberalism, Communism, Fascism*, Englewood Cliffs : Prentice-Hall, c1991

Dilip HIro, *Iran under the Ayatollahs*, London : Routledge & Kegal Paul, c1985

Don Peretz, *Richard U. Moench and Safia K. Mohsen*, Islam : Legacy of the Past, Challenge of the Future, [S.l.] : North River Pr., c1984

Don Peretz.- 2nd, *The Middle East Today*, New York : Holt, Rinehart and Winston, Inc., c1971

Edgar O' Ballance, *Terrorism in the 1980s*, London : Arms and Armour Pr., c1989

Edward Ingram, *National and International Politics in the Middle East : Essays in Honour of Elie Kedourie*, London : Frank Cass, c1986

Emmanuel Sivan, *Radical Islam Medieval Theology and Modern Politics*, New Haven : Yale Univ. Pr., c1985

Ewan W. Anderson, Khalil H. Rashidian, *Iraq and the Continuing Middle East Crisis*, New York : St. Martin's Pr., c1991

Farzana Shaikh, *Islam and Islamic Groups : A Worldwide Reference*

Guide, Harlow : Longman Current Affairs, c1992

FredHalliday, Hamza Alavi, *State and Ideology in the Middle East and Pakistan*, New York : Monthly Review Pr., 1988

Fred R. von der Mehden, *Two Worlds of Islam : Interaction between Southeast Asia and the Middle East*, Gainesville : Univ. Pr. of Florida, c1993

Gabriel R. Warburg, Uri M. Kupferschmidt, *Islam, Nationalism, and Radicalism in Egypt and the Sudan*, New York : Praeger Pub., c1983

Gilles Kepel, *Muslim Extremism in Egypt : the Prophet and Pharaoh*, Berkeley : Univ. of California Pr., c1984

Hans Daiber, *The Islamic Concept of Belief in the 4th/10th Century*, Tokyo : Institute for the Study of Language and Cultures of Asia and Africa, c1995

Hassan N. Gardezi, *A Reexamination of the Socio-political History of Pakistan : Reproduction of Class Relations and Ideology*, Lewiston : Edwin Mellen Pr., c1991

Henry Munson, *Islam and Revolution in the Middle East*, New Haven : Yale Univ. Pr., c1988

Homa Omid, *Islam and the Post-revolutionary State in Iran*, Houndmills : The Macmillan, c1994

Hossein Askari, John Thomas Cummings, Michael Glover, *Taxation and Tax Policies in the Middle East*, London : Butterworth Scientific, c1982

Houndmills, Basingstoke, Hussin Mutalib and Taj ul-Islam Hashmi, *Islam, Muslims, and the Modern State*, Hampshire : Macmillan Press ; New York : St. Martin's Press, 1994

Hussein. Jamal N., *Two Comprehensive Islamic Religious and Civil*

Calendars for Accuratechronology of Islam, 한국외대중동연구, 1994

Iraq. President, *Islam's Verdict on Iran's Aggression*, Baghdad : Dar Al-Ma'mun, 1985

Islam and the Myth of Confrontation

Fred Halliday, London ; New York : I.B. Tauris, 1996

J. F. C. Fuller, *A Military History of the Western World : from the Earliest Times to the Battle of Lepanto*, New York : Funk & Wagnalls Company, c1954

Jacob M. Landau, *The Politics of Pan-Islam : Ideology and Organization*, New York : Clarendon Press, c1994

James P. Piscatori, *Islam in a World of Nation-States*, Cambridge : Cambridge Univ. Pr., c1986

Jochen Hippler and Andrea Lueg, *The Next Threat*, London : Pluto Press with Transnational Institute, 1995

John L. Esposito, John O. Voll, *Islam and Democracy*, New York :Oxford University Press, 1996

John L. Esposito.- 2nd, *Islam and Politics*, Syracuse : Syracuse Univ. Pr., c1987

John W. Limbert, *Iran : at War with History*, Boulder : Westview Pr., 1987

Joseph Alpher, *Nationalism and Modernity : a Mediterranean Perspective*, New York : Praeger, c1986

Judith Tucker, *Gender and Islamic History*, Washington, D. C. : American Historical Association, c1993

Kate Zebiri, *Mahmud Shaltut and Islamic Modernism*, New York : Clarendon Pr., c1993

Keiko Ohta, *The history of Aleppo : known as ad-Durr al-Muntakhab by Ibn ash-Shihna*, Tokyo : Institute for the Study of Languages and

Cultures of Asia and Africa, c1990

Komatsu Hisa O, *Turkistanilar : A Muslim Group Identity in Russian Turkistan*, 한국중동학회논총, 1996

Lawrence Ziring, *The Middle East : a Political Dictionary*, Santa Barbara : ABC-Clio, c1992

Leroy S. Rouner, *Human Rights and the World's Religions*, Notre Dame : Univ. of Notre Dame Pr., c1988

Lois A. Aroian, Richard P. Mitchell, *The Modern Middle East and North Africa*, New York : The Macmillan, c1984

M. B.Hooker, *Laws of South-East Asia : the Pre-modern Texts. v.1,* Singapore : Butterworths, c1986

M. C. Ricklefs, *Islam in the Indonesian Social Context*, Clayton : Monash Univ. Centre of Southeast Asian Studies, c1991

M. Nurul Islam, *Richard Morse*, M. Hadi Soesastro, Rural energy to meet development needs : Asian village approaches, Boulder : J. C. B. Mohr, c1984

MartinKramer, *Islam Assembled : the Advent of the Muslim Congresses*, New York : Columbia Univ. Pr., c1986

Martin Kramer, *Shi'ism, Resistance, and Revolution*, Boulder : Westview Pr., c1987

Martyr Murtada Mutahhari, *Society and History*, Tehran : Islamic Propagation Organization, 1985

Mehmet YasarGeyikdaqi, *Political Parties in Turkey : the Role of Islam*, New York : Praeger, c1984

Mehran Tamadonfar, *The Islamic Polity and Political Leadership : Fundamentalism, Sectarianism, and Pragmatism*, Boulder : J. C. B. Mohr, c1989

Mehrdad Haghyeghi, *Islam and Politics in Central Asia*, New York : St.

Martin's Pr., c1995

Metin Heper, Raphael Israeli, *Islam and Politics in the Modern Middle East*, New York : St. Martin's Pr., c1984

Michael Fishbein, *The War between Brothers*, Albany : State Univ. of New York Pr., c1992

Mohammed Amjad, *Iran : from Royal Dictatorship to Theocracy*, New York : Greenwood Pr., c1989

Mousa Al-Mousawi, *The Miserable Revolution*, Baghdad : Dar Al-Ma'mun, c1987

Muriel Atkin, *The Subtlest Battle : Islam in Soviet Tajikistan*, Philadelphia : Foreign Policy Research Institute, c1989

Nazih N.Ayubi, *Political Islam : Religion and Politics in the Arab World*, London : Routledge, c1991

Olivier Roy, *Islam and Resistance in Afghanistan,* Cambridge : Cambridge Univ. Pr., c1986

Ozay Mehmet, *Islamic Identity and Development : Studies of the Islamic Periphery*, London : Routledge, c1990

Paul M. Minus, *The Ethics of Business in a Global Economy*, Boston : Kluwer Academic Pub., c1993

PeterYung, *Xinjiang : the Silk Road : Islam's Overland Route to China*, Hong Kong : Oxford Univ. Pr., c1986

R. HrairDekmejian, *Islam in Revolution : fundamentalism in the Arab World*, New York : Syracuse Univ. Pr., c1985

R. S. Milne, Diane, K.Mauzy, *Malaysia : Tradition, Modernity, and Islam*, Boulder : Westview Pr., c1986

Raphael Israeli, *Muslim Fundamentalism in Israel*, London : Brassey's, c1993

ReaderBullard.-3rd ed., *The Middle East : a Political and Economic*

Survey, London : Oxford Univ. Pr., c1958

Roy Mottahedeh, *The Mantle of the Prophet; Religion and Politics in Iran*, New York : Nichols Pub., c1985

Roy R. Anderson, Robert F. Seibert and Jon G. Wagner.- 4th, Politics and *Change in the Middle East : Sources of Conflict Andaccommodation*, Englewood Cliffs : Prentice-Hall, c1993

S. Seikaly, R. Baalbaki and P. Dodo, *Quest for Understanding : Arabic and Islamic Studies in Memory of Malcolm H. Kerr*, Beirut : The American Univ., c1991

Said Amir Arjomand, *From Nationalism to Revolutionary Islam*, Albany : State Univ. of New York Pr., c1984

Sami Zubaida, *Islam, the People and the State : Essays on Political Ideas and Movements in the Middle East*, London : I.B.Tauris, c1993, baidaLondon : I.B.Tauris, c1993

Seyyed Hossein Nasr, *Traditional Islam in the Modern World*, London : Kegan Paul International, c1987

Sheikh R. Ali, *Oil, Turmoil, and Islam in the Middle East*, New York : Praeger, c1986

SheldonGellar, *Senegal : an African Nation between Islam and the West*, Boulder : Westview Pr., c1982

Social Sciences : Changing Britain, Changing World : Geographical perspectives, Milton Keynes : Open Univ. Pr., c1985

Stanley Wolpert, *Roots of Confrontation in South Asia : Afghanistan, Pakistan, India,and the Superpowers*, New York : Oxford Univ. Pr., c1982

Steve Posner, *Israel Undercover : Secret Warfare and Hidden Diplomacy in the Middle East*, Syracuse : Syracuse Univ. Pr., c1987

Syed Serajuil Islam, *Bangladesh : State and Economic Strategy*, [S.l.] : The

University Pr., 1988

Tareq Y. Ismael, *Government and Politics in Islam*, New York : St. Martin's Pr., c1985

U. S. S. R. Academy of Sciences, *Oriental Studies in the USSR 1989*, Moscow : Nauka Pub. Central Department of Oriental Literature, c1990

Ungku Maimunah Mohd Tahir, *Islam in Modern Indonesian Literature 1966-1980s : Some Preliminary observations*, Singapore : Southeast Asian Studies Program, c1990

Union ofInternational Association, *Guides to International Organization. 1984-85 v. 2*, K.G. Saur, c1984

Wiebke Walther, *Women in Islam*, Princeton : Markus Wiener Pub., c1993

William Montgomery Watt, *Islamic Fundamentalism and Modernity*, London : Routledge, 1989

'Abd al-Wahhab Khallaf 저; 중촌광치랑 역, 『イスラムの법 : 법원と이론』, 동경 : 동경대학출판회, 1984

Arifin Bey, 『근대화とイスラ-ム』, 동경 : めこん, 1981

Muhammad Baqir-s-Sadr 저; 흑전수랑 역, 『イスラ-ム경제론』, 동경 : 미지곡, 1993

Noel J. Coulson; 지수암 역, 『イスラムの 계약법 : その 역사と 현재』, 동경 : 유비각, 1987

Richard Bell 저; 태전형 역, 『イスラムの기원』, 동경 : 축마서방, 1983

V. S. Naipaul 저; 공등소웅 역, 『イスラム기행. 상』, 동경 : TBSブリタニカ, 1983

Vincent Monteil, 삼안달야 역, 『ソ연がイスラム화する일』, 동경 : 중앙공론사, 소화58(1983)

エコノミスト 편,『분쟁・テロ사전』, 동경 :매일신문사, 1997

ハイム・ガ-バ- 저 ; 흑전수랑역,『イスラ-ムの국가・사회・법 : 법의 역사 인류학』, 동경 :등원서점, 1996

가납오랑,『イスラ-ムの도전 : 次にどれるのはサウジなのか?』, 동경 : 강담 사, 소화57(1982)

가납홍승,『중동イスラム세계の사회학』, 동경 : 유신당, 1989

가등철실,『법사회학 : 종교적심성と법の세계』, 동경 : 삼령서방, 1995

가등항남,『もうひとつのイスラム혁명 : アルジェリア편력』, 동경 : 일본 무역진흥회, 소화59(1984)

관당의헌,『세계の민족・종교がわかる본 : 지도で독む분쟁・대립の진상』, 동경 : こう서방, 1994

관당의헌,『중동정세がわかる본 : いま,세계の화약고でひがひきている か』, 동경 : こう서방, 소화58(1983)

궁전율,『イスラ-ム정치운동 : 태두するイスラ-ム주의と국제정치』, 동경 : 일본 경제신문사, 1996

뇌목경태랑,『중동정세を 견る 안』, 동경 : 암파서점, 1990

도전양평 편,『イスラムの세계』, 동경 : 일본방송출판협회, 소화58(1983)

동양문고부치ユネ スコ동アジア문화연구 センタ- 편,『일본に おける중 동・イスラ-ム 연구문헌목록 : 1868연-1988년』(Bibliography of Islamic and Middle Eastern stuies in Japan : 1868-1988), 동경 : 동양 문고부치ユネスコ동アジア문화연구 センタ-, 1992

매진화랑 편,『현대중동の민족주의と 공산주의』, 경도 : 황양서방, 1989

목장공남,『イスラ-ム 법학』, 괄왕자 : 중앙대학출판부, 1978

미전효도 편,『ヨ-ロッパと イスラム : 공존と상극のゆくえ』, 동경 : 유신 당, 1993

본전실신,『モンゴル 시대사 연구』, 동경 : 동경대학출판회, 1991

산내창지,『スルタン ガリエフの 몽 : イスラム세계と ロシア혁명』, 동경 : 동경대학출판회, 1986

산내창지,『민족と국가 : イスラ厶사の시각から』, 동경 : 암파서점, 1993

산내창지 편,『イスラ厶원리주의 とは하か』, 동경 : 암파서점, 1996

삼포덕,『사분오열의중동세계』, 동경 : 동양경제신보사, 소화57 (1982)

석전진, 전중민지, 무등행치 공저,『현장イスラ厶경제 : 중동ビジネスの す
  すめ』, 동경 : 일본무역진흥회, 1988

『세계の역사 1~5』, 동경 : 중앙공론사, 소화43(1968)

『세계の역사 8~11』, 동경 : 하출서방신사, 1989~1993

『세계사강좌 1~7』, 동경 : 동양경제신보사, 소화29~31(1954~56)

소림원 편,『중동の근대화, とイスラ厶교』, 동경 : アジア경제연구소, 1961

소삼태,『현대 중동とイスラ-厶정치』, 경도 : 소화당, 1994

송본경랑,『イスラ-厶정치신학 : ワラ-ヤとウィラ-ヤ』, 동경 : 미래사, 1993

시기숭,『イスラ厶혁명の허상 : イラン인が어った イラン』, 동경 : 일본
  경제신문사, 소화56(1981)

신보철 편,『세계の제종교』, 경도 : 황양서방, 1992

여부복삼,『イスラ-厶전사』, 동경 : 경초서방, 1991

『역사のなかの종교と과학』, 동경 : 암파서점, 1993

오십남일,『중동공육の すすめ : イランの 지혜と 일본의 무지』, 동경 : 동
  양경제신보사, 1983

우야정일, 중촌원, 옥성강사랑 공편,『강좌 동양사상 1~10』, 동경 : 동경대
  학출판회, 1981

원봉사랑,『イスラ厶법』, 동경 : 경응통신, 소화59(1984)

이능무차 편,『중동제국にぉける 정치경제변동の 제상』, 동경 : アジア경
  제연구소, 1993

이등수일,『アジアの 민족운동』, 동경 : 강담사, 1985

일본イスラ厶협회,『イスラ厶사전』, 동경 : 평범사, 1982

일본경제신문사 편,『종교から 독む 국제정치』, 동경 : 일본경제신문사,
  1992

일본비교법연구소,『イスラ厶법への초대』, 동경 : 중앙대학출판부, 1978

입화향, 『イスラ厶주의の진실』, 동경 : 경초서방, 1996

재등영삼랑, 『신·종교사회학のすすめ』, 동경 : 일본경제통신사, 소화59 (1984)

전중사랑, 『アラブ세계の진실 : イエメン·イスラ厶기행』, 동경 : 일본경제신문사, 소화57(1982)

좌등규사랑, 『イスラ-厶상업사の 연구』, 동경 : 동명사간, 1981

중동경제연구소, 『エジプトにおけるイスラ厶과격파집단の해부 : 방법론と예비적 결론』, 동경 : 중동경제연구소, 1982

중촌광치랑, 『イスラ厶 : 사상と 역사』, 동경 : 동경대학출판회, 1989

진전방헌, 『イスラ-厶법の 정신, 동경』: 중앙대학출판부, 1985

총합연구개발기구, 『중동신정세の총합적연구 : イスラ厶부흥주의の동향を중심として』, 동경 : 총합연구개발기구, 평성7(1995)

최수공사, 『문화 일본경제の심장をにぎるイスラ厶の전모 : 석유,オイルダ ラ-세계지배の구도』, 동경 : 행정문제연구소, 소화56(1981)

관원응삼, 길전오랑공편, 『パレスチナ인とユダヤ인 : 일본から중동をみる 시점』, 동경 : 삼성당, 1984

관원응삼, 좌등차고 공편, 『개설 イスラ-厶사』, 동경 : 유비각, 1986

포야기앙 편, 『자료체계 アジア·アフリカ국제관계정치사회사 제3권: 중동Vc』, 동경 : パピルス출판, 1986

행일출남, 선전간부, 관강일성 공저, 『세계の제종교』, 증보판, 경도 : 삼화서방, 1982

후등건일, 『일본점령기 インドネシア연구』, 동경 : 용계서사, 1989

흑전수랑, 『イスラ-厶の반체제 : ハワ-リジュ파の세계관』, 동경 : 미래사, 1991

흑전수랑 편, 『イスラ-厶경제 : 이론と사정』, 동경 : 삼수사, 1988

흑전수랑 편, 『イスラ-厶사전』, 동경 : 동경당출판, 소화58 (1983)

흑전수랑 편, 『공동체론の 지평 : 지역연구の시좌から』, 동경 : 삼수사, 1990